Mirar Maria

Reflexos da Virgem em Espelhos da História

RODRIGO PORTELLA

Mirar Maria

Reflexos da Virgem em Espelhos da História

EDITORA
SANTUÁRIO

DIREÇÃO EDITORIAL:
Pe. Fábio Evaristo Resende Silva, C.Ss.R.

COORDENAÇÃO EDITORIAL:
Ana Lúcia de Castro Leite

CONSELHO EDITORIAL:
Avelino Grassi
Ferdinando Mancilio
Marlos Aurélio
Mauro Vilela
Victor Hugo Lapenta

REVISÃO:
Ana Lúcia C. Leite

DIAGRAMAÇÃO E CAPA:
Junior dos Santos

Dados Internacionais de Catalogação na Publicação (CIP)
(Câmara Brasileira do Livro, SP, Brasil)

Portella, Rodrigo
Mirar Maria: reflexos da Virgem em espelhos da história / Rodrigo Portella. – Aparecida, SP: Editora Santuário, 2016.

Bibliografia.
ISBN 978-85-369-0436-8

1. Maria, Virgem, Santa 2. Maria, Virgem Santa – Devoção 3. Maria, Virgem Santa – Ensino bíblico I. Título.

16-02852   CDD-232.91

Índices para catálogo sistemático:

1. Maria, Mãe de Jesus: Mariologia 232.91

1ª impressão

Todos os direitos reservados à **EDITORA SANTUÁRIO** — 2016

 Composição, em CTcP, impressão e acabamento:
EDITORA SANTUÁRIO - Rua Padre Claro Monteiro, 342
Fone: (12) 3104-2000 — 12570-000 — Aparecida-SP.

*Me disseram, porém
Que eu viesse aqui
Pra pedir em romaria e prece paz nos desaventos
Como eu não sei rezar
Só queria mostrar
Meu olhar, meu olhar, meu olhar.*

Romaria (Renato Teixeira)

Mirar (Lat. mirare por mirari), v. tr. fitar a vista em (...) espreitar (...) aspirar (...) v. refl. rever-se, contemplar-se num espelho.

Novo Grande Dicionário-Língua Portuguesa, Cácem, Texto, 2007, p. 1303.

Porque agora vemos por espelho em enigma, mas então veremos face a face (1Cor 13,12a).

Para Catarina, com amor.

Sumário

Introdução 13

PARTE I: *Laostokos* 25
  1. De mãe judia à majestade universal 26
  2. *Tota pulchra es Maria* 35
  3. Da figura ideal-platônica ao chão do povo 41
  4. Nossa Senhora das Necessidades 62
  5. "Sou morena, sou formosa" (Ct 1,5a) 75
  6. *Advocata Nostra* 79
  7. *Mater dolorosa* 97
  8. *Virgo Pugnatrix* 106

PARTE II: *Virgo Visio* 125
  1. Guadalupe entre épocas e mundos 126
  2. *Contemplatio* 128
  3. As periferias marianas 137
  4. Maria contra Maria? As lutas simbólicas 161
  5. A imagem de um mundo em crise nas imagens de Maria ... 172
  6. E a Igreja? 185

PARTE III: *Mater brasiliensis* 195
  1. A Virgem libertadora 197
  2. A Virgem carismática 209
  3. A Virgem *pop* (à guisa de digressão e devaneio...) 221

Miragens 231
  1. *Specere* 232
  2. *Speculatio* 243

3. *Speculum* 252
4. *Specularium* 260

Fontes das Epígrafes e Ilustrações 267
Referências Bibliográficas 275

Vergine Madre, figlia del tuo Figlio,
Umile ed alta più che creatura,
Termine fisso d'eterno consiglio,
Tu se' colei che l'umana natura
Nobilitasti sì, che il suo Fattore
Non disdegnò di farsi sua Fattura.

[Virgem Mãe, filha do teu Filho,
Humilde e mais alta que as criaturas,
Por eterno conselho predestinada,
Por ti se enobreceu tanto a humana natura,
Que Quem te fez não desdenhou,
Em Se fazer tua feitura]

Dante Alighieri, *A Divina Comédia* (Paraíso), canto XXXIII, 1-2

Alles Vergängliche
Ist nur ein Gleichnis;
Das Unzulängliche,
Hier wirds Ereignis;
Das Unbeschreibliche,
Hier ist es getan;
Das Ewig-Weibliche
Zieht uns hinan.

[Tudo o que perece e passa
É símbolo somente;
O que se não atinge,
Aqui temos presente;
O indescritível aqui se realiza;
O Eterno-Feminino atrai-nos, ao alto]

J. W. von Goethe, *Fausto* (*Chorus Mysticus*)

Introdução

> *Io non sono mai stato un mariologo di professione. Se mi sono interessato alla mariologia è stato come mario-patia. Mi affascina il fenomeno mariano.*
>
> José Cristo Rey García Paredes

De *Maria nunquam satis*[1]. Há muitos livros sobre Maria e sobre mariologia na história do cristianismo[2], desde diversos ângulos de investigação; mas se há algo que os une, para além da diversidade de abordagens, talvez seja o fato de destacarem a importância de Maria para a história do cristianismo. Não é intenção, nesta obra, o refletir sobre as razões teológicas deste lugar ímpar de Maria na história cristã. Busco, antes, esboçar mui modestamente as transformações, com o tempo, dos significados de Maria e de sua imagética. Não que haja momentos totalmente estanques quanto a tais transformações: há intercorrências e hibridismos. Mas também há divisões de tipos de afetos a Maria que parecem datáveis.

---

[1] Em tradução livre: *de Maria nunca se dirá o bastante*. Adágio latino.
[2] Ao usar o termo "mariologia" não refiro-me, necessariamente, à mariologia enquanto disciplina teológico-acadêmica. Compreendo o termo de forma larga, ou seja, mariologia como a reflexão sobre Maria, conceitualmente e a partir de vivências, práticas, devoções e mentalidades cultivadas em relação a Maria que, aliás, são as que promovem as reflexões conceituais eruditas.

Um bom início, talvez, seja o de elaborar uma classificação básica sobre as tipologias de invocações marianas que, imperfeita como todas as classificações, quer ser, entretanto, uma pequena bússola.

Tipologias de invocações da Virgem Maria (títulos marianos):

1) Ligadas aos aspectos da vida de Maria na Palestina, em sua correlação com Jesus (a partir do século VI, principalmente). Exemplos de títulos: Nazaré, Soledade, Dores, Natividade, Belém, Desterro, entre outros[3].

2) Ligadas aos aspectos da vida cotidiana das pessoas e das sociedades (a partir da Alta Idade Média e até o século XVIII). Exemplos de títulos: Boa Viagem, Boa Morte, Parto, Bom Conselho, Vitória, Livramento, Navegantes, Pena (padroeira das letras), Leite, entre outras.

3) Ligadas aos dogmas marianos e ao reforço de doutrinas católicas, ou com mensagens específicas para a época (séculos XIX e XX, especialmente): Assunção (Glória), Imaculada Conceição, Lourdes, La Sallete, Fátima, Garabandal, Medjugorje, entre outras[4].

Como o leitor atento notará, há intercâmbios entre estes três grupos. Por exemplo: a fé – a partir do *sensus fidelium* e do *consensus fidei* – na Assunção de Maria, ou em sua Imaculada Conceição, é anterior – nas devoções, oragos e iconografias – ao século XIX,

---

[3] Alguns destes títulos – como "Dores" – são mais tardios na história do cristianismo, mas remetem a aspectos de Maria em seu curso histórico de vida. Por exemplo, o título "Dores" refere-se às dores de Maria ao testemunhar o destino de Jesus (flagelação, crucifixão, sepultamento etc). Mas, como se verá adiante, ganha também outros sentidos e solidariedades na história da piedade mariana.

[4] Aqui estão títulos anteriores ao século XIX, como os da Imaculada e Assunção. O que destaco, entretanto, é que ambos passaram a contar com a aprovação explícita do magistério da Igreja – inclusive tornando-se dogmas – apenas a partir do século XIX.

remontando mesmo à antiguidade cristã. No entanto, tais títulos marianos só são reconhecidos – como dogmas – nos séculos XIX – Imaculada Conceição – e XX – Assunção –, reforçando, assim, a importância da figura de Maria na economia da salvação. Também é de se notar que aparições de Maria[5] já eram relatadas muito antes do século XIX, mas, talvez, a diferença seja a de que não eram acontecimentos de grande efeito popular ou social, e sem as grandes mensagens colhidas nos séculos dezenove e vinte[6]. Aliás, esta questão é problemática quando é preciso classificar a aparição da Guadalupana, no México do século XVI, que tomou força societária ímpar. Também é preciso verificar que há invocações que pertencem tanto ao âmbito da vida de Maria na Palestina (perspectiva bíblica) quanto aos tempos posteriores, casadas às vivências de indivíduos e sociedades, tais como Bom Conselho, Pena, Dores, Boa Viagem etc.

Entrementes esclareço, em tempo, o que o leitor não encontrará nesta obra. Não me ocuparei com as perspectivas da religião comparada – o que, por certo, merece atenção e um estudo à parte –, mas me aterei a Maria no seio do cristianismo. Porém cabe dizer, como de passagem, que existem – em iconografias, hinos, cultos de veneração, mas também no âmbito do dogma e da construção de igrejas – muitas semelhanças e continuidades (mas tam-

---

[5] Opto por, a partir de uma concepção compreensiva sobre a religião, nomear "aparição", e não "suposta aparição". Assim como não se pode, empiricamente a partir dos atuais paradigmas científicos, "provar" as "aparições", igualmente, também, não se pode "provar" que as "aparições" não ocorreram. Portanto opto – sem, necessariamente, fazer juízo pessoal de valor – pelo próprio testemunho e linguagem da Igreja e, particularmente, dos videntes, em viés compreensivo. Contudo, também será de valia a flexão *terá* do verbo *ter*, muito usada na escrita em Portugal. Assim, por exemplo, será possível dizer que: "Lúcia *terá* visto a Virgem em Fátima", o que deixa a questão inconclusa, sem emitir, igualmente, um juízo sólido sobre a questão.

[6] Podiam, sim, ter bastante popularidade e adesão de fé em determinadas regiões, mas só a partir do século XIX, por efeito de um mundo cada vez mais unitário e dos meios de comunicações cada vez mais eficientes e das migrações crescentes – e da Igreja adotar, com mais força, uma política eclesial mais centralizadora e uniformizadora – as aparições, com as mensagens por elas veiculadas, adquiriram um caráter mais global, massivo, extrapolando as fronteiras e os ambientes culturais específicos em que ocorreram.

bém rupturas) em relação às deusas mães das antigas civilizações e povos ditos pagãos, como, por exemplo, Ishtar (Suméria), Gaia e Ártemis (Grécia), Ísis (Egito), Cibele (Frígia), Pachamama (Peru). Como lembra Sheldrake[7]:

> Não há dúvida de que a difusão do culto a Maria envolveu a assimilação de vários elementos de cultos pré-cristãos a deusas. De fato, o Concílio da Igreja no qual ela foi proclamada Mãe de Deus, no século V, foi realizado em Éfeso, um antigo centro de adoração da deusa, somente algumas décadas depois da supressão do templo de Ártemis.

Referente a tal temática, e como seu exemplo, indico a figura abaixo:

Figura 1. Inscrição dedicada à deusa Ísis, século II d.C. (Sé de Braga, Portugal).

---
[7] Rupert Sheldrake, *O renascimento da natureza*: o reflorescimento da ciência e de Deus, p. 38.

A imagem anterior é de uma das pedras existentes no muro exterior da Sé de Braga, Portugal, dedicada a Santa Maria de Braga. Lê-se nela – originalmente em latim – o seguinte: "*consagrada a Isis Augusta. Lucretia Fida, sacerdotisa perpétua de Roma e de Augusto, do Conventus Bracaraugustano*". A pedra, provavelmente retirada de algum antigo templo romano da vetusta *Bracara Augusta*, teria sido reaproveitada para o novo templo feminino – agora cristão – de forma proposital, a fazer pontes entre o sagrado feminino pagão e o cristão, ou teria sido ali colocada de forma aleatória? Caso a primeira hipótese encontre mais eco, é de se notar que a pedra está no muro exterior do templo, revelando mais a resistência e criatividade religiosa popular em seu sincretismo entre a matriz pagã e a cristã do que, propriamente, alguma estratégia ou aceitação eclesiástica para realizar a continuidade, ainda que velada e transformada, entre crenças pretéritas e a novidade cristã[8].

Enfim, seria largo expor todas as nuances e matizes comparativas entre a Virgem Maria – em sua história ao longo do cristianismo – e as deusas mães de pretéritas civilizações. Portanto este livro não se ocupa deste tema, embora eu reconheça a importância dele. Basta aqui, para nós, a ciência – em chave teológica cristã, posto está – de que,

> quando, pois, nas imagens marianas ecoam arquétipos de antigas divindades maternas, não se deve tomar como ressaibo de paganismo. Pelo contrário, o culto mariano é então o legítimo lugar onde os anseios primitivos do homem por um Deus materno podem e devem se exprimir[9].

Não faço, também, uma análise a partir da psicologia, seja a psicologia da escola analítica ou outra, embora, claro, os estudos

---

[8] A respeito desta questão seriam, provavelmente, inúmeros os exemplos desta circularidade ou continuidade velada e transformada de crenças pagãs em cristãs, e não só referentemente ao sagrado feminino. Basta, para nós, a referência já abundantemente conhecida ao sincretismo africano no Brasil, que fazia ver sob as imagens de Maria as deusas ou Orixás africanos, em correspondências criativas e reveladoras de resistência cultural.

[9] Anselm Grün, Petra Reitz, *Festas de Maria*: um diálogo evangélico-católico, p. 14.

e dados oriundos das escolas da psicologia sejam de grande importância para o tema em questão. Igualmente, análises bíblico-exegéticas, como as dogmáticas, estão praticamente ausentes. A figura de Maria nas Igrejas da Reforma, e nas Igrejas do Oriente, não tem espaço no presente texto (exceto, eventualmente, de forma passageira). Aliás, o próprio início desta introdução revela que sobre Maria nunca se dirá o bastante e, certo de tal fato, esta obra apresenta apenas alguns rostos de Maria e, certamente, neles, a ausência de vários ângulos a partir dos quais se poderia contemplá-los. Interessa-me, prioritariamente, selecionar algumas formas de como as pessoas, através dos tempos – mas particularmente a partir da Idade Média, em que se incrementa o culto mariano – relacionaram-se, em sua piedade e nos significados decorrentes dela, com a Virgem Maria[10].

Também não pretendi relatar a história de cada devoção ou iconografia mariana presentes neste livro. O objetivo é hermenêutico: compreender, através de exemplos iconográficos e devocionais paradigmáticos, algumas das faces ou sentidos significativos de Maria na Igreja[11]. Não foi minha intenção, inclusive, discorrer detalhadamente sobre fatos e interpretações referentes às aparições e títulos marianos ou, ainda, descrever alguns fenômenos específicos – como os de determinadas aparições da Virgem – que, pressuponho, o leitor deverá conhecer e, caso não conheça, poderá vir a conhecer com facilidade ao consultar obras triviais sobre tais questões, ou mesmo ao acessar a rede mundial de computadores[12].

---

[10] Virgem sempre grafado com maiúscula, pois mais do que uma característica fisiológica e biológica, trata-se de uma forma de tratamento, ou título, atribuído a Maria, e já consagrado.

[11] Para uma obra que se quer modesta e introdutória é necessário optar, fazer recortes e, ainda tantas vezes, recortar os próprios recortes. As citações – e análise – de hinos, cânticos, orações, festas, liturgias têm lugar periférico nesta obra e, quando surgem, visam apenas ilustrar – para melhor entendimento – uma ou outra argumentação que se faz.

[12] Na análise da iconografia mariana dos séculos XIX e XX é incontornável a citação e análise das grandes aparições da Virgem, já que é a partir delas que se configuram as imagens marianas mais significativas da atualidade.

Do que trata esta obra, então? Parto do pressuposto de que Maria se constitui – também – em um símbolo (do grego *symbállo*, isto é, aquilo que "põe junto")[13]. Assim, ela põe junto diversos aspectos da fé cristã, enriquecendo-a simbolicamente, e tocando profundos significados, tanto do cristianismo enquanto doutrina, como, também, da vida cotidiana das pessoas. Para a doutrina católica, Maria é mais que uma personagem histórica, pois que é figura protológica, *typos*, ícone, figura exemplar[14]. Maria une, por assim dizer, o sagrado e o profano, Deus e o ser humano, céu e terra. João Damasceno (675-749) esclarece: "se um pagão vem e te diz 'mostra-me a tua fé', leva-o à igreja e, apresentando-lhe a decoração de que está ornada, explica-lhe a série dos quadros sagrados"[15]. Neste sentido, Maria apresentaria uma dimensão não necessariamente racional – ou discursiva – da fé, mas simbólica, abrindo a janela dos significados mais variados a respeito dela. A Virgem estaria ligada não necessariamente aos aspectos da fé racionalizada, mas sua figura apontaria para um amplo universo mediador do sagrado, a valorizar a dimensão simbólica, não necessariamente conceitual, da religião. Pierre Sanchis[16] utiliza a feliz expressão "plurivalência semântica" para os efeitos advindos do símbolo, pois que ele possibilita diferentes encontros e experiências em torno de si, numa porosidade simbólica que deságua em cruzamentos variados.

Se Maria, como símbolo cristão, é o foco desta obra, não seria possível a aproximação a ela sem o recurso da arte que a represen-

---

[13] O que, evidentemente, em nada diminui seu realce histórico. Mas personagens históricas de vulto – particularmente no âmbito das religiões e das doutrinas religiosas – adquirem dimensões para muito além da história factual que os envolve, fazendo, inclusive, que a história factual – até o ponto em que é possível mensurá-la – ganhe contornos metanarrativos.

[14] Marcial Maçaneiro, *Maria no diálogo ecumênico*, p. 142.

[15] *Apud* Pietro Amato, *Arte / Iconologia*, p. 151.

[16] Ver o texto de Pierre Sanchis, *Religiões, religião... alguns problemas do sincretismo no campo religioso brasileiro*.

ta. Conforme De Fiores[17], a religiosidade se caracteriza por forte "iconofilia" e pelo utilitarismo, em contraposição à fé teórica. Ou, de outra forma, é possível dizer que a imagem é mais que um corpo material dado à pessoa "metafísica", mas torna-se um meio de favorecimento do relacionamento fenomenológico do devoto com o corpo da devoção[18]. E, é bom atentar neste ínterim, que o cristianismo, para além da devoção e religiosidade popular, é, teologicamente falando, a religião por excelência da imagem, da encarnação, do espírito que assume a matéria, da união indissolúvel entre o material e o espiritual, transpondo, assim, a rígida separação entre sagrado e profano: "falar em estética cristã é falar em descida, em vinda, em aparição", como salienta Lima[19] ao referir que a fonte primeira da estética cristã é a encarnação. Portanto, no cristianismo, Deus – ou o sagrado – precisa ser contemplado não só na racionalidade de teses abstratas, mas também – e principalmente – em figuras concretas[20].

Nesta obra Maria é apresentada em toda a sua humanidade, isto é, no sentido de sua encarnação na vida das pessoas, das sociedades, da Igreja, durante os séculos, cada qual com suas formas de relação cultural e teológica específica em relação à Virgem. Aqui não há obra de vulto, de síntese ou manual. É, tão somente, uma rápida visão sobre alguns aspectos da história mariana selecionados pelo autor.

Na primeira parte apresento um histórico mais alargado sobre as imagens da Virgem, centrando a narrativa, principalmente, na Idade Média – período em que se desenvolvem, com mais ênfases, as devoções marianas –, mas também recuando ou avançando no

---

[17] Stefano De Fiores, *Figura bíblica de Maria e sua inculturação popular*, p. 323.
[18] Edmund Leach, *Cultura e comunicação*, p. 55-60.
[19] José da Silva Lima, *Teologia das expressões artísticas*. Elementos para uma estética cristã, p. 103.
[20] Anselm Grün, Petra Reitz, *Festas de Maria*: um diálogo evangélico-católico, p. 11.

tempo, conforme a narrativa vai exigindo. De qualquer forma o interesse central é a Idade Média, época singular para reconhecer a Virgem em sintonia com o cotidiano das turbas. Não é, como se perceberá, abordagem preponderantemente histórica, teológica ou sociológica, mas visão que se quer plural, sem atavismos epistemológicos. Se por um lado isto pode representar um problema, por outro lado representa alguma liberdade e novas possibilidades de horizontes.

A segunda parte abarca os séculos XIX e XX, ou seja, o período das grandes aparições da Virgem Maria. Não pretendi, é claro, referir-me a todas as aparições registradas em tais centúrias, e, mais exatamente, nem mesmo apresento o relato histórico, ainda que sintético, das mais conhecidas aparições, pois julgo que o leitor destas páginas já terá conhecimento das linhas gerais das aparições e, de qualquer forma, poderá encontrar, com facilidade, as narrações originais sobre elas. Minha pretensão foi, portanto, tentar interpretar as grandes linhas ou temas que as aparições apresentam, ou dito de outro modo, apresentar os espelhos em que Maria reflete seus rostos, ou acolhe os rostos dos seus devotos. Aliás, a respeito disto é também útil dizer que esta obra, como um todo, apresenta os reflexos de uma santa em reflexões de um pecador.

As duas primeiras partes desta obra são de abrangência mais universal, isto é, revelam Maria na órbita de vários povos e lugares, mas com ênfase paradigmática nos tempos e lugares das terras de Portugal. A terceira parte, entrementes, desembarca no Brasil, mas no Brasil contemporâneo, dado que recuar mais seria, de alguma forma, repisar assuntos já abordados, embora, claro, com os tons adquiridos no país-continente. Interessaram-me, portanto, as duas faces mais visíveis da Igreja brasileira e das devoções marianas nos últimos cinquenta anos, ou seja, o refletir de Maria na teologia da libertação e na renovação carismática católica. E a religiosidade popular? Mas, hoje, não será ela traduzida, em grande parte, a partir destas duas grandezas teológicas e eclesiais?

Finalmente, despedimo-nos desta obra com reflexões que refletem – com o perdão da necessária redundância – os principais significados dos rostos de Maria nos espelhos da história de suas devoções, isto é, sobre os sentidos das devoções refletidos nos espelhos da fé, tendo em consideração que a fé é sempre um mirar, um olhar para(o) além, um desejo de ver através das nuvens, ou, como define Paulo, a esperança de, finalmente, conhecer como somos conhecidos (1Cor 13,12).

PARTE I
Laostokos

> *Muitos cristãos tendem a fazer do cristianismo uma ideologia, uma abstração. E as abstrações não precisam de mãe.*
>
> Karl Rahner

Mãe de Deus e Mãe da Igreja[1]. Na Igreja latina estes dois títulos são os de caráter mais oficial quando se fala da maternidade de Maria, ou seja, ela é Mãe de Deus feito homem, e Mãe do povo de Deus reunido em torno de Jesus, isto é, a Igreja. Contudo, dogma popular é este: Maria é Mãe do povo. E não apenas do *demos*, povo específico e organizado – como o é a Igreja –, mas do povo em geral, do *laos*, de santos e pecadores, de ermitões e seculares, de penitentes e festeiros, de ricos e pobres, enfim, de todo o gênero de pessoas[2]. Quem é Mãe de Deus – que a tudo criou e cria – não pode, por suposto, negar-se a si como Mãe das criaturas e, mais e de certa forma, de toda a criação, como poderá ser visto adiante. O sim de Maria ao anjo acabou por tornar-se um sim mais largo, jamais imaginado pela menina judia. É o risco de se dizer sim a Deus.

---

[1] Mãe com M maiúsculo, sempre, pois que Maria é, na teologia católica, a Mãe exemplar.
[2] Para Moisés Espírito Santo (*A religião popular portuguesa*, p. 101), a partir de uma interpretação que podemos chamar de psíquico-mitológica, o culto à mãe celeste "permite aos fiéis alcançarem a segurança perdida no nascimento ou com o afastamento da mãe". É o que o autor denomina de "a nostalgia da mãe".

Mas também a maternidade é um crescente, largueza que se faz aos poucos, um amor que toma forma em sintonia com o desenvolvimento da vida. E se ser mãe é, sobretudo, o ato de gerar, ser mãe também se gesta. Maria, concebida sem pecado, é também concebida pelo povo pecador, peregrino d'este *vale de lágrimas*. E é na peregrinação do povo, particularmente daquele cristão e católico, que a maternidade de Maria vai ganhando seus originais contornos. É também com o povo, e pelo povo, que Maria aprende a ser Mãe.

1. De mãe judia à majestade universal

Maria é, de certa forma, figura marginal no cristianismo dos primeiros séculos. Como não é meu interesse esboçar uma "história da mariologia" – ou algo que o valha – não abordo cronologias e pormenores em relação a como, e por que, Maria foi adquirindo papel cada vez mais importante na devoção e na teologia cristãs. Portanto, como ponto histórico *aproximado* de referência, para se achegar aos sentidos de Maria, proponho o ano 800, data em que Carlos Magno foi coroado imperador, pelo Papa Leão III, o que fez surgir o Sacro Império Romano-Germânico[3]. Evidente que, muito antes de tal data, Maria já era venerada entre os cristãos, e a devoção – e teologia – mariana já havia se desenvolvido. Portanto, também, de forma breve, vou referir-me a imagens e conceitos marianos anteriores ao ano 800. Fica claro, então, que o ano 800 serve tão somente de parâmetro simbólico, se assim posso dizer. Ou seja, as ideias, devoções e manifestações marianas – em sua

---

[3] Opto por tal data, pois compreendo que, após o fim da antiguidade e a reorganização da Europa no alvorecer da Idade Média, é a partir do Sacro Império Romano-Germânico que se inicia – guardadas as devidas proporções – a unidade cultural cristã de maior envergadura na história da cristandade, promovida pela reorganização política representada pelo nascente Império secundado pela Igreja cristã do Ocidente. Ademais, de forma mais ou menos arbitrária, esta data pode simbolizar a maior unicidade teológica e administrativa da Igreja Ocidental, após a realização dos principais concílios ecumênicos dogmáticos e, igualmente, após a superação da maior parte das heresias, particularmente a do arianismo.

miríade de formas – a constar nesta obra referem-se, principalmente, a momentos posteriores ao ano 800.

Contudo, o que os cristãos do ano 800 herdaram dos seus antepassados em relação à imagem e devoção da Virgem? Basta saber que, após a religião cristã ter se tornado a religião oficial do Império Romano, Maria é, aos poucos, identificada como a Mãe Rainha, Senhora e nobre, pois Mãe do *Pantocrator*, do Senhor potente, do imperador celeste. Neste sentido Maria surge como a Mãe de Deus (*Theotokos*), daquele que a tudo governa. Como, na mentalidade corrente, os governos dos séculos cabiam aos reis e imperadores, aos nobres e bem-nascidos, foi natural identificar Jesus como um soberano celeste, à maneira dos soberanos mundanos, e, por conseguinte, sua Mãe como uma espécie de imperatriz[4].

Claro que, no cristianismo primitivo, antes da chamada "virada constantiniana", Maria, na esteira do estamento social e político conferido aos cristãos, isto é, a marginalidade, surge de forma diversa, ou seja, a partir de uma concepção mais próxima à literalidade bíblica das narrativas da infância de Jesus, como se apresenta a seguir.

Figura 1. Catacumbas de Priscila (Capela Grega), Roma, Itália (século II d.C.). Virgem, menino e o profeta Balaão.

---

[4] Caso se queira interpretar este encontro entre a mulher e o poder a partir da psicologia analítica, pode-se partir da perspectiva junguiana, em que Maria integra *anima* (feminilidade, maternidade, virgindade) e *animus* (reinado, cetro, governo, soberania) (Anselm Grün, Petra Reitz, *Festas de Maria*: um diálogo evangélico-católico, p. 18).

A pintura anterior é uma das primeiras representações da Virgem, em que Maria está com Jesus entre os braços, e data, provavelmente, do século II. Segundo Amato[5], a pessoa ao lado da Virgem é o profeta Balaão, apontando o surgimento da estrela que anuncia Jesus. Como se percebe, a figuração da Virgem ainda era muito incipiente, rústica e clandestina (nas catacumbas), e fazia referência às cenas e personagens bíblicos. De qualquer forma é preciso frisar que, desde o início de suas representações iconográficas, Maria surge sempre em função de Jesus, ou seja, para "contar" a história de Jesus, e, portanto, surge ela assim como outros personagens bíblicos também ilustrados à época, sem aparente proeminência sobre eles.

Figura 2. Catacumbas de Comodila, Roma, Itália (século VI d.C.). Maria com Jesus – no trono –, rodeada dos santos Félix e Adauto, e da doadora do afresco, a viúva Túrtura.

Contudo, com o estabelecimento do cristianismo como religião oficial, Maria adquire, gradualmente, *status* diferente em relação aos demais personagens bíblicos. E, na iconografia surgem, ao seu lado, personagens que não necessariamente tiveram ligação com as fontes bíblicas, mas que pertenciam ao poder político e religioso de então, como é possível observar ao lado.

Como se depreende da imagem acima, já no século VI, com a Igreja livre e abençoada pelo poder secular, Maria surge como figura centralizada – embora, ainda, em função do centro maior, Jesus, sobre seu colo –, e não mais, necessariamente, na moldura

---
[5] Pietro Amato, *Arte | Iconologia*, p. 152.

de cenas bíblicas, mas no ornato de elementos figurativos que evocam, de forma mais hierática, o poder de uma matrona ladeada por seus auxiliares (os santos e mártires) e, também, dos mecenas que, em vida, se faziam retratar ao seu lado, como que se colocando sob seu patrocínio. Neste caso, a viúva Túrtura aparece em plano inferior e em figura menor, salientando ser menos que os santos e que a Virgem – que ocupa o plano central –, porém, manifestando a proximidade com a Mãe de Deus e, assim, legitimando sua posição social. Portanto, Maria passa a ser percebida, através da lente da arte, como aquela que, de certa forma, faz parte do *status quo* e o legitima. Isto, aliás, parece-me bastante natural para uma época em que a religião era subsumida pela política e vice-versa, ou seja, em que as fronteiras modernas entre o secular e o religioso ainda não estavam traçadas. Esta forma de entrelaçamento entre religião e política – e da figuração de Maria a partir de tal entendimento – prevalecerá durante muitos séculos, embora com os matizes culturais, teológicos e políticos específicos de cada época.

Destarte também é necessário destacar que a figura de Jesus ao colo de sua Mãe, embora possa, é claro, evocar uma forma de relacionamento comum entre mãe e filho, não leva, explicitamente e diretamente, a nenhuma figura narrativa da Bíblia a respeito da história de Jesus e de Maria (nem mesmo à história do nascimento de Jesus). Este tipo de representação iconográfica teria um motivo mais teológico, ou seja, muitas das imagens da Virgem com Jesus ao colo – ao menos nos primeiros séculos – remetem às lutas doutrinárias que defendiam a maternidade divina de Maria[6].

Por motivos teológicos ou devido a configurações políticas, pouco depois do alvorecer da Idade Média, Maria, como *Theotokos*, era, também, representada em pequenas estátuas talhadas de um só bloco de madeira, geralmente escuro, a figurá-la com o rosto

---
[6] Pietro Amato, *Arte / Iconologia*, p. 157.

impassível – ou um tanto afetuoso –, sentada no trono e mostrando, sentado ao seu joelho, o menino Jesus, figurado, como ela, de frente. São as "Virgens em majestade"[7], como no exemplo abaixo.

Ou seja, uma Virgem altiva, longe do povo, acima dele, reinando nos Céus[8]. Não é, ainda, a Virgem da misericórdia, a *advogada nossa* do medievo posterior. Ela não pede a Jesus pelo povo, mas reina com e como Ele[9], não o olhando de frente para suplicar-Lhe pelas almas desassossegadas.

Na imagem da página seguinte – produzida na altura central da época medieval – Maria e Jesus são apresentados, ambos, entronizados em majestade, com vestimentas suntuosas. Maria usa coroa – ausente em Jesus que, por sua vez, ampara sua Mãe – e aponta para

Figura 3. Virgem em majestade (*Sedes Sapientiae*), c. 1050. Igreja românica de Santa Maria im Kapitol, Colônia, Alemanha.

seu Filho, mostrando a partir de quem provém sua realeza e a quem se deve, prioritariamente, dirigir-se o olhar. Ambos olham a partir da glória (abside) ao expectador, que os vê acima de si, nas alturas, como soberanos máximos. Jesus segura um códice onde está escrito *veni, electa mea, et ponam in te thronum meum* (vem, ó minha eleita, e compartilha de meu trono), frase retirada da liturgia da festa da Anunciação. Maria, por sua vez, traz um rolo com um

---

[7] Jacques Duquesne, *Maria*, p. 108.
[8] Grafado em maiúsculo, pois referente ao conceito teológico de Céu.
[9] Grafado em maiúsculo à referência de Jesus a partir da compreensão teológica que a Igreja lhe outorga, isto é, Deus-humano.

versículo do Cântico dos cânticos (2,6) em que se lê *leva eius sub capite meo et dextera illius amplexabitur me* (sua mão esquerda está sob a minha cabeça, e sua direita me abraça), legitimando, assim, através da Bíblia, sua posição majestática[10]. Conforme Amato[11],

> a imagem da virgem rainha (...) em Santa Maria in Trastevere, em Roma, serve para ilustrar o Cântico dos cânticos (...). A basílissa está sentada ao lado de Cristo, no mesmo trono. O livro aberto segurado por Cristo registra: '*Veni electa mea et ponam in te thronum meum*'. O encontro do esposo com a esposa, comentam os escritores medievais, significa o encontro de Cristo com a Igreja.

E arremata o mesmo autor que "a coroa real, ornada com gemas, tornou-se quase uma norma para a Virgem com o menino durante a Idade Média"[12]. Maria, portanto, desde o início do medievo, encarna crescentemente a figura daquela que rege, com Jesus, os destinos dos reinos e de seus súditos, e a riqueza em sua representação passa a significar o direito que assiste a uma figura nobilárquica de sua grandeza.

Figura 4. Basílica de Santa Maria do Trastevere, Roma. Mosaico da calota da abside, c. 1140-1143.

Contudo, como se depreende, Maria, sobretudo até os inícios do ano 1000, está constantemente representada em relação a Jesus, isto é, é aquela que apresenta Jesus em seus braços ou em seu colo. Nos ícones orientais esta função mariana se torna mais clara, pois

---

[10] Interpretação baseada no texto do sítio virtual em que se encontra a imagem supra-apresentada.
[11] Pietro Amato, *Arte / Iconologia*, p. 155.
[12] Pietro Amato, *Arte / Iconologia*, p. 158.

são abundantes as imagens em que Maria aponta para Jesus, como a apresentar seu Filho, especificando ser Ele o caminho, a figura para a qual o devoto deve dirigir seu olhar e atenção, como no ícone abaixo.

Figura 5. Ícone sérvio da Hodegetria, datado do século XIV. Museu Nacional da Sérvia.

A *Hodegetria* – significando, em grego, "ela que mostra o caminho" – aponta para Jesus, o caminho, que a abençoa. É a *Theotókos*, usando o véu (*marphórion*), que olha para o devoto, a indicar-lhe o caminho Jesus. Jesus, embora menino, tem a fisionomia adulta e segura um rolo. Jesus é o centro, e a Mãe surge em função do Filho[13]. Figuras como esta, particularmente no Oriente, estavam sob o interesse da defesa do dogma calcedoniano e de Éfeso (Jesus é Cristo e Maria Mãe de Deus). Neste setido, a simbologia visual, particularmente dos ícones, supera os motivos puramente devocionais, expressando, outrossim, determinada catequese para a fé.

Se na primeira Idade Média Maria é, principalmente, a legitimadora da soberania imperial e é identificada com a Igreja (Mãe de Deus = Mãe da Igreja), por volta do ano 850, Maria passa a ser, também, definida como mediadora entre o Céu e a Terra, e invocada de forma mais pessoal como Mãe dos cristãos[14]. A partir de tal sensibilidade religiosa, Maria passa a ser

---

[13] Pietro Amato, *Arte | Iconologia*, p. 153.

[14] Sylvie Barnay, *Maria*, p. 263.

concebida como a coadjutora de Jesus, isto é, aquela que, estando junto ao seu Filho, amealha, aos seus devotos, graças e milagres. Assim, os ícones também expressam ou representam o poder mariano.

Figura 6. Ícone da Virgem de Czestochowa, séculos XII-XIII.

Uma das famosas imagens de Maria a fazer milagres é a do ícone da Virgem de Czestochowa. Assim como se faz, atualmente, com a imagem da Virgem de Schoenstatt, este ícone – que tem muitas cópias – era e é levado de casa em casa para veneração.

Contudo a projeção mariana no cenário da devoção popular, embora de maturação paulatina, tende a ganhar força ímpar com as reformas monásticas do século XII. Se até o século XI eram as relíquias dos mártires e santos que impeliam o culto popular, a partir do século XII o culto a Maria, incentivado, sobretudo, pelos monges cistercienses e pelos frades mendicantes, ganha maior vulto e importância[15]. Foi Bernardo de Claraval (1090-1153), pai do monaquismo cisterciense renovado, quem criou um "novo estilo" de mística e veneração em relação à Virgem Maria[16], de cariz mais afetivo e humano, representado por orações, poesias e inflamados

---

[15] Maria Ângela Beirante, *Territórios do Sagrado*. Crenças e comportamentos na Idade Média em Portugal, p. 80.

[16] Josef Lenzenweger, *História da Igreja Católica*, p. 169.

sermões dedicados à Virgem[17]. Por exemplo, sabe-se que as quatro festas marianas da Igreja antiga, anteriores ou concomitantes ao início da alta Idade Média, eram: Nascimento, Anunciação, Purificação, Falecimento[18], isto é, todas ligadas à vida de Maria na Palestina, sendo que duas delas (nascimento e falecimento) não são relatadas no cânon bíblico, mas "fatos" conhecidos por meio dos escritos apócrifos. Enfim, Maria era venerada em estreita ligação à sua história e ao testemunho bíblico. Com o advento dos séculos XI e XII, e adiante, a Virgem – em suas imagens e devoções – passa a ser referenciada para além da recordação bíblica ou dogmática de até então, e ganha novos contornos em que se "encarna" de vez no dia a dia das pessoas, chegando mais próxima à vida do cotidiano e das afetividades.

Mas não foram apenas os mosteiros reformados e as Ordens mendicantes que alçaram o culto mariano a uma concentração, da motivação do mesmo, na própria figura de Maria e em sua ligação com o cotidiano e a afetividade. Também a cultura cavalheiresca, na altura, foi marcante a determinar novas relações e visões societárias em relação à mulher e, no caso, à mulher protótipo e símbolo do feminino na religião cristã, Maria. Pode-se, portanto, destacar duas características marcantes do período zênite do medievo: a exaltação, em movimento ascendente, da figura de Maria *per se*, enquanto mulher-símbolo da mulher perfeita; e, em movimento descendente, a aproximação de Maria à vida, dores, mazelas e esperanças do povo. Aparentemente contrários, ambos os movimentos convergem um ao outro.

---

[17] Talvez seja melhor dizer que Bernardo de Claraval, Doutor Melífluo, deu estrutura mais formal – principalmente através da cultura letrada – a um aspecto da devoção mariana que foi despontando aos poucos e que achou em sua época terreno fértil para maior sistematização.

[18] Josef Lenzenweger, *História da Igreja Católica*, p. 203.

2. Tota pulchra es Maria

No medievo o ambiente do culto à Dama e do amor cortês influenciou imensamente a relação das pessoas com a Virgem Maria. O amor cortês remete a

> um novo ascetismo – o Amor não é feito para ser satisfeito e gasto, mas para gostar e condoer-se dele na eternidade. Há no amor cortês amores puros que consistem em ver a amada nua e não ir além; ou em deitar juntos, beijar-se, e não penetrar o santuário, a gruta de Vênus. É a *mezura*, a estética dos sentidos[19].

Se isto valia para o amor e a corte entre o homem e a mulher, também, a seu modo, era projetado na Virgem que, assim, ganha contornos ainda mais etéreos e celestiais, particularmente na devoção entre nobres e monges. Amálgama de sensualidade sublimada, platonismo e idealismo, o amor cortês faz da Virgem um símbolo da mais alta pureza, da mais ostentosa riqueza e da celestialidade inatingível. Por exemplo, Richard de Saint Laurent, no século XIII, consagra, em um de seus escritos, seis páginas à beleza espiritual de Maria e quarenta à sua beleza física, enaltecendo cada parte de seu corpo[20]. O corporal e o espiritual ganham uma unidade inaudita, em que o corpo é sublimado e espiritualizado idealmente. Grün e Reitz[21] veem na representação de Maria como toda bela – *Tota pulchra* –, ou como lírio do campo, um símbolo da sexualidade, no sentido de integrá-la, por meio de Maria, no contato entre o ser humano e o sagrado.

Duquesne, referindo-se ao amor cortês que, em parte, terá moldado novas relações devocionais com a Virgem toda bela, descreve que:

---

[19] Isidro-Juan Palacios, *Aparições de Maria*. Lenda e realidade sobre o mistério mariano, p. 91.
[20] Jacques Duquesne, *Maria*, p. 119.
[21] Anselm Grün, Petra Reitz, *Festas de Maria*: um diálogo evangélico-católico, p. 109.

> na vida real, o senhor domina sua esposa; seu matrimônio foi 'arranjado'. Mas, no 'amor cortês', a mulher é soberana (o termo será aplicado a Maria), e o homem é seu vassalo. A mulher amada é chamada de 'Dama', em alusão à esposa do senhor. Ela é sempre colocada num nível mais elevado do que aquele que deseja ser amado por ela. Para merecer a benevolência de sua dama, o cavaleiro deve enfrentar sem hesitar os maiores perigos, cumprir as mais elevadas proezas guerreiras, celebrar sua beleza, servi-la. Ele vive ajoelhado aos seus pés, cercando-a de atenções. Prometeu sua fé, não poderia traí-la[22].

Madonna. Maria torna-se, aqui com toda força, *a* Senhora, não só porque reina junto a seu Filho e Senhor, mas porque, agora também, é exaltada em sua condição feminina, em seu ser mulher, mas como a mulher perfeita, a nova Eva, a Imaculada[23]. Conforme Jacques Le Goff,

> se pensarmos que esse culto a Maria [na Idade Média] é contemporâneo da transformação do matrimônio em sacramento, de uma promoção da criança e da família estrita, conforme demonstram as natividades, é preciso ver na Virgem a grande auxiliadora da condição da mulher[24].

De fato, na alta Idade Média as mulheres podiam ser caracterizadas como Jezebel ou Dalila[25], ou seja, relacionadas com a idolatria | heresia ou com a traição. A figura de Maria, no entanto, foi aos poucos se impondo como *o modelo* ideal de mulher e, ser como Maria, era suplantar as figuras negativas ligadas às mulheres, particularmente a figura de Eva. No *urbi et orbe* medieval, a mu-

---

[22] Jacques Duquesne, *Maria*, p. 109.
[23] É justamente a partir do século XIII que a pregação sobre a imaculada conceição de Maria ganha fôlego, com os franciscanos.
[24] *Apud* Jacques Duquesne, *Maria*, p. 113.
[25] Oliver Thomson, *História do pecado*, p. 180.

lher é valorizada e dignificada através da figura de Maria em seus vários títulos ou funções. Características como a de mediadora ou intercessora, mãe e advogada (misericórdia), pena (educadora), rainha (dignificadora), parto e leite (família, sustento) atenuam a figura da mulher associada à Eva pecadora[26]. Bernardo de Claraval, um dos pioneiros no desenvolvimento do culto à Virgem na viragem para a baixa Idade Média, destaca, na esteira incipiente do amor cortês, a ternura feminina como uma das características da Virgem[27]. Maria, portanto, passa a ser figura exemplar para a reversão da imagem feminina, operando a transformação dos paradigmas femininos, de porta do pecado à porta da salvação, e é, ou passa a ser, para as mulheres, o exemplo e a companheira para os momentos cruciais da vida ligados às realidades femininas (parto, amamentação e educação, particularmente).

Portanto Maria, para a devoção das mulheres, torna-se um poderoso símbolo de determinada emancipação feminina, pois vendo nela a Mãe de Deus – a mulher que "permite" Deus vir ao mundo, que gera Deus – provocar-se-ia, entre as mulheres, a aceitação de sua própria corporeidade, da dignidade da mesma, não permanecendo elas apenas filhas do pai que, ao casarem-se, passam aos maridos[28]. Assim,

> vê-se logo que Maria concebe uma criança sem a intervenção do homem. Portanto, a mulher recebe sua vitalidade não do homem, mas de Deus. Não está sujeita ao homem como deseja a sociedade patriarcal, mas pode chegar à maturidade por si mesma e tornar-se fecunda (...) a virgem que gera uma criança é, seguramente, a mais alta forma de emancipação que se pode imaginar[29].

---

[26] Kathia Alves, *Virgo Maria, Domina Nostra, Mediatrix Nostra, Advocata Nostra*, p. 34-56.

[27] Oliver Thomson, *História do pecado*, p. 186.

[28] Anselm Grün, Petra Reitz, *Festas de Maria*: um diálogo evangélico-católico, p. 30.

[29] Anselm Grün, Petra Reitz, *Festas de Maria*: um diálogo evangélico-católico, p. 64.

Neste sentido, durante muitos séculos – dominados por exacerbado patriarcalismo e negação de dignidade às mulheres – Maria terá sido figura de refúgio libertador para as mulheres[30]. A principal cena bíblica referente a Maria, por exemplo – a da anunciação –, revela que Deus (seu anjo) não se dirige nem a José, nem aos homens da família, nem aos representantes dos poderes religiosos instituídos para anunciar a vinda do Messias, como era de se esperar em uma cultura altamente patriarcal, mas a uma pobre mulher adolescente. Que Deus trate de tais assuntos diretamente com uma menina é paradigma de dignidade e autonomia para a autoimagem feminina.

Figura 7: Anunciação, relevo gótico na Catedral de São Wenceslau, Olomouc, República Tcheca[31].

Mas a grande autonomia, neste caso, é a de uma menina – contra toda a lógica biológica e sob o peso social da suspeita e

---

[30] Esta análise de Grün e Reitz, embora não se refira, historicamente, ao período medieval, é, contudo e guardadas as devidas proporções, aplicável a ele, ainda que de forma ideal, ou seja, potencialmente a figura de Maria passa a poder re-significar a autoimagem da mulher.

[31] Ao contrário de muitas iconografias da Anunciação, que apresentam a Virgem com semblante tranquilo e submisso, aqui o rosto de Maria expressa o drama do momento e seu *"mysterium tremendum et fascinans"* (Rudolf Otto).

repúdio que sobre si cairiam – decidir aceitar a *hierogamia* que, conforme o relato lucano, era proposta à sua livre decisão. Significa isto não menos do que a partida de Abraão, pela fé, ao desconhecido, ou aquilo a que Søren Kierkegaard chama de *salto de fé*, ou salto no escuro, em meio a toda tragicidade ou angústia que tal atitude envolve. Só quem é, de fato, livre e autônomo o pode realizar.

Tal autonomia, entretanto, é diversa – a partir do ponto de vista estritamente teológico –, de determinadas concepções de autonomia atuais, devedoras da emancipação dos humanos em relação à religião. Trata-se, aqui, de ser livre, mas, fundamentalmente, de ser livre de si mesmo. Portanto, em perspectiva teológica, o conceito *liberdade* ajuda mais do que o conceito *autonomia*[32]. Assim pode-se dizer que Maria seria a figura antípoda do "programa antropológico da actualidade [que] gira à volta da 'emancipação' com uma radicalidade que antes não se conhecia, [que] está em busca de uma liberdade que visa 'ser como Deus'"[33]. Neste sentido Ratzinger continua a argumentar que tal atitude é, justamente, o contrário da liberdade que, por sua vez, pressupõe ao ser humano decisões a partir de critérios exteriores a si mesmo.

Em suma: a autêntica liberdade – e, portanto, autonomia – poderá estar mais relacionada com o assentimento – em obediência – ao

---

[32] *Auto-nomoi*, em grego, significa o *eu* fazer suas próprias leis, ser sua própria medida. Já liberdade – *eleutheria* –, cuja etimologia abre a possibilidade de maior número de interpretações, significará a possibilidade de movimento, ou o livrar-se de algo que impede o movimento. É possível compreender, teologicamente, que a autonomia – *auto/nomoi*, entendida literalmente como o eu que faz o seu próprio caminho (portanto não como uma emancipação biológica e psíquica necessária à individualização) – é justamente o fator que impede o movimento (para Deus e para ou outros), pois é um aspecto autolimitador do ser, que se volta para si mesmo como medida e como juiz de sua própria medida. Liberdade, ao contrário, seria sair de si, ir ao encontro da lei do (O)outro, da medida diversa, da alteridade, não necessariamente em sentido passivo, mas em sentido dialético e sintético (ou de comunhão). Nas palavras de John Milbank: "No cristianismo, Deus é pensado como pedindo apenas a oferta do nosso livre-arbítrio, numa resposta de amor a ele. Isto já não é, de forma alguma, uma autodestruição ou uma autodivisão, mas antes uma autorrrealização, uma oferta que é simultaneamente a nossa recepção da plenitude do Ser. É a recepção de Deus: 'Deificação'. É o *Sacrum Facere*" (*Apud* Pedro Valinho Gomes, *Sacrum Facere*: a cidade dos dons sacrificiais, p. 98).

[33] Joseph Ratzinger, Hans Urs von Balthasar, *Maria, primeira Igreja*, p. 27.

extra nos – como no "sim" de Maria ao anjo, mesmo em brumas do que estava a se passar – do que no arbítrio próprio e soberano da vontade egocentrada, a partir apenas de critérios interiores ao *self* (o *self made* [pós]-moderno).

Contudo, a ligação da dignidade da mulher à figura modelar de Maria – e, no caso, particularmente à sua castidade –, apresentava (e apresenta) o risco de as mulheres casadas serem vistas como não castas[34]. Portanto é possível, também, interpretar a maternidade virginal de Maria – em sua relação com o significado dado à vida das mulheres – através de chaves críticas, como evidencia o Cardeal Forte[35]:

> através do modelo de humildade e de silêncio virginal, foi alimentada a passividade feminina; mediante a figura da mulher dissolvida na maternidade divina, foram obscurecidas outras potencialidades da criatividade feminina; com a apresentação de um modelo inatingível, foram postas as premissas para as frustrações mais dolorosas das mulheres. Enfim, quando pareceu que se tratava da exaltação da mulher através da celebração de Maria, na verdade deu-se ensejo ao expediente machista de exaltar uma só mulher para rebaixar todas as outras.

A figura de Maria, neste sentido, apresenta sinal ambíguo para a vida e para a emancipação feminina, pois ao exaltar a figura da mulher, exalta a figura de *uma* mulher específica que se distancia das demais. Ou seja: a mulher que não fosse como Maria seria como Eva?

Esta crítica a uma imagem e imaginário idealizado – e talvez, na perspectiva de alguns, ideológico – sobre a Virgem Maria, também é estendida à iconografia e imaginária que envolve Jesus e os santos. Assim, a iconografia, embora possa retratar o "caráter humano do sagrado", sua proximidade a nós e ao nosso mundo, pode, também, realçar um modelo de perfeição moral e estética

---

[34] Oliver Thomson, *História do pecado*, p. 223.
[35] Bruno Forte, *Maria, a mulher ícone do mistério*, p. 25.

inalcançáveis, acentuando, por contraste, a pecaminosidade, fealdade e impotência humanas em comparação à "perfeição" das figuras sagradas retratadas[36].

Por exemplo, vemos isto na imagem moderna retratada abaixo, da sagrada família, a apresentar uma família em grau de harmonia singular, olhares compassivos e compreensivos, atitudes comedidas, formas angélicas, estética estilizada | idealizada. Enfim, um modo de se apresentar a realidade familiar muito distante de qualquer família concreta nossa e, certamente, do que é o ser humano *à vera*, mesmo o realmente mais santo.

Figura 8. Estampa popular.

3. Da figura ideal-platônica ao chão do povo

Se, por um lado, Maria ganha ares etéreos e sublimes, em movimento descendente, ela chega ao povo e à sua realidade de forma cada vez mais íntima, enraizada no cotidiano das pessoas. Já a consagração das catedrais a Nossa Senhora, nos séculos XII e XIII, mostra a revalorização do mistério da encarnação[37], ou seja, passa-se a valorizar Deus que nasce tornando-se humano e partilhando o

---

[36] Linda, Woodhead, *O cristianismo*, p. 36.
[37] Jacques Duquesne, *Maria*, p. 110.

Figura 9. Virgem do Peregrino, de Caravaggio (1573-1610). Igreja de Santo Agostinho, Roma[38].

fado comum da humanidade. É justamente a partir desta época que as imagens de Jesus sofredor na cruz passam a ter maior destaque na iconografia dos templos – ao contrário do dantes Jesus reinante, de olhos abertos, na cruz –, e que Francisco de Assis cria a representação do presépio vivo, reforçando a humanidade do Deus-menino. Também é por volta desta época que a reforma cisterciense introduz estética arquitetônica e liturgia monástica mais despojada, em contraponto ao fausto artístico e litúrgico de Cluny.

Enfim, os séculos XII a XIII marcam uma importante viragem na base da Igreja, aproximando mais o Deus *Pantocrator* do Deus compassivo. Contudo, mesmo com a paulatina mudança das sensibilidades religiosas, Jesus (Deus) continua ainda muito longe, inacessível ao povo. Santos, mártires e Maria continuam a ser as referências básicas dos humildes. Mas, agora, Maria se torna mais próxima, pois é interpretada como aquela que, colocando Deus no mundo, tem o privilégio de, junto a ele, suavizar sua ira e advogar suas graças. Neste sentido Maria passa a ser representada como a

---

[38] Embora a pintura seja renascentista, expressa a Virgem que, de rainha, passa a ser a mãe – está sem a coroa – que acolhe os aflitos que batem à porta de seu lar, evidenciando-se aqui, portanto, o ambiente familiar, e não mais o imperial, com tronos e com figuras marianas hieráticas.

que socorre o povo em suas necessidades, que vive as triviais intimidades do dia a dia popular.

Pode-se iniciar tal percurso de visão mariana percebendo como a Virgem passa a ser envolvida no cotidiano popular, em seus milagres, maravilhas e mundo do fantástico. A porta para tanto, claro, são as legendas[39] que, muito além de aspectos fantasiosos ou pueris que pudessem ter, tiveram e têm a força de criar devoções, santuários, peregrinações, votos, consagrações. *Grosso modo* pode-se seguir o seguinte roteiro – com matizes e variantes – da nova piedade popular mariana:

> las leyendas pueden sintetizarse del modo siguiente. Un hombre recibe señales extraordinárias o encontra a una imagen – nunca se dice de qué matéria ni naturaleza –, no da crédito a sus sentidos, duda y es confortado por ella que le da pruebas de su poder curándole alguna minusvalía; lo comunica a las autoridades eclesiásticas y civiles locales. (...) Es significativo el hecho de que en todas las leyendas, una vez que el vidente se ha recuperado de su asombro y la imagen ha resuelto favorablemente la credibilidad del suceso mediante un milagro, del que él mismo es beneficiário, marcha a la ciudad o villa y se presenta a las autoridades eclesiasticas, frecuentemente tambiém civiles, para darles conocimiento del suceso portentoso. Esta actitud, que recogen sistemáticamente los textos, la interpretamos como uma prueba de la identificación del icono con la población y el territorio donde se supone tuvo lugar la aparición o hallazgo. Más significativo es el hecho de que las ermitas y santuários estén siempre en el campo, a cierta distancia de los núcleos urbanos. (...) con una tenacidad impropria de seres humanos, decide el lugar donde quiere residir, y dónde desea se le levante una ermida, que no es sino el lugar de aparición, es decir, lejos del control de las autoridades que implica el núcleo urbano[40].

---

[39] A palavra legenda é, geralmente, concebida como sinônimo de lenda. Contudo, o conceito original, a partir da etimologia, é outro: legenda era o relato da vida de um santo destinado à leitura pública no âmbito dos mosteiros e igrejas. A mentalidade e os estilos literários e históricos modernos é que, não podendo admitir como reais muitos dos acontecimentos expostos em tais textos, fizeram evoluir legenda em lenda.

[40] Salvador Rodríguez Becerra, *Santuarios y apariciones marianas en Andalucía (España)*, p. 225.

O texto anteriormente citado mostra o roteiro – recorrente desde a baixa Idade Média – da criação de determinada piedade mariana autônoma, isto é, independente do âmbito eclesiástico, de seu ambiente oficial e de sua autoridade. Primeiramente, destaca-se que a iniciativa do fomento de determinada devoção é da própria Virgem, que surge de formas inusitadas a *leigos e fora do ambiente eclesiástico*. É menos comum encontrar relatos de aparições a eclesiásticos ou no ambiente dos templos[41]. Os leigos são, com Maria, os protagonistas, e a natureza – ela que servia aos antigos cultos autóctones das terras cristianizadas na Europa – é o local privilegiado das mariofanias. Em tais locais naturais é que surgem as fontes – outrora sagradas – e que se realizam os milagres e os eventos da ordem do fantástico. Mais: geralmente, a Virgem é explícita em desejar que sua ermida seja construída longe dos centros de poder, como a afirmar outro modelo de poder, outro centro gravitacional para a fé. Contudo, na altura, não se vive sem a Igreja, sem sua bênção. Portanto, o movimento seguinte é o de ir às autoridades – eclesiásticas e civis – para a apresentação do portento. Portanto, Maria e os leigos invertem a ordem hierárquica, isto é, o leigo leva a mensagem aos pregadores e guardiães da doutrina.

Como já referido, este tipo de piedade mariana tem início no medievo, mas é recorrente e perdura até os dias atuais. Como exemplo é possível citar que,

> em 1530, em Thiene, Itália, houve grande devastação devido a uma praga de gafanhotos. Na altura, três crianças tiveram uma visão de Maria, que estaria sobre um olmo, planta da região. Maria teria dito que a praga se devia aos pecados do povo, mas que, mediante conversões e a construção, ali, de um seu santuário, intercederia pelo povo junto a Jesus[42].

---

[41] Mas há, como se verá adiante.

[42] Darlei Zanon, *Nossa Senhora de todos os nomes*, p. 197.

Nesta história surgem elementos recorrentes nas visões ou comunicações marianas, quais sejam: por diversas vezes os receptores privilegiados das mensagens da Virgem são crianças (ou pessoas pobres); Maria aparece relacionada a algum elemento da natureza (plantas e árvores, fontes, tempestades, sol etc); a Virgem surge em momentos de crise, na altura de pestes, fomes, guerras etc.; traz mensagens de conversão e de construção de ermidas ou santuários[43].

Os exemplos da presença de tais elementos – com seus matizes e transformações – são extensos. Assim, em 1526, na região de Pollutri, Itália, uma tempestade causou diversos estragos. Maria, aparecendo, então, para o agricultor Alexandre Mutii, revela que a causa da tempestade de granizo se devia aos pecados dos citadinos. Para sanar a ira divina, a Virgem revela que o povo deveria, adiante, respeitar os dias santos[44]. Esta aparição é celebrada na Itália através do orago Nossa Senhora de Casalbordino.

Como se percebe, Maria costuma, em muitas mensagens, admoestar o povo contra os laxismos devocionais, exigindo maior seriedade à vida religiosa. A Virgem, desta forma, apresenta-se como a intermediária entre o Deus juiz e o povo, tornando a sua misericórdia materna a ponte em que as partes podem se encontrar e reconciliarem-se.

Por sua vez, a legenda que envolve a invocação a Nossa Senhora do Divino Amor conta que, em 1740, um peregrino foi cercado por cães raivosos. Tendo o homem, contudo, visto, no alto de uma torre, a imagem de Maria, viu, também, uma pomba sobre ela descendo (o Espírito Santo, Divino Amor). Ao pedir ajuda à senhora, os cães retiraram-se imediatamente[45]. Ainda

---

[43] Este mesmo modelo também será recorrente, *grosso modo*, nas grandes aparições marianas dos séculos XIX e XX, mostrando, assim, a continuidade de certo *habitus*.

[44] Darlei Zanon, *Nossa Senhora de todos os nomes*, p. 80.

[45] Darlei Zanon, *Nossa Senhora de todos os nomes*, p. 104.

outra legenda, lembrada por Zanon[46], reza que o título de Nossa Senhora da Piedade está ligado à história de um lavrador português que encontrou uma imagem da Virgem em uma árvore e, diante da imagem, ajoelharam-se os bois.

Como se depreende, a natureza não só está presente em tais relatos, como se submete e reverencia a Virgem, através dos animais, por exemplo. São, portanto, típicos relatos das culturas camponesas, em que o meio ambiente formado por animais, plantas, rios, fontes, é o *locus* em que a Virgem surge, como aquela que tem poder sobre este meio, possibilitando a sobrevivência dos camponeses nele. Assim Maria terá aparecido, também, nos ambientes rurais da Índia, em Vailankanni, em 1550, fazendo o milagre de uma vasilha de água ter se tornado em leite fresco[47].

Embora as manifestações da Virgem estejam quase sempre relacionadas a leigos, também no âmbito da Igreja – nos templos e entre clérigos – a Virgem dá o ar de sua graça, apesar de, nestes casos, geralmente suas manifestações ocorrerem para o baixo clero que, por sua vez, vinha dos extratos populares e preservava, até certo ponto, a cultura popular da qual era tributário. Como exemplo, Palacios[48] nos relata uma deliciosa história medieval. Recolhe ele a legenda, dos registros feitos por Vincent de Beauvais, que no século XIV um monge pintava o pórtico de uma Abadia. Após pintar a Virgem e o menino, pintou, acima deles, a cena do juízo final, ilustrando, na cena, um demônio de feiúra acentuada. Pois bem, não gostando de sua imagem pintada, o próprio demônio retratado veio ao monge e empurrou-o do andaime. Mas, no momento em que o religioso caía, o braço pintado da Virgem saiu do afresco e segu-

---

[46] Darlei Zanon, *Nossa Senhora de todos os nomes*, p. 211.

[47] Darlei Zanon, *Nossa Senhora de todos os nomes*, p. 278. Em correspondência ao milagre feito por Jesus, que transformou água em vinho. Nota-se, portanto, um *midrash* (para usar a terminologia desta tradição literária hebraica), ou uma meta-narrativa, em que aos atos de Jesus podem corresponder atos semelhantes de Maria.

[48] Isidro-Juan Palacios, *Aparições de Maria*. Lenda e realidade sobre o mistério mariano, p. 49s.

rou-o. Segundo Vicent de Beauvais, todos os que o assistiam pintar foram testemunhas do milagre.

Giulietti[49], por sua vez, relata a bela legenda de que "certa noite, enquanto os frades dormiam, Maria apareceu a Domingos de Gusmão (1170-1221) em vigília de oração; a bem-aventurada Virgem Maria atravessou o dormitório aspergindo os frades um a um". Se o Gênesis relata que, nos primórdios paradisíacos, o próprio Deus descia ao jardim para passear, junto a Adão e Eva, ao frescor do fim do dia (Gn 3,8), Maria, agora, desce junto aos seus protegidos para, pessoalmente, abençoá-los com a água benta vinda dos Céus. Maria, mais do que um ser celeste, torna-se uma companhia protetora presente, pessoalmente, em todos os momentos, particularmente nos mais críticos, como o representado, simbolicamente, pela noite.

Como estas há muitíssimas histórias medievais saborosas em que a Virgem Maria – retratada em pinturas, esculturas, ex-votos – ganha vida e interage com o ambiente à sua volta. Para os medievais, Maria era um ente sobremodo vivo no que diz respeito à sua participação no dia a dia das pessoas, inclusive nos pequenos, banais e singulares acontecimentos. O mundo encantado participava naturalmente do mundo social e natural, e vice-versa.

Em Huelva, Espanha, cultua-se Nossa Senhora da Cinta. Conta-nos os anais da história que, em 1178, a Virgem surgiu na Catedral de Tortosa, entregando a um cônego um cingidouro de seda feito por suas mãos. Desde este acontecimento, ao cônego – e depois àquela Catedral – vinham as "encintas" (grávidas) para pedir bom parto. Em 1363, uma constituição eclesiástica definiu que fossem cortados dois pequenos pedaços da cinta milagrosa, para que os mesmos pudessem ser levados às casas das parturientes que, no leito do parto, não pudessem deslocar-se ao templo[50].

---

[49] Emanuele Giulietti, *História do Rosário*, p. 35.

[50] Isidro-Juan Palacios, *Aparições de Maria*. Lenda e realidade sobre o mistério mariano, p. 117.

Maria acode aos seus através de presentes, conselhos e intervenções fantásticas. É presença viva em imagens, objetos, pinturas, fenômenos naturais. Contudo, embora Maria aparecesse a crianças, camponeses e, eventualmente para membros do clero, a relação de maior intimidade da Virgem era para com as mulheres, particularmente no que concerne ao parto, à criação das crianças (amamentação e educação) e à saúde.

Figura 10. Virgem parturiente (Capela de Yaudet, Bretanha, França, século XVIII).

A Virgem parturiente – acima retratada – é invocada, até os dias atuais, por mulheres que desejam engravidar. Para tanto, as mulheres recitam o rosário, mensalmente, aos seus pés[51]. Chamo a atenção para o tipo de representação em sua liberdade criativa, isto é, o artista representa a Virgem deitada à cama, após as dores do parto, convalescente, já com o recém-nascido Jesus ao seu lado, e com José a velar por ambos (e com a pomba, a representar o Espírito Santo, que revela a origem sagrada da gestação). A mim parece cena interessantíssima, ou seja, uma

---
[51] Marie-France Boyer, *Culto e imagem da Virgem*, p. 29.

representação da Virgem convalescente logo após o parto, no leito em que deu à luz Jesus. Sabe-se, pelo que dizem as Escrituras, que o parto terá sido em um estábulo de animais, não no conforto de um leito moderno. Mas que importa a história (factual ou não)? O importante, neste caso, não é a arqueologia das verdades históricas, mas os significados para os quais tais histórias bíblicas apontam, o mundo polivalente e plurisemântico que o signo abre. Importa o signo do parto, a solidariedade de Maria para com todas as parturientes em seus contextos históricos e sociais determinados.

A Igreja – enquanto organismo eclesiástico definidor e guardião da doutrina e ortodoxia – sempre procurou ter a sensibilidade – ou o arguto *feeling* – em tolerar – por vezes aprovar – aquilo que o povo construía e constrói em sua relação afetiva com a Virgem. Neste sentido, ainda evidenciando Maria como parturiente, ou como mulher grávida, está a devoção a Nossa Senhora do Ó. A invocação a Nossa Senhora do Ó terá tido origem a partir de um, digamos, equívoco popular. Referentemente à invocação de Nossa Senhora do Parto, as antífonas do oitavário do Parto – na liturgia pré-conciliar – iniciavam-se pelas exclamações *Ó sapientia, Ó radix Jesse, Ó clavis David, Ó origens splendor*. O povo, ouvindo piamente tais exclamações, mas desconhecedor do latim e das referências veterotestamentárias das antífonas, retinha na memória os *Ós* e os associava a Maria grávida, no aguardo do parto. Daí ter tal invocação – Nossa Senhora do Ó – se constituído como invocação "gêmea" à de Nossa Senhora do Parto[52]. Chamo a atenção, no entanto, para o fato de a Igreja ter acolhido esta invocação popular, não a desautorizando. A Igreja, portanto, ao invés de coibir o "equívoco" de compreensão, o acolheu, já que, ao fim e ao cabo, a devoção era a mesma (referente à gravidez de Maria).

---
[52] Vivaldo Coaracy, *Memórias da cidade do Rio de Janeiro*, p. 193.

Figura 11. Nossa Senhora do Leite
(Antoniazzo Romano, igreja da Anunciação,
Roma, Itália, século XIII).

Se Maria, grávida ou parturiente, foi – e é – referência importante na devoção popular (particularmente para as mulheres), mais forte, entre as mulheres – mas também entre os homens, e para o próprio clero – foi a devoção a Nossa Senhora do Leite, à Virgem que amamenta, sendo a amamentação, sem dúvida, um forte símbolo de vida, alimentação, e abrindo o leque de significados variados.

A primeira característica que salta aos olhos, inclusive e talvez ainda mais ao olhar pudico, é que Maria aparece com o seio à mostra. A partir da cultura cristã da época (e de constância residual até hoje), em que o corpo estava sob suspeita – particularmente o das mulheres – e que a nudez (mesmo parcial) era considerada, sob o ponto de vista religioso, temerária, é assaz surpreendente que, desde cerca de mil anos atrás até os dias atuais – e de forma mais abundante no medievo –, Maria fosse, de diversas formas, retratada com o seio à mostra. Claro está que, também no cristianismo, o ato de amamentar é considerado positivamente, e que a imagem de uma mãe a amamentar seu filho é deveras significativa quanto ao amor materno e a tudo que ele pode representar em tal imagem: cuidado, alimentação, doação, carinho. Contudo, a julgar pelas demais imagens e representações de Maria – e dos santos, santas e Jesus, em geral –, podemos notar que dificilmente encontram-se imagens a destacar, ainda que por pios motivos, partes do corpo – particularmente da mulher – que eram consideradas íntimas[53].

Aqui, evidentemente, não faço tais observações a partir da literatura bíblica ou da cultura antiga, que podiam apresentar cenário mais livre em relação à nudez[54], mas falo a partir do cristianismo já consolidado na Idade Média, de acento teológico marcado pela suspeita em relação ao corpo e ao sexo. Neste sentido, as imagens de Nossa Senhora do Leite são uma prova enfática de que Maria, a maternidade e o amor de ligação entre mãe e filho são tão sumamente profundos no imaginário e na realidade humana que, mesmo sob o peso das interdições e suspeitas relativas ao corpo, conseguiram romper fronteiras na arte religiosa e devocional, e celebrar Maria a partir da amamentação dada a Jesus, e, claro, como inevitável, retratando parte íntima de seu corpo essencial a este ato.

Também percebo que se deve ver, nesta licença artístico-devocional, uma vitória das mulheres (ou de Maria em favor delas). A vitória do demonstrar, a um mundo machista e patriarcal – e, claro, a um clero e Igreja de antanho ainda mais patriarcal, e de suspeitas e condenações à mulher e ao seu perigoso e tentador corpo desnudo –, que o seio, ao menos ao amamentar, é algo sagrado,

---

[53] Inclusive, conforme Emília Nadal (*Maria na iconografia cristã*, p. 131), "muitas Senhoras do Ó foram retiradas, após o Concílio de Trento, destruídas ou enterradas em cemitérios e adros de igrejas, por serem consideradas impróprias para o culto. Pelas mesmas razões foram vestidas outras imagens". Já a imagem de Jesus crucificado o traz, quase sempre, seminu (os condenados à cruz eram, entretanto, crucificados totalmente despidos). Porém, tal imagem já se tornou tão comum e naturalmente incorporada à cultura ocidental que, na maior parte das vezes, não é percebida – ao menos em um sentido erótico, ou que o valha – esta característica da imagem. Claro está que trata-se de um homem seminu torturado e morto, o que não convém, certamente, a um olhar que privilegie o corpo em sua dimensão erótica. Mas, de qualquer forma, é imagem a qual já estamos acostumados culturalmente, inclusive em sua avaliação da dor e sofrimento nela contida.

[54] A Bíblia apresenta muitas histórias e imagens de teor sexual e erótico (apenas como um exemplo, o livro do Cântico dos cânticos), e, igualmente, em culturas antigas que influenciaram o cristianismo, como a greco-romana, havia abundância de imagens de deuses e deusas seminus.

fonte feminina da qual dependeu o próprio menino-Deus, figura de beleza a expressar amor e doação. Maria, com seu seio aparente a amamentar, como que redime o corpo feminino da ideia de raiz do pecado, do corpo feminino como tentação, matizando seus aspectos considerados negativos e dotando-o de pureza e sacralidade. Sim, dirão, é o seio da Mãe de Deus, da Santíssima Virgem, Imaculada e a tudo obediente a Deus, isto é, não é o corpo das "filhas de Eva", mas da nova Eva redimida. Aqui, mais uma vez, surge a interpretação de que Maria, sendo quem é, mais oprime as mulheres – impingindo a elas um ideal inalcançável – do que concede com suas imagens, a elas, possibilidades de autonomia social.

Porém estamos, aqui, a lidar com elementos simbólicos (imagens), e o símbolo, como já esboçado, abre horizontes, ao contrário dos conceitos que tendem a fixar compreensões unívocas. O símbolo leva à pluralidade semântica, hermenêutica e vital, podendo abrir várias portas de intuições e de entendimentos. Portanto, a imagem-símbolo é sua própria pregação, e seu sentido é sempre contextual e pessoal. Maria, em uma mesma imagem-mensagem, pode tanto justificar e legitimar como subverter e oferecer novos paradigmas para determinada compreensão antropológica, teológica e sociológica, dentre outras. Na religião popular o símbolo se constitui em algo que,

> nunca é adequado, que nunca é objetivo, visto que nunca atinge um objetivo, que pretende sempre ser essencial, uma vez que se basta a si próprio e é escandalosamente o portador da mensagem imanente duma transcendência, que nunca é explícito mas sempre ambíguo e mesmo redundante[55].

A arte é mediação ativa para o conhecimento e para a experiência de sentidos, ou para a subversão deles. Portanto, a arte é intrinsecamente ambígua como linguagem simbólica[56].

---
[55] Gilbert Durand, *A imaginação simbólica*, p. 20.
[56] Emília Nadal, *Arte e mundividências. A comunidade, o homem e o religioso*, p. 46.

Figura 12. A Virgem deitada. Capela de Yaudet, Bretanha, França (fins do século XVII).

Ao lado é possível ver a figura de Maria em sua intimidade, deitada ao leito, e de Jesus menino a buscar, no interior da roupa de Maria, o seio para sua alimentação. É notável que Maria tenha sido, desde muito, figurada com tanta intimidade, uma intimidade acentuadamente feminina e do âmbito do lar e do carinho interdependente entre mãe e filho.

Figura 13. Maria parturiente. Tímpano da Igreja de São Salomão, França, 1450.

É ainda de se destacar que Virgens do Leite foram padroeiras das amas de leite, quando as mães confiavam seus filhos a estas[57]. Ou seja, Maria, em seus "exercícios de intimidades maternas", digamos assim, circula no imaginário feminino – e ecle-

---

[57] Marie-France Boyer, *Culto e imagem da Virgem*, p. 30.

sial-teológico, pois são imagens e devoções existentes nas igrejas – de forma a conferir ao papel de mãe a atribuição central de dignidade da mulher. E de fato, no judeu-cristianismo – ou ao menos nas tradições teológicas mais antigas destes dois monoteísmos – a dignidade da mulher está em ser mãe, em criar os filhos, no cuidado do lar[58].

Segundo Espírito Santo[59], "não há [ao menos em Portugal] imagens nem cultos de Maria-filha, Maria-esposa, Maria trabalhadora doméstica, Maria-boa-vizinha. Todas são Maria-mãe, Maria que vai ser mãe ou Maria junto de sua mãe". Mas, conforme o etno-sociólogo, não é privilégio da cultura judaico-cristã este papel imprescindível da mulher, o de ser mãe. Avança o estudioso em constatar que, de forma geral, a figura mesmo da mulher cumpre um papel ímpar, pois[60]:

---

[58] Ser mulher estéril, no Antigo Testamento da Bíblia, era muitas vezes considerado como uma desgraçada maldição. Gerar muitos filhos, por sua vez, era sinal de bênção.

[59] Moisés Espírito Santo, *Origens orientais da religião popular portuguesa*, p. 27.

[60] Não pretendo cair na tentação etnocêntrica e essencialista de dizer que este papel da mulher e da mãe se dá em todos os povos e culturas, como parece sugerir o autor. Seguindo Espírito Santo, admito o papel ímpar da mulher – e, mais, da mulher que é mãe –, mas, também, me distanciando um pouco do entusiasmo manifestado pelo erudito investigador português, anoto um "talvez". É sabido que na particularidade histórica e íntima de cada pessoa e família, nem sempre as relações com os genitores são tranquilas e, por vezes – por vários motivos que de forma alguma caberia aqui analisar – tais relações são mesmo conflituosas e antipáticas. E a história registra, igualmente, atrocidades – do ponto de vista da cultura cristã – perpetradas por filhos aos pais, e por pais aos seus filhos. Mesmo Jesus relativizou – a partir do ponto de vista escatológico – a figura da mãe (Mc 3,34-35) e deixou claro que, por causa desta mesma dimensão escatológica, cisões se dariam no forte mundo familiar e clânico que marcava as culturas antigas, como a judaica (Lc 12,49-53). Também é preciso referir, a partir do lastro das culturas populares, o dito de que há "mães desalmadas" (e também filhos). Sigmund Freud, por sua vez, ofereceu novas chaves de entendimento para certas relações familiares patológicas. Contudo, fica registrado o benefício da dúvida para os que, romanticamente ou não, atribuem uma essência final (boa e imprescindível) para a figura da mãe. Talvez Salomão fosse um destes (1Rs 3,16-28). De todo modo, pode-se afirmar, talvez com alguma certeza, que a devoção a Maria – a refletir alguma continuidade com o culto das deusas mães antigas – apontaria para um dependência infantil em relação à mãe, uma "saudade da mãe", como afirma Jung (*Apud* Anselm Grün, Petra Reitz, *Festas de Maria*: um diálogo evangélico-católico, p. 24).

> Só a imagem da mãe é mobilizadora. Para se oporem simultaneamente ao Rei e à Igreja, os sans-culottes criaram a figura de Marianne (...). Os camponeses portugueses de 1846 combateram o Estado em nome de Maria da Fonte (...) O símbolo mais mobilizador dos comunistas portugueses é uma mulher camponesa, Catarina Eufémia (...). A nação é a alma do povo. (...) É sempre a imagem de uma mãe que é invocada: a Pátria, a Nação, a Democracia, a Liberdade, a República, a Revolução, a Constituição, a Justiça – todas elas figuras femininas e sempre representadas por mulheres, de seios transbordantes, abraçando os filhos ou empunhando uma espada para defender as crianças que se lhe agarram às saias[61].

Mas também o imaginário da Virgem como dona de casa, ligando-se às mulheres comuns e pobres, foi – e é – de tal monta que, inclusive, a casa em que teria residido a sagrada família, em Nazaré, terá sido transportada misteriosamente por anjos até a cidade de Loreto, na Itália, onde se radica o famoso santuário de Nossa Senhora de Loreto. O milagre angelical terá ocorrido em 1294, motivado pela definitiva ocupação islâmica nos territórios da Palestina, após o fracasso das Cruzadas. Assim, a casa sagrada estaria a salvo das mãos infiéis.

Figura 14. Nossa Senhora da Abadia, Santuário de Nossa Senhora da Abadia, Santa Maria de Bouro, Amares, Portugal.

---

[61] Moisés Espírito Santo, *A religião popular portuguesa*, p. 213.

Figura 15. Nossa Senhora de Loreto (estampa popular).

A Virgem negra de Loreto, ao lado retratada, tem sob seu longo manto o menino Jesus ao colo, como a dizer que o protege em sua casa como o protege sob sua roupa. Mas o que mais interessa saber é que a casa era de três (Jesus, Maria e José), mas a relação devocional com a casa diz respeito à Virgem, pois é ela que ganha o destaque no título da invocação. Ou seja, a figura da mulher é associada naturalmente ao cuidado do lar, e Maria é vista como aquela que zela pela casa, fazendo-se, assim, figura próxima às mulheres que, na maior parte dos pretéritos séculos, tinham como sua ocupação natural o cuidado do lar e dos filhos.

A imagem de Maria associada ao cotidiano e às sociabilidades femininas é de tal monta que muitas obras católicas buscam especular, ou, dito diferente, retratar ao máximo em pormenores a vida daquela que, na Bíblia, é citada – explicitamente – por apenas poucas vezes. E, no caso, são teólogos, por vezes renomados, que buscam reconstruir este mundo mariano cotidiano, como apresenta o livro de Clodovis Boff, *O Cotidiano de Maria de Nazaré* (2014). Mas, claro, tal estilo teológico-literário era mais comum em antanho, como, por exemplo, testemunha a obra do jesuíta espanhol Juan Rey – *Retratos de Nossa Senhora* –, publicada em Portugal em 1957, que descreve, em detalhes, a vida de Maria como "colegial", "noiva", "dona de casa", entre outras ocupações. Mas também tenta adivinhar – recorrendo à

Figura 16. O sorriso da Virgem, igreja românica de St. Maria Lyskirchen, Colônia, Alemanha.

tradição da Igreja – aspectos físicos, psíquicos e muito pessoais de Maria, como sua "beleza corporal", seu "pudor", seu "vestido", sua "inteligência"[62]. Dulce Lamas[63], por sua vez, recolhe o seguinte soneto do folclore popular: "Nossa Senhora lavava | São José estendia | O menino chorava | Do frio que fazia". Sagrado mais cotidiano | profano do que este...

Aqui, mais uma vez, poderia caber a crítica feminista de que a mulher, em sua sexualidade, só é dignificada pelo ato de gerar

---

[62] Existem, em continuidade a este imaginário da intimidade da vida particular de Maria, as chamadas imagens de vestir, ou de "roca", que trazem Maria ainda mais encarnada e íntima de seus devotos: "os guarda-fatos das Senhoras merecem uma visita: grande variedade de vestimentas, mantos, vestidos, roupas interiores, combinações, meias, sapatos, para a semana, para os domingos e para os dias da sua festa" (Moisés Espírito Santo, *Origens orientais da religião popular portuguesa*, p. 31). O mesmo pode-se dizer das joias, colares, brincos, anéis, bijouterias.

[63] Dulce Martins Lamas, *Nossa Senhora na alma do povo*, p. 263.

filhos e deles cuidar, atendo-se ao lar e aos seus afazeres domésticos[64]. Quanto a isto, deve-se responder com três breves arrazoados:

1) pode ser esta crítica eivada de anacronismo, sem levar em conta os contextos históricos e a lenta "evolução", por assim dizer, do efeito libertador, para a imagem das mulheres, que as simbologias em torno de Maria foram, aos poucos, conferindo;

---

[64] Palavras – ou conceitos – como lar, domesticidade, casamento, maternidade, e outras ligadas a estas são, atualmente, confrontadas – às vezes apressadamente – por críticas advindas de ideários libertários que as julgam com desconfiança. Gilbert Keith Chesterton (1874-1936), entrementes, inverte, com sua fina ironia, certos axiomas correntes: "De todos os conceitos modernos porém, o pior dos gerados unicamente pela riqueza é este: a domesticidade é estúpida e insípida. No lar (dizem eles) há decência inane e rotina; fora dele está a aventurada e a variedade. Trata-se, indubitavelmente, de opinião de homem rico. (...) Se o rico parte o vidro de uma montra, pode pagá-lo; se inutiliza um homem, pode estabelecer-lhe uma pensão. Também pode (como o milionário da anedota) comprar um hotel para beber um copo de genebra e, por ser homem de luxos, pode permitir-se ditar o tom do pensamento 'avançado' ou 'progressista', o que faz quase esquecer o significado real de um lar à esmagadora maioria da humanidade. Com efeito, a verdade é que, para os não demasiadamente pobres, o lar é a única zona de liberdade, ou melhor, o único território anárquico. É o único lugar da terra em que o homem pode, de um instante para o outro, mudar tudo, fazer qualquer experiência ou permitir-se o que quiser. Em qualquer outro lado em que esteja tem que aceitar o rígido regulamento da loja, hospedaria, clube, hotel ou museu em que lhe aconteça ter entrado. Em casa pode comer as suas refeições no chão se isso lhe der na real gana. Eu faço isso muitas vezes – dá uma curiosa, infantil, poética e campestre sensação. Encontraria muitas dificuldades se o tentasse fazer numa casa de chá. (...) [o lar] é antes o último pedaço de terra livre num mundo de regulamentos e trabalhos forçados. O lar é o único local onde o homem pode por um tapete no telhado ou telhas no chão a seu bel prazer. (...) Os hotéis podem definir-se como locais em que se é obrigado a traje de cerimônia e os teatros como locais em que é proibido fumar; piqueniques, só em casa" (Gilbert Keith Chesterton, Disparates do mundo, p. 48-9). O filósofo Slavoj Zizek, por sua vez, e em campo de reflexão próximo ao do lar doméstico, comenta o mesmo Chesterton, a respeito de suas concepções paradoxais: "E se, no nosso mundo pós-moderno, em que a transgressão está consagrada e o casamento é visto como uma coisa ridícula e ultrapassada, os verdadeiros subversivos fossem os que persistem agarrados a ele? E se hoje o casamento tradicional se tivesse tornado na 'mais sombria e audaciosa de todas as transgressões'?" (Slavoj Zizek, A marioneta e o anão. O cristianismo entre perversão e subversão, p. 46). E, finalmente, apraz citar que "há tempos, alguém confidenciava quanto hoje pareceria 'subversivo' ter-se filhos e, provavelmente ousando, dar-lhes – muito mais que o 'mundo' – os pais para crescer. Quereria essa pessoa falar – suponho eu – do quanto, às vezes, são tidos como chocantes, risíveis, ridículos, ou até provocatórios, gestos que têm que ver com a construção de laços e de relações com ternura, com bondade, ou com amor" (Eduardo Sá, Más maneiras de sermos bons pais, p. 31).

2) parte a crítica de determinada concepção sobre o que vem a ser a dignidade da mulher e de sua sexualidade, que, creio, não necessita ser vista como "dogma" ou paradigma em relação ao que seja, ou não, dignidade feminina para todas as mulheres, e em todos os tempos;

3) e, por último, pergunto: e se de fato a maior dignidade feminina – como também, em coparticipação fundamental, a masculina – for o ato de gerar e de cuidar? E se aí estiver o sentido mais alto da existência? Ao menos o ato de gerar parece ser, do ponto de vista biológico, o sentido mais evidente da existência. O cuidado deve ser, mais uma vez, de não tirar ao símbolo sua amplitude e liberdade semântica, enclausurando-o em debates conceituais que mais querem domesticar a história do que ver, nela, seu caleidoscópio de sentidos.

Figura 17. Madonna com a criança, Academia Croata de Ciências, Zabreg, Croácia.

Ainda a sublinhar a sensibilidade antiga para com a Virgem do Leite, a pintura da Madonna com a criança mostra um sereno Jesus a dormir de barriga cheia, após sugar os peitos de sua Mãe que, por sua vez, olha para o menino com olhar complacente, satisfeito e meigo. São imagens de uma intimidade que as mulheres, por certo, logo relacionam à sua vida, ao seu cotidiano, ao ato poderoso de fazer adormecer ou serenar as dores e angústias de uma criança. Isto não seria um doce poder? Ou, em outras palavras: "Maria está não ao lado de Deus, mas diante dele. Não para escondê-lo, e sim para envolvê-lo numa luz humana, numa luz feminina e materna"[65].

Figura 18. A Virgem grávida. Catedral de Évora, Alentejo, Portugal.

Há imagens do século VIII – originárias da região do Egito – que demonstram que a imagética de Maria aleitando Jesus é oriunda de antigas tradições pictográficas. Tais imagens, em pergaminhos e paredes de mosteiros africanos, revelam que a origem desta iconografia e tema teológico está para além, ou é anterior, à ligação das mulheres a esta imagética em seus sentidos propriamente ligados ao cotidiano feminino. Ou seja, a figura de Maria amamentadora deita suas raízes em imaginários distantes da *psique* humana e em antigos

---

[65] Anselm Grün, Petra Reitz, *Festas de Maria*: um diálogo evangélico-católico, p. 13.

sentidos teológicos conferidos a estes imaginários. Sem querer, aqui, fazer paralelos com a mitologia das deusas da antiguidade, faço notar que a devoção à mulher que amamenta é também (e antes de tudo?) ligada aos círculos eclesiásticos, sejam cristãos ou não.

As imagens que seguem fazem referência à legenda da visão de Bernardo de Claraval, em que a Virgem Maria esguicha, sobre sua boca, leite materno.

Figuras 19 e 20. Detalhe do livro *De La Cronica del Orden de Cister e Instituto de San Bernardo*, de Fray Bernabé de Montalvo, Espanha, 1602 (p. 597) | Detalhe do *Retábulo de São Bernardo*, c. 1290, Museu Diocesano de Mallorca, Palma de Mallorca, Espanha.

O maior mariólogo medieval – que mesmo pode ser considerado o patrono da mariologia[66] –, Bernardo de Claraval, aparece, acima, recebendo em sua boca o leite da Virgem, como que por intermédio do infante Jesus. É *mister* notar, portanto, como Maria, no ambiente eclesiástico antigo e medieval, passa a ter uma singular presença no âmbito da vida monástica. Na altura em que muitas igrejas guardavam, como relíquia, o leite da Virgem, alguns homens de Deus bebiam ou eram agraciados pelo mesmo leite em visões ou estados místicos de oração. Mais tarde tais imagens foram teologizadas para que se referissem, simbolicamente, à eu-

---
[66] Não necessariamente da mariologia acadêmica, mas da celebração, sobretudo lírica, da Virgem Maria.

caristia, isto é, o leite seria um prenúncio do alimento espiritual eucarístico. Mas, para além e antes de tal teologização, o que se constata é que tais imagens, que talvez hoje possam chocar sensibilidades e piedades religiosas mais pudicas, não chocavam – presume-se – o imaginário religioso em antanho[67].

4. Nossa Senhora das Necessidades

Talvez não exista invocação mais eloquente para exemplificar a relação dos devotos marianos com a Virgem do que esta: Nossa Senhora das Necessidades, que dá título a tantas igrejas e romagens em Portugal. De fato Maria é, primordialmente entre o povo, a adjutora para todas as necessidades. E, naturalmente, a primeira necessidade humana é a conservação da vida. Portanto, figura mariana abundante no medievo, em particular no mundo ibérico, é a da Senhora da Saúde. Em época de pouca e rústica medicina, em que a sobrevivência às mais diversas doenças e pestes tornava-se a urgência primeira, a busca da saúde através da devoção à Virgem ganhava importância singular.

A devoção à Senhora da Saúde – ao menos a oficialmente historiografada – deu-se devido à peste que assolou Portugal entre 1568-1569, chegando a fazer cerca de 600 vítimas por dia em alguns períodos[68]. Diante de tão grande flagelo, o povo começou a penitenciar-se e a organizar procissões à Virgem, implorando sua ajuda e comprometendo-se a realizar culto público a ela – sob a invocação de Senhora da Saúde – caso a peste fosse vencida. Ainda

---

[67] Basta ver nas igrejas barrocas as figuras de anjos nus e, nas medievais, figuras, às vezes de herança mitológica, que não primam, em sua imagética, por uma estética romanticamente pia. A devoção mariana, entre o medievo e o renascimento, podia provocar formas de ascese, ou mística, bastante peculiares, principalmente entre as mulheres que, algumas vezes, diziam-se grávidas do menino Deus por obra divina, mas também entre homens, como o português "Francisco de Mendonça, religioso da Ordem da Cartuxa (...) jurando que 'Deus lhe permitira que tivesse envolvimento carnal com a Virgem Maria para dela poder ter um filho'" (Joaquim Fernandes, *História prodigiosa de Portugal*: mitos e maravilhas onde se relatam feitos excepcionais da lusitana gesta, p. 195).

[68] Ramon Aparecido Ramos, *Nossa Senhora da Saúde*, História, fé e devoção, p. 33.

conforme Ramos[69], após a primeira procissão dedicada a Nossa Senhora da Saúde – a 16 de agosto de 1570 –, no ano subsequente os óbitos diminuíram em Portugal. Mas há ainda outras histórias que se referem ao início do culto público à Senhora da Saúde, como a que diz que, ainda em Portugal, após outro surto de peste, houve tantas vítimas em Sacavém, que se tornou impossível sepultá-las na igreja da Senhora da Vitória; enterrando-as nas proximidades, ao abrir a vala os coveiros encontraram uma imagem da Virgem. Estupefato com o ocorrido, o povo organizou uma procissão que, finda, fez cessar a peste[70]. Enfim, para além de legendas e história, fato é que esta devoção se liga a uma necessidade imediata e urgente, coletiva e de sobrevivência social[71].

Figura 21. Procissão de Nossa Senhora da Saúde, Lisboa, Portugal.

O que se registra aqui, portanto, é que Maria foi – e é – invocada para o cotidiano mais trivial das pessoas, independentemente de classes ou estamentos sociais, isto é, para a saúde – *salus* – como um todo: na infância, pela amamentação e cuidados básicos; na sobrevivência em vida adulta; para a salvação (saúde) eterna, como se verá mais adiante.

---

[69] Ramon Aparecido Ramos, *Nossa Senhora da Saúde*, História, fé e devoção, p. 33.

[70] Ramon Aparecido Ramos, *Nossa Senhora da Saúde*. História, fé e devoção, p. 37.

[71] Tais legendas, surgidas no século XVI, referem-se, claro está, a culto mais antigo que, posteriormente, é legitimado por tais histórias miraculosas. O culto à Senhora da Saúde data do século XII e, segundo Pereira, está espalhado por mais de trezentas localidades portuguesas, "rivalizando" mesmo com Fátima (Pedro Pereira, *Uma imagem é uma imagem, mas... o processo de humanização das imagens da Senhora da Saúde*, p. 171).

Assim como várias outras iconografias relacionadas à vida cotidiana do povo, a iconografia de Nossa Senhora da Saúde não encontra estética unitária, ou padrão uniforme, sendo diversificada a sua imagética, tal como é diversificada a lista de doenças a que ela acode e a lista de locais em que é venerada.

Contudo, relativamente à ligação de Maria com as necessidades básicas do cotidiano, Otranto[72], analisando as denominações marianas, as classifica, no lastro da vida, em diversas modalidades, tais como as relativas aos fenômenos naturais (Santas Marias da tempestade, do terremoto, do vento, da neve etc); ao corpo humano (do coração, das três mãos, do pé, do sangue etc); à saúde (da tosse, da malária etc); ao mundo animal (da formiga, das galinhas, dos peixes etc); flores (da rosa, do lírio, da guirlanda etc); frutos (da uva, da pera, das nozes etc.); árvores (da oliveira, do sicomoro, do olmo, da figueira, do cedro etc); e às características físico-geográficas (do vale, do fosso, da ilha, da floresta, da rocha, da costa, do monte etc).

O Pe. Jacinto dos Reis enumera, em livro de 656 páginas, 675 (!) invocações e toponímias da Virgem em Portugal e no mundo lusófono. Não é necessário dizer que muitas de tais invocações são curiosíssimas, mesmo jocosas. O reverendo padre esclarece:

> O português de tudo se serve para invocar Nossa Senhora: um passo alegre ou triste da sua vida, ou da vida nacional; (...) o nome da sua aldeia, da sua vila ou da sua cidade; os montes e os vales; as serras áridas e os campos verdejantes; os ermos onde a Senhora pessoalmente se manifestou, ou onde se têm encontrado as suas velhinhas e pequeninas imagens, escondidas no tempo da mourama; as plantas, quer sejam azinheiras de copa arrendodada, carvalhos robustos, cedros altivos, oliveiras pacíficas; (...) as lagoas, os lagos e os mares; as fontes, os rios e as ribeiras que movem azenhas; (...) a luz e as trevas; a amargura, a aflição e o alívio; as dores e os remédios; as necessidades, a pobreza e a abundância; (...) as batalhas, as vitórias e a paz[73].

---

[72] Giorgio Otranto, *Le denominazioni di Maria tra culto e tradizioni popolari*, p. 384-410.

[73] Jacinto dos Reis, *Invocações de Nossa Senhora em Portugal: de aquém e além-mar e seu padroado*, p. 6.

É necessário fôlego para acompanhar tantas histórias sobre tantos oragos. O que se descortina é que não só a vida, mas também o cosmos é (con)sagrado pelo povo, e mais feito sagrado através do princípio feminino – representado por Maria – do que pelo conceito de Deus ou Jesus. A Virgem, no catolicismo, torna sagrada quase todas as relações dos humanos com o mundo que os envolve, desde as questões físicas | psíquicas | individuais até as sociais, políticas e referentes à ordem da *Physis*, isto é, da natureza em seu largo sentido.

Mas se Maria atende às necessidades dos seus e encanta as relações humanas, sociais e naturais com as suas graças, é preciso salientar que também ela se apresenta em suas necessidades, ou melhor, em afirmar e fazer valer suas preferências. Afinal, por que Maria não se apresentaria aos humanos, também, com seus mimos maternos? Aqui adentramos no mundo do encanto, pois que, afinal, é também do fabuloso que se vive[74].

Figura 22: *Limburger Madonna* (c. 1150). Santa Maria im Kapitol, Colônia, Alemanha[75].

Por vezes a cura é concedida ao devoto – através dos rogos da Virgem – para justamente afirmar, por meio de tal ato extraordinário, a vontade de Maria a

---

[74] A religião, quando *apenas* racional, corre o risco de ser, literalmente, uma religião sem encanto, sem *insights*, sem sensibilidade, sem Graça (humana e Divina). Temo mesmo que uma religião sem Deus.

[75] Reza a lenda que o jovem Hermann Joseph (1150-1241) orava diariamente diante desta imagem e teria lhe oferecido uma maçã. Maria, segundo a legenda, terá sorrido ao rapaz, como sinal de gratidão. Desde então é costume oferecer maçãs para esta Virgem. Entrementes a maçã, tradicionalmente considerada símbolo do pecado original, é oferecida à nova Eva, Maria, para que tenha o novo sabor de sua imaculada e misericordiosa intercessão em favor do pecador.

respeito do local exato em que quer ser venerada. Conforme registram os arquivos da Catedral de Notre-Dame de Chartres, a senhora de Audignecourt padecia de uma doença de pele incurável. Tendo rezado à Virgem, obteve a cura de sua enfermidade. Ao ir agradecer diante da imagem de Nossa Senhora de Soissons, surgiu-lhe, no caminho, a própria Virgem Maria, dizendo que a beneficiada pela cura deveria agradecer não à imagem de Soissons, mas à imagem de Notre-Dame de Chartres, pois esta é a que, efetivamente, a tinha curado[76]. Abstraindo-se a hipótese de que tal história revela a luta ou competição entre os santuários, visando suas legitimações[77], é de se notar que, para o medievo, a Virgem não é ente genérico, mas singular em suas invocações, e determinada imagem adquire uma personalidade viva, atuante, específica. Portanto, esta história nos revela muito não só das disputas eclesiásticas regionais, mas, sobretudo, nos revela certa sensibilidade religiosa que, a meu ver, não é circunscrita a determinada época ou religião, mas faz parte do próprio cerne da sensibilidade religiosa humana.

A sensibilidade religiosa humana não se faz a partir do abstrato ou genérico, mas é fundamentada em relações concretas, singulares, específicas e empíricas, e a elas fica vinculada. Enquanto seres simbólicos e empíricos que somos – pois não somos anjos – o mundo do espírito se nos revela de forma epidérmica, e estamos ligados – por

---

[76] *Apud* Isidro-Juan Palacios, *Aparições de Maria*. Lenda e realidade sobre o mistério mariano, p. 49.

[77] Moisés Espírito Santo explicita bem esta concorrência entre cultos, Senhoras e povoados ao citar o fato de que, na altura das aparições em Fátima, e mais, quando o local da Cova da Iria começava a atrair multidões, o antes concorrido culto à Senhora do Fetal, ali perto em Reguengo do Fetal, Distrito de Leiria, foi ofuscado. À época, portanto, diante da evasão dos devotos do Fetal, que prefeririam Fátima, muitos disseram que "a Senhora que apareceu em Fátima [era] o Diabo que [antes] apareceu à Senhora do Fetal" (Moisés Espírito Santo, *A comunidade rural ao norte do Tejo, seguido de vinte anos depois*, p. 158). Também a interpretação afetiva – ou que se quer objetiva – que sustenta a maior importância de determinada devoção ou aparição | mensagem, em comparação com outras, é encontrada entre os prelados da Igreja, como, por exemplo, parece ser o caso do bispo emérito do Funchal (Madeira, Portugal), que assevera que "a mensagem de Fátima, com apelo à oração, recitação do rosário e prática da comunhão reparadora, é um dos fenômenos mais carismáticos da Igreja que, segundo os mariólogos, suplanta todas as outras aparições" (Teodoro de Faria, *Maria, Mãe de Jesus*, p. 179). "Segundo os mariólogos". A suposta generalização parece querer dar legitimidade ao argumento.

educação, cultura, subjetividade, emoção – a determinada simbologia que parte de determinada relação empírica – visual, tátil, sonora, gustativa, olfativa – com o símbolo sagrado. Oliveira[78] apresenta da seguinte forma este fenômeno:

> O santo, por sua vez, não é uma entidade abstrata, mas, por assim dizer, é encarnado na imagem que o representa (...). Em cada imagem do mesmo santo há um santo diferente. Por isso não é a mesma coisa prestar culto a qualquer imagem do mesmo santo, elas não são totalmente equivalentes.

Assim que para um devoto de Nossa Senhora Aparecida pode ser diferente – do ponto de vista da sensibilidade religiosa em seu substrato emotivo, simbólico – rezar diante da imagem da Senhora Aparecida ou rezar diante da imagem da Senhora de Fátima ou de Lourdes. Ao nível cognitivo, claro, o devoto poderá argumentar que "sim, é a mesma Maria", portanto indifere a imagem que se apresenta aos seus olhos. Mas, certamente – ouso dizer – ao nível da sensibilidade religiosa afetiva e emocional há muita diferença entre as Senhoras, pois,

> a Senhora age a partir do seu local (...). A Senhora de Fátima seria inoperante se lhe pusessem um menino nos braços ou a pintassem de azul. Ir à Senhora dos Remédios de Lamego invocar a Senhora de Fátima seria uma tolice, pois são duas Senhoras diferentes[79].

Esta intimidade particular com esta ou aquela Virgem Maria tem seu lastro – em nível micro – na história religiosa de cada pessoa, mas, em nível macro relaciona-se também, é óbvio, com a cultura em que se vive. E isto também diz respeito à questão

---

[78] Pedro Ribeiro de Oliveira, *Evangelização e comportamento religioso popular*, p. 31.
[79] Moisés Espírito Santo, *Origens orientais da religião popular portuguesa*, p. 29.

Figura 23. Senhora do Minho, Caminha, Portugal.

Figura 24. Nossa Senhora da Glória do Outeiro, Rio de Janeiro.

econômica e das classes sociais. Estas dimensões vestem, literalmente, a Virgem, que, assim, se apresenta em comunhão com seus específicos devotos, refletindo-os em si. Pode ser, no caso, a camponesa de uma região rural portuguesa, como o Minho, com seus particulares adornos, lenços, saias, tamancos e tudo o mais que caracteriza a mulher minhota, inclusive o símbolo de seu labor rural, as espigas de milho.

Mas também pode ser, a Virgem, o reflexo das nobres castas sociais, das mulheres dos salões, da realeza, com seus ricos bordados e joias, ornamentos nobilárquicos e símbolos de poder, como se pode inferir a partir da imagem de Nossa Senhora da Glória, presente na capela da Imperial Irmandade de Nossa Senhora da Glória do Outeiro, no Rio de Janeiro, que ainda preserva vínculos com a casa real luso-brasileira.

Esta diferença de classes sociais, que se reflete nas devoções, oragos e iconografias marianas, chega a de certo modo opôr Maria a Maria, como nos relata Espírito Santo[80]:

> As Senhoras mais prestigiosas não se dignam sair à rua (...). Sai uma outra em seu nome, uma vulgar imagem sem beleza (...). Em Tentúgal, este processo de distinção e distanciamento é muito curioso: na igreja de um antigo Carmelo feminino, a Senhora do Carmo só aparece ao público uma vez ao ano; fora isso encontra-se enclausurada no antigo coro do convento, ataviada com as melhores peças de roupa do passado, oculta e fechada à chave. Durante o ano os fiéis vão rezar diante de uma fraca cópia exposta na igreja, mas as preces são dirigidas à Senhora enclausurada (...). O seu grande prestígio vem-lhe do facto de não estar à vista dos humanos olhos como as grandes matronas da aristocracia[81].

Como se depreende, Maria é mulher encarnada na cultura e nos povos, na diversidade das classes sociais, e suas imagens refletem a sociedade, o meio que a invoca e, por isso mesmo, transcende a Maria histórica de Nazaré, isto é, a Virgem já não pertence a Nazaré do século I, bem como já não mais pertence ao judaísmo e a tudo que a poderá caracterizar como aquela mulher específica que deu à luz Jesus. A Virgem se tornou grande em demasia para que coubesse no nicho de apenas uma história específica. Assim como a história de um livro já não pertence ao seu autor, mas a todos que o leem, também a semiótica sobre Maria a tira do lugar comum e a torna infinita para aqueles que dela se apropriam pela fé. Mas o que evidencio, por fim, com os exemplos iconográficos acima, é que Maria se manifesta não a partir de fora, mas entranhada na vida das pessoas em suas singularidades mais aparentemente banais. Uma Maria que não tivesse o milho às mãos, mas bananas, certamente não seria

---

[80] Moisés Espírito Santo, *Origens orientais da religião popular portuguesa*, p. 33.
[81] Aqui também, é claro, incidem outros elementos, como o da relação entre sagrado e profano, ou seja, em que o que é santo não pode ser banalizado ou visto sem mais (Êx 32,17 e 20), seu nome – identidade – deve ser preservado (Êx 20,7) e, em seu lugar, coloca-se um intermediário (gênese teológica do sacerdócio nas religiões).

a Senhora minhota. Maria está no Céu, mas é na terra que ela passeia. Conforme assinala Espírito Santo[82], "o culto mariano popular é um culto epónimo, isto é, em que as populações se definem (...). O culto epónimo proporciona uma forte coesão do grupo étnico e local (...). Os cultos epónimos são concorrentes entre si".

Figura 25. Ex-Voto em homenagem à proteção marítima atribuída a Nossa Senhora do Bom Socorro (1991), Capela de Nossa Senhora do Bom Socorro, Concarneau, Bretanha, França.

Continuando a saborear deliciosas histórias que nos levam à encarnação de Maria – isto é, a revelar sua personalidade e vontades –, cito aqui a legenda açoriana que conta que habitantes da Ilha do Corvo buscavam, à praia, restos de madeira para se aquecerem quando, deparando-se com um caixote e abrindo-o, encontraram uma imagem de Maria, a que deram o nome de Nossa Senhora dos Milagres. Tendo a fama dos milagres, operados pela imagem, chegado a Lisboa, foi a imagem levada para uma igreja da capital, à revelia dos corvinos. O que sucedeu, então? A imagem, devidamente posta num nicho dourado, amanhecia todas as manhãs molhada, como se tivesse sido mergulhada ao mar. A óbvia interpretação é a de que Maria desejava que sua imagem

---

[82] Moisés Espírito Santo, *Origens orientais da religião popular portuguesa*, p. 31.

retornasse à Ilha de Corvino, o que de fato aconteceu[83]. Aqui, mais uma vez, aparece a identidade de Maria não só em relação com determinado lugar, mas, também, com determinado ofício em sua devoção específica, relacionada ao símbolo do mar | água.

Talvez seja útil, aqui, citar Ratzinger[84]:

> As peregrinações da cristandade antiga muitas vezes se dirigiam a lugares, a respeito dos quais nosso espírito crítico de homens modernos ficaria perplexo quanto à 'verdade científica' da tradição que a eles se encontrava ligada. Isso não impedia que essas peregrinações fossem proveitosas, benéficas e importantes para a vida do povo.

Acrescento: não só da cristandade antiga, mas também da hodierna e, arrisco dizer, em todos os tempos e tradições religiosas. A racionalização é sempre um dado segundo. O mito – corresponda ou não a traços históricos – é a força primeira a levantar o ser humano em direção ao sagrado, seja em que forma este se apresente. E, seguindo Ratzinger, apesar de, por vezes, o absurdo estar presente na raiz de determinadas peregrinações e locais santos, é dever frisar que tais atos religiosos podem ser proveitosos e benéficos. Afinal, é do símbolo que, fundamentalmente, o ser humano se nutre e vive[85]. Conforme Nadal[86], "a psicologia da percepção veio reforçar a antiga tese que afirmava que o conhecimento que se transmite pela via da subjetividade, ou através das linguagens simbólicas, atinge níveis muito mais profundos da pessoa e perduram mais tempo na memória". Não há nada mais forte para um ser humano – seja para o alienar, seja para o libertar e curar – do que a cultura, o símbolo.

---

[83] Armando Moreno, *Mitologia e religiosidades lusitanas relacionadas com a saúde*, p. 33.
[84] *Apud* Jacques Duquesne, *Maria*, p. 188.
[85] É verdade que, sem o pão, o símbolo pouco poderá valer ("ninguém filosofa de barriga vazia"). Mas também o contrário é verdade: a força do símbolo pode realizar a superação da fome, como mostram-nos as santas que viviam em *anorexia mística*, isto é, rejeitavam qualquer alimento, tendo como único pão a eucaristia.
[86] Emília Nadal, *Arte e mundividências. A comunidade, o homem e o religioso*, p. 47.

Figura 26. Virgem aleitando (dita Nossa Senhora de Tréguron). Capela do Castelo Karjean, Briec, França.[87]

É importante mencionar, a partir do que foi dito, que a ligação entre certos topônimos e a vontade explícita da Senhora celeste não se dá por mero acaso, mas a partir do gradiente etiológico de manifestações dos Céus, mariofanias, curas e milagres. Neste sentido Maria sempre terá se manifestado ativamente aos seus devotos, a constituir, ela própria, suas devoções e locais de culto.

---

[87] "Maria, a nova Eva, segura uma maçã; mas não é exatamente o fruto do pecado original, mas uma esfera de ouro, um fruto espiritual e intocado. Maria, alimentando de vida o menino, apresenta ao seu Filho o símbolo de sua missão: redimir a humanidade caída pelo pecado original. A criança, enquanto segura a mama com curvas lisas, olha para a maçã, antevendo sua futura missão. Enquanto amamenta seu Filho, Maria se envolve em pensamentos de antecipação sobre o futuro que ela sonha para ele, simbolizado pelo fruto de ouro. Sonhar sobre o futuro de seu rebento não é o que toda mãe faz, particularmente no momento privilegiado da amamentação?" (Tradução livre do texto de Jean-Yves Cordier em lavieb-aile.com).

A legenda do surgimento da devoção a Nossa Senhora da Lapa tem relação, por exemplo, com perseguição e estratagemas. Certas monjas portuguesas, fugindo à perseguição dos mouros, esconderam uma imagem da Virgem no fundo de uma gruta, ou lapa. Passados cinco séculos, por acaso encontrou-a uma pastorinha cega e, pensando ser a imagem uma boneca, levou-a para sua casa. A imagem, entretanto, começou a obrar milagres, dentre os quais o primeiro, óbvio, foi o de restituir a visão à menina. Uma vez reconduzida a imagem à gruta ou lapa de origem, ergueu-se ali, em 1498, um templo[88]. Já a versão de Moreno[89] nos diz: "no século X foi escondida dos muçulmanos, numa lapa, a imagem da Virgem (...). Em 1498 foi encontrada por uma menina que, muda desde nascença, passou a falar. A Senhora da Lapa tornou-se a padroeira dos surdos-mudos".

Esta história nos ensina que, tantas vezes, nas pedagogias das mariofanias, está presente a resistência da imagem ou devoção – que não se deixa destruir pelos infiéis, fazendo-se encontrar, novamente, em tempo oportuno –; a bênção ou milagre àquele que é escolhido para revelar determinada devoção ou orago; a necessidade do retorno da imagem a seu local de origem, ou então a ligação do fenômeno mariano a determinado local desejado por Maria à sua invocação.

É importante salientar que a iniciativa costuma ser sempre de Maria, ou dos Céus. Um fenômeno religioso, para se constituir em legitimidade, precisa ocorrer *extra nos*, ou seja, fora de nós, a partir de outro, ou do grande Outro, em gratuidade e sem prévias expectativas sobre ele. É, portanto, sempre oferta, graça, surpresa. Conta a legenda que no ano de 1610 o Pe. Domingos de Jesus Maria, encontrando um quadro da Virgem, fez diante dele uma oração, tendo a Virgem sorrido para o sacerdote e, agradecendo a oração,

---

[88] Vivaldo Coaracy, *Memórias da cidade do Rio de Janeiro*, p. 338.

[89] Armando Moreno, *Mitologia e religiosidades lusitanas relacionadas com a saúde*, p. 37.

inclinou ela a cabeça[90]. Aqui está ilustrado, portanto – como nas histórias anteriores –, o inesperado, o encontrar a imagem que, sendo graça e doação divina, se mostra milagrosa, a legitimar o achado e a veneração a ela dada. Assim, o sagrado não é produzido, não é produto do cálculo e vontade humana, mas é apresentado como uma manifestação celeste livre e sem aparentes porquês. À divindade cabe o que lhe aprouver fazer.

O sagrado – e Maria em tal esfera se encontra – é sempre *aparecido* e, portanto, Maria é sempre Aparecida, ainda que criada por mãos humanas. Quanto a isto é útil frisar um dado de não menor importância: na tradição eclesiástica e na piedade popular, geralmente entrelaçadas, certas figuras e devoções marianas são ligadas, em cadeia geracional, até as personagens bíblicas. Este é o caso, por exemplo, da imagem da Virgem de Nazaré. Conta a legenda que a pequena imagem de 28 centímetros teria sido esculpida pelo carpinteiro José e pintada pelo gênio de Lucas. Ou seja, a imagem seria um mimo feito pelo esposo da própria retratada – demonstrando assim a afetividade presente no lar de Nazaré – e pintada por aquele artista que a retratou tão bem em seu Evangelho. Mas a história não termina aqui. A pequena imagem-relíquia teria passado, através dos séculos, pelas mãos de autoridades da Igreja, como Jerônimo (347-420) e Agostinho (354-430), chegando, finalmente, à Extramadura portuguesa, sítio a partir do qual, por meio de milagres realizados, a devoção à Virgem de Nazaré ganha o mundo, particularmente o lusófono[91]. Portanto, aqui se insere outra forma do aparecer do sagrado mariano, isto é, a partir das próprias origens consideradas sagradas, de tal modo que, por vontade celeste, a imagem finalmente encontra seu sítio querido à devoção, donde passa a irradiar sua força simbólica.

---

[90] Darlei Zanon, *Nossa Senhora de todos os nomes*, p. 67.

[91] Clodovis Boff, *Mariologia social. O significado da Virgem para a sociedade*, p. 606.

5. "Sou morena, sou formosa" (Ct 1,5a)

Figura 27. Virgen del Cerro, tema mariano popular na Bolívia, particularmente na região de Potosí. Esta imagem, em que Maria aparece como a Pachamama, tem como fonte uma pintura anônima de 1720, exposta no Museu Nacional de Arte, La Paz, Bolívia.

Na figura acima Maria é retratada, a partir do sincretismo indígena andino, como a *Pachamama*, a Senhora da terra e das montanhas andinas. Maria, portanto, é relacionada com os elementos naturais de tal modo que se pode inferir a existência de certo monismo mariano na relação que se produz entre Maria e a *Physis*. Não é necessário dizer que esta forma de sagrado feminino está presente em mitologias de várias tradições religiosas antigas. Mas a ancestral ligação do sagrado feminino – e de Maria – com a terra, e com a cor negra, não é de somenos importância. Neste sentido é apropriado citar as Virgens negras em um ambiente caucasiano, como o europeu.

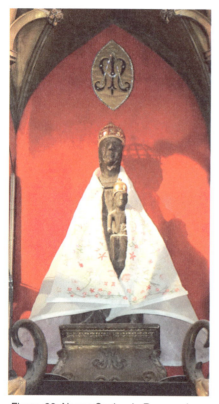 

Segundo Boyer[92] contam-se mais de 500 Virgens negras na Europa. Poderiam ser negras devido ao fumo das velas e círios, à madeira de carvalho ou de nogueira, à pólvora ou incêndios. Ou mesmo terem sido criadas intencionalmente como negras.

Figura 28. Nossa Senha de Rocamadour, França, século IX.

Figura 29. Nossa Senhora de Einsiedeln, Mosteiro de Einsiedeln, Suíça. Século XI.

As virgens negras – antes mesmo de serem identificadas com raças ou etnias – têm, por sua cor, a identificação com a terra. Para Sheldrake[93] "ninguém sabe como surgiu a tradição das Virgens Negras, mas sua importância simbólica deve depender, em parte, de sua associação com a terra e com a morte". Também lembram, as Virgens Negras, as montanhas e cavernas. Não pretendo, aqui, adentrar nos presumíveis significados mitológicos ou psíquicos que as relações das devoções da Virgem com determinados elementos da natureza poderão supor. Basta-nos, para nosso intento,

---

[92] Marie-France Boyer, *Culto e imagem da Virgem*, p. 34.
[93] Rupert Sheldrake, *O renascimento da natureza*: o reflorescimento da ciência e de Deus, p. 115.

reforçar que os significados de Maria alcançam amplitude humana que em muito ultrapassa as necessidades e o mundo social consciente do cotidiano humano, deitando suas raízes em aspectos de sombra e em camadas simbólicas tão profundas como antigas.

Talvez uma das mais famosas Virgens negras seja a de Montserrat, na Espanha. Conforme Boyer[94], "a 'morenata' reina sobre a fertilidade e a sexualidade. Preside os partos e os casamentos, inclusive ressuscitando bebês natimortos". Aqui, mais uma vez, surge o paralelo com o sagrado feminino de antigas mitologias e tradições religiosas, em que a mulher – ou o princípio feminino – é identificado com a terra (negra) que recebe a semente e a faz germinar, dando seu fruto. Portanto, claro está, este princípio feminino também rege a união para a reprodução, o gerar e a infância.

Figura 30. Nossa Senhora de Montserrat, século XII, Espanha.

Figura 31. Nossa Senhora de Triana, Sevilha, Espanha.

---

[94] Marie-France Boyer, *Culto e imagem da Virgem*, p. 36.

Contudo, os significados que se podem dar à Virgem, quanto à sua relação com aspectos ligados à sexualidade, por exemplo, podem ser múltiplos. A confraria de Nossa Senhora de Triana, em Sevilha, reúne cerca de 2000 confrades, entre eles muitos homossexuais que a elegeram, a Virgem de Triana, como sua protetora[95].

Portanto, os significados que são atrelados a determinadas devoções e oragos relativos à Virgem Maria não conhecem fronteiras sociais ou culturais também em tais aspectos humanos. A ligação de Maria com a vida transcende as tradições culturais normativas ou oficiais – ou que são pressupostas como normativas, isto é, comuns, de norma geral –, e ascende às formas de sociabilidade à margem do considerado socialmente normativo, sendo adotada, a Virgem, em devoções específicas por grupos que veem em determinadas invocações – por motivos variados – a proteção e o ordenamento sobre eles[96].

Figura 32. A Virgem negra Nossa Senhora de Mariazell, Áustria.[97]

---

[95] Marie-France Boyer, *Culto e imagem da Virgem*, p. 62.

[96] Em capítulo adiante também se verá que, no Brasil, as prostitutas têm suas devoções particulares à Virgem.

[97] Esta Virgem, algumas vezes, é vestida com manto que traz as heráldicas de regiões austríacas, fazendo que a identidade desta Virgem esteja intimamente associada à identidade de certos grupos humanos.

Maria, portanto, é colocada não só no centro da vida social, mas do cosmos, da história natural, das ânsias e desideratos humanos em relação à natureza, aos atos biológicos, à autorrepresentação que grupos humanos fazem sobre si, enfim, aos aspectos macro e micro que regem as necessidades e identidades humanas em suas relações com o mundo natural de que dependem. Maria, é possível dizer, apresenta-se como figura ecológica e ecumênica, se entendidos tais termos em seus significados originais[98].

6. Advocata Nostra

Maria, provavelmente e como quase todas as meninas e mulheres de seu tempo, era analfabeta. Além disso, consta que era pobre, como relatam os evangelistas. Portanto, sem poder e sem letras formais. Contudo, o povo a fez doutora. Sua influência e sabedoria estão alicerçadas em ser quem é, ou seja, a Mãe de Deus. E mãe judia – conforme o folclore judaico – é quem manda na vida do filho. Portanto, judia e mãe de quem é, já se vê seu poder. O povo sabe: é mais eficaz pedir à Mãe do que ao Filho. Exagero?

A oração medieval da *Salve-Rainha*, atribuída a Bernardo de Claraval, é um bom guia para ilustrar a piedade e devoção a Maria ancoradas na vida concreta, individual e social, em toda a sua dramaticidade, durante o medievo e para além dele. Aqui o grande tema é o da Mãe de misericórdia, que com seu manto cobre a multidão de pecadores, prestando-lhes o necessário auxílio. A figura da Mãe de misericórdia foi, em iconografias, abundantíssima no medievo, retratando a Senhora estendendo seu manto sobre seus

---
[98] Maria, em tais tradições devocionais populares, estaria mais afeita à *ecologia* (ciência sobre a casa, isto é, o mundo em que se vive) do que à *teologia* (ciência sobre Deus), ou seja, a preocupação, em tais devoções, estaria mais relacionada com o domínio, ou melhor, com a súplica pela harmonia e sucesso do ser humano em sua relação com o mundo envolvente do que, necessariamente ou primordialmente, preocupação com o conhecer ou chegar a Deus. Igualmente, Maria aparece como a mulher *ecumênica*, no sentido de ordenar ou zelar pelo cuidado de todas as coisas do mundo, isto é, no que se refere à casa (mundo) em que habitamos, desde o seu sentido natural até o seu sentido social.

vassalos e servos que, sob ele, abrigam-se do "vale de lágrimas" das vicissitudes da vida, sob a encomenda de uma advogada toda especial, ou seja, da própria Mãe do juiz último e universal.

Figura 33. Pintura na *Evangelische Kirchengemeinde St. Goar*, Alemanha. Anônimo. Esta Igreja medieval, antes de passar à Reforma Luterana, era Católica.

Na igreja medieval de São Goar, às margens do Reno, na Alemanha, a Mãe de misericórdia, além de proteger o povo sob seu manto, também segura as flechas lançadas sobre ele. Tais flechas seriam lançadas pelo próprio Deus, em sua iracúndia, contra os pecadores[99]. Ou seja, Maria, como advogada e mediadora entre Deus e os humanos, é aquela que impede que a ira de Deus caia sobre aqueles que se refugiam sob sua proteção materna. Maria, inclusive, era, neste sentido, invocada contra a própria Igreja. Em 1418, Frederico IV, duque da Áustria e do Tirol, fez pintar um ex-voto em que ele é retratado, de joelhos,

---

[99] Tema, aliás, bíblico: "Em mim penetraram as tuas setas, caiu sobre mim a tua mão" (Sl 38,3); "Lança os teus raios e dispersa os inimigos; atira as tuas setas e afugenta-os" (Sl 144, 6). Também na Igreja Oriental este tema terá sido recorrente, como atesta a oração do patriarca Germano I de Constantinopla († 740): "Tu afasta de nós a indignação e a ira [de Deus], as tribulações e as tentações do demônio. Afastas as justas ameaças e a sentença da nossa condenação" (*Apud* Teodoro de Faria, *Maria, Mãe de Jesus*, p. 35).

sob o manto da Virgem, que o protege da flecha da excomunhão mandada por Deus (e pela Igreja, que o excomungou no Concílio de Constança)[100].

No degredo dos filhos de Eva, não há advogada que, a um tempo, quebre as flechas e dê abrigo compassivo. Efrém (306-373) brada, em oração: "somente em vós encontra o gênero humano seu refúgio, somente por vós espera ser defendido"[101]. E Bernardo de Claraval exprimia assim sua confiança em Maria: "lembrai-vos, ó piíssima Virgem Maria, que nunca se ouviu dizer que algum daqueles que recorrem à vossa proteção, imploram a vossa assistência e reclamam o vosso socorro, fosse por vós desamparado"[102]. Particularmente os pobres estão abandonados da proteção da lei, tendo que recorrer à lei dos Céus, cujo nome é misericórdia com rosto de Mãe[103]. Na Idade Média a compreensão de Maria como advogada misericordiosa dos pobres era de tal monta, que muitas obras de caridade (hospícios, casas de acolhida) eram colocadas sob sua proteção[104].

Contudo, retornando à imagem acima, é necessário frisar a figura de um bispo (mitra), de um nobre (chapéu | gorro) e mesmo possivelmente de um Papa (tiara?) sob a proteção da Mãe de Deus. Todos, ao fim e ao cabo, estão fora do paraíso, no degredo,

---

[100] Delumeau Apud Clodovis Boff, *Mariologia social. O significado da Virgem para a sociedade*, p. 171.

[101] Apud Eugênio Bisinoto, *Para conhecer e amar Nossa Senhora*, p. 118.

[102] Apud Eugênio Bisinoto, *Para conhecer e amar Nossa Senhora*, p. 119.

[103] O medievalista José Mattoso atesta que nas sociedades camponesas medievais, principalmente para os mais pobres, o medo e a insegurança são companheiros constantes, pois "se não é a ameaça da súbita invasão dos ginetes mouros com o consequente risco das casas e searas queimadas, das mulheres violadas ou levadas para o cativeiro, dos homens decapitados ou tornados escravos, é a extorsão dos frutos da terra e dos animais capturados pelos condes, os saiões ou os maiorinos, a tortura infligida aos infratores das normas estabelecidas, as mãos decepadas, os olhos vazados, a cabeça rapada, o enforcamento pelos pequenos delitos. Ou então, se não são os grandes senhores ou os inimigos que irrompem na vida quotidiana para destruir e castigar, são os flagelos da natureza que trazem a fome, a esterilidade, a seca, as chuvas excessivas, a tempestade, a lepra, a peste, a loucura" (José Mattoso, *Poderes invisíveis. O imaginário medieval*, p. 73-74).

[104] Stefano De Fiores, *Maria: un pórtico sull'avvenire del mondo*, p. 11-20.

e, mesmo poderosos "gemem e choram" em meio aos dramas desta terra estranha, após a expulsão do jardim primordial, pois "cavaleiros, povo e gente de prol, todos chamavam pela Virgem Maria, em exclamações de surpresa desamparada"[105].

Se a nobreza é só para alguns, a misericórdia, como se depreende, é para todos. E isto inclui, inclusive, aqueles que, por força de ofício, estão incumbidos de fazer valer a derradeira justiça do braço secular da sociedade, isto é, os carrascos, como ilustrado, por exemplo, na talvez mais famosa Virgem da Misericórdia (ao lado), em que o carrasco encapuzado surge piedoso, de mãos ao peito. Aliás, o carrasco, em sua função, era também interpretado como o portador da misericórdia final, isto é, como aquele que dava fim às aflições e sofrimentos dos condenados. Se, comumente, livrar da morte é um ato de misericórdia – e, portanto, a devoção a Nossa Senhora do Livramento –, por vezes é o levar à morte que se mostra como a suprema misericórdia.

Figura 34: Imagem derivada da pintura de Nossa Senhora da Misericórdia, de Piero della Francesca, 1445, *Pinacoteca Comunale*, Sansepolcro, Itália.

Maria, como se depreende das ilustrações sobre sua misericórdia, aparece como a grande Mãe, sendo seu corpo maior do que aqueles que, nela, encontram abrigo sob

---

[105] Mário Martins, *Nossa Senhora nos romances do Santo Graal e nas ladainhas medievais e quinhentistas*, p. 29.

seu imenso manto[106]. Gerando o próprio Deus, Maria se torna, consequentemente, Mãe de todas as criaturas de Deus, e seu manto cobre esta prole, pois seu "sim" a Deus, para gerar, é um "sim" à geração de filhos e filhas que, ao longo dos séculos, encontrarão lugar seguro sob suas vestes. Conforme Nadal[107]:

> A Virgem protectora apresentava-se, normalmente, sem o menino, estendendo um pálio sobre os seus protegidos. O pálio, paramento da liturgia grega, foi substituído pelo próprio manto da Virgem (...). A Senhora da Misericórdia deriva do modelo anterior. Em Portugal teve uma grande importância, principalmente a partir do século XVI acompanhando a fundação das Misericórdias, iniciativa da rainha D. Leonor.

Figura 35. Azulejaria em rua de Viseu, Portugal.

Portanto cabe ressaltar, aqui, um salto iconográfico em relação às figuras marianas do primeiro milênio cristão. Até o ano 1000, quase sempre Maria apresenta Jesus aos cristãos, o menino que, em seu colo ou em seus braços, abençoa o mundo e reina sobre ele. As figuras marianas da misericórdia – e equivalentes, como a Senhora da Saúde –, costumam focar Maria tão somente. É ela a trazer a proteção a partir de si, ou seja, de seu manto.

Nestes azulejos de Viseu (ao lado), mais uma vez percebe-se a

---

[106] Ivone Gebara, Maria Clara L. Bingemer, *Maria, Mãe de Deus e Mãe dos pobres*: um ensaio a partir da mulher e da América Latina, p. 162-163.

[107] Emília Nadal, *Maria na iconografia cristã*, p. 132.

Mãe de misericórdia oferecendo auxílio a nobres e ao clero, em primeiro plano. Embora os estamentos sociais fossem bastante definidos nas sociedades de antanho, todos, sem exceções, consideravam-se dependentes e tributários da Mãe de Deus, isto é, a partir de Maria (da dependência dela) todos eram iguais em dignidade, ou, dito de outra forma, em indignidade diante de Deus, necessitados da Mãe de Jesus para terem meio eficaz de misericórdia diante de Deus ("rogai por nós, Santa Mãe de Deus, para que sejamos dignos das promessas de Cristo"). Mas nesta, como em outras abundantes pinturas e esculturas da Virgem da Misericórdia, surge com clareza a questão social, isto é, à direita de Maria estão quase sempre os nobres, reis, clero e cavalheiros. À sua esquerda, a malta, o povo sem maiores dignidades mundanas ou religiosas. Portanto, se Maria é advogada, e se todos, sob seu imenso véu, encontram abrigo, cada um, sob tal misericórdia, sabe bem o seu lugar e, talvez, para a mentalidade pretérita, também Maria saberia bem o lugar de cada um. Maria, em tais imaginárias religiosas, não aboliria, portanto, as hierarquias sociais. Seu manto, se por um lado democratiza a todos o acesso à sua misericórdia, também preserva o lugar e a dignidade de cada estamento social, fazendo assim a acepção sem a qual as sociedades antigas não podiam conceber a ordem e a paz social: uns à direita, outros à esquerda; ou uns acima e outros abaixo ou, ainda, uns à frente e outros atrás, respeitando-se as concepções hierárquicas dos estamentos e estratificações sociais, como na imagem abaixo.

Figura 36. Igreja de N. Sra. da Conceição, Lisboa, Portugal (fachada e tímpano do século XVI).

Importa, porém, reparar o alcance da devoção à advogada misericordiosa. É o que se vislumbra em abundantes peças de retábulos de igrejas, particularmente as ibéricas.

Figura 37. Retábulo junto a altar lateral na igreja da Anunciação (século XVI), Redondo, Alentejo, Portugal.

A figura de Maria como Mãe de misericórdia (note o manto bastante aberto) que, no Céu, olha, intercede e faz a ligação da Igreja padecente (purgatório) com seu Filho ("depois deste desterro, mostrai-nos Jesus"). Há, na imagem acima, uma figura, aparentemente de criança, dando a mão a Maria (e ligando a ela as almas do purgatório). Tal figura poderia ser interpretada como sendo a do menino Jesus, a fazer a ligação, através da intercessão de sua Mãe, entre aos padecentes no purgatório e o Céu. Entrementes, é mais provável que seja justamente a figura de um resgatado do purgatório por intermédio de Maria (sendo sua vestimenta um símbolo desta passagem, ao contrário das demais, que estão nuas). O purgatório, neste tema, comporta reis, clero e bispos, conforme as imagens[108]. A morte iguala a todos e todos passam a ter uma mesma advogada. Maria torna-se a Mãe misericordiosa da Igreja também no Purgatório, também na morte. No romance *Narciso e Boca de Ouro*, de Hermann Hesse, Goldmund diz a Narciso: "mas queres morrer, Narciso, se tu nem tens mãe? Sem mãe não se pode amar. Sem mãe não se pode morrer"[109].

Abundantes, em Portugal, são as chamadas "alminhas", isto é, nichos em paredes e em vias públicas nos quais se retrata a Mãe misericordiosa resgatando pessoas do purgatório. Gabriel Roschini afirma que "a Virgem Santíssima é o astro mais fúlgido e a visão mais consoladora que brilha sobre o fusco horizonte deste segundo reino (purgatório)"[110]. Nossa Senhora do Carmo costuma ser a mais retratada, pois, conforme a promessa dada a Simão Stock (1165-1265), em aparição da Senhora do Carmo em 1251, quem morresse usando o escapulário do Carmo seria preservado do fogo do inferno. Assim, podemos ver, na figura

Figura 38. Alminhas em Balazar, Póvoa de Varzim, Portugal.

---

[108] Também a figura de São Miguel Arcanjo, o anjo da justiça divina que vence Satanás, é recorrente nas "alminhas do purgatório". Contudo, conforme nos informa Moisés Espírito Santo (*Origens orientais da religião popular portuguesa,* p. 183), "em dezenas de milhar de quadros, nunca o anjo socorre o rei, o bispo ou os frades representados também nesses quadros: sempre a alma de um popular". Quanto à Virgem não sei se é possível atestar o mesmo do que se diz de São Miguel Arcanjo, posto que o principal atributo conferido à Virgem Maria, mais que a justiça da balança miguelina, é a misericórdia.

[109] *Apud* Anselm Grün, Petra Reitz, *Festas de Maria*: um diálogo evangélico-católico, p. 108.

[110] Gabriel Roschini, *Instruções marianas*, p. 277.

acima, uma "alminha" em que a Virgem do Carmo está com Jesus ao colo e, este, segura o escapulário, meio eficaz para a salvação daqueles que lhe imploram no purgatório. É bem verdade que quem está no purgatório não irá para o inferno e, portanto, na piedade popular, tais imagens podem causar alguma confusão, no sentido de pensar-se que Maria está tirando – conforme a promessa – as pessoas do inferno, e não do purgatório. Mas será que há tanta diferença? Tomás de Aquino (1225-1274) afirmava que o fogo que atormenta quem está no purgatório é o mesmo fogo que se encontra no inferno. E, como veremos adiante, Maria, mais do que apressar a saída dos que estão em estado purgativo, poderia mesmo salvar os que, porventura, estariam no inferno[111].

A Virgem que preserva seus devotos dos suplícios eternos – tenha ou não seu devoto o escapulário – é concepção bem anterior à visão do santo carmelita. Bisinoto[112] nos apresenta a seguinte oração, do século VIII, atribuída a Germano I, patriarca de Constantinopla:

> Quem, então, depois do vosso filho, interessa-se, como vós, pelo gênero humano? Quem nos defende, sem cessar, em nossas tribulações? Quem se entrega com tanta pena para suplicar pelos pecadores? Vós nos salvais, pelas vossas súplicas e intercessões, dos suplícios eternos (...).

Portanto, já no início da Idade Média a Virgem é amparo seguro para quem deseja ir ao Céu. Segundo Estevão Manelli[113], Agostinho de Hipona teria afirmado que "Maria é a única esperança dos pecadores". E Manelli segue a citar frases de alguns santos, como Hilário de Poitiers (c. 300-368): "por mais que alguém tenha sido pecador, se tiver sido devoto de Maria, é impossível perder-se"; Leão Magno

---

[111] Evidentemente que aqui não está a doutrina da Igreja sobre a Virgem. Mas, como se verá adiante, houve teólogos que supunham poder maior à Virgem.
[112] Eugênio Bisinoto, *Para conhecer e amar Nossa Senhora*, p. 110.
[113] Estevão Manelli, *Maria, mulher que encanta*. Devoção a Nossa Senhora, p. 71ss.

(c. 400-461): "nada resiste ao vosso poder, ó Maria, e vosso Filho parece que cumpre uma obrigação ao atender as vossas súplicas"; Anselmo de Cantuária (1033-1109): "ó Maria, é impossível que pereça quem tiver invocado o vosso socorro". É grande a lista de santos que citam Maria como garantia da salvação dos pecadores. Manelli prossegue, citando a legenda, de origem e tempos desconhecidos, em que São Pedro percebe que, apesar de sua guarda das portas do Céu, muitos pecadores estavam entrando sem ele perceber, até que foi descoberto que, em plena noite, enquanto todos dormiam, Maria, sorrateiramente, abria as portas do paraíso para que todos entrassem. Esta deliciosa legenda termina no diálogo entre São Pedro e Jesus: "pois bem, diz Pedro, com a tua Mãe eu não posso fazer nada", ao que Jesus responde: "nem eu...!"[114].

A variante oriental da Mãe de misericórdia – quanto ao seu aspecto iconográfico – é a *Eleousa*, palavra grega que significa "misericordiosa" ou "terna", e que inspira determinado tipo de ícones, justamente chamados de ícones *Eleousa*.

Figuras 39 e 40: Ícones bizantino e russo de Eleusa. Afresco na igreja do Santo Salvador, em Chora (Istambul, Turquia) | Ícone da escola russa, anônimo.

---

[114] Estevão Manelli, *Maria, mulher que encanta*. Devoção a Nossa Senhora, p. 74.

Os rostos de Maria e de Jesus, colados um ao outro, expressam a relação de ternura entre Mãe e Filho. Entrementes, a expressão e o olhar de Maria são tristes, ou melancólicos, pois Maria, advertida pela profecia de Simeão (Lc 2,35) sabe que o sofrimento e o mistério do mal aguardam seu Filho – e a ela – adiante. Portanto o ícone da *Eleousa* (ou *Eleusa*) tem como seu contexto devocional e litúrgico, nas Igrejas Orientais, a Paixão de Jesus Cristo[115]. Nas Igrejas do Oriente a misericórdia de Maria, em relação aos fiéis, passa, necessariamente, pela relação passional, sofrida, terna de Maria para com Jesus, o que equivale a dizer que, para o cristianismo oriental, Maria é misericordiosa *a partir* de sua participação no sofrimento e Paixão de seu Filho, através da cruz. Jesus está sereno, é uma criança. Ou, quem sabe aqui, a criança consola sua Mãe. Porém a Mãe, que ouve a profecia de Simeão, carrega em seu semblante o olhar compassivo, algo agônico. A espiritualidade oriental é, sobretudo, contemplativa, e os ícones são, do ponto de vista desta espiritualidade, a própria manifestação – ou aparição – de Maria, e, portanto, também "os ícones dos ortodoxos são pintados não tanto para serem vistos, mas para olharem para nós"[116]. Contemplar a *Eleousa* é como que absorver ou sentir a compaixão, a misericórdia da Mãe de Deus, manifestada em sua relação com o Filho e, daí, para com todos os demais filhos frutos desta relação entre a Mãe e seu primogênito de muitos (Jo 19,26-27; Rm 8,29). Aqui, o manto de Maria é o seu olhar.

Voltando à Igreja latina, a devoção à Mãe de misericórdia, entrementes, ainda que esteja no lastro da piedade popular, é, das devoções que encontram ampla acolhida entre o povo[117], a mais teo-

---

[115] Teodoro de Faria, *Maria, Mãe de Jesus*, p. 127.

[116] Timothy Radcliffe, *Ser cristão para quê?*, p. 298s.

[117] No Brasil colônia era costumeiro o seguinte diálogo ao modo de saudação: "– Vá com Deus", "– Vou com Nossa Senhora e com as almas" (Nelson Omegna, *A cidade colonial*, p. 49). Ir com Maria era o mesmo que ir com Deus, afinal, não foi ela que carregou Deus em seu ventre e o trouxe ao mundo? E ir com Deus a modo de ir com Maria é, também, mais suave, maternal. E vai-se com as almas também, pois é Maria quem as puxa, do purgatório ou de alhures, para Deus. O que seria de Deus, entre o povo simples, se não fosse essa Mãe...?

logizada, ou melhor, a que encontra mais eco na voz do clero e dos teólogos. É caso particularmente especial em que se encontram, em perfeita harmonia, a *devotio populorum* e a *ars thologica*. Ao menos reporto-me, aqui, a teólogos e clero de antanho. Além dos exemplos já referidos acima, é útil chamar a esta causa mais alguns destacados representantes da Igreja.

Catarina de Sena (1347-1380) terá tido a seguinte revelação de Deus Pai: "(...) qualquer um – justo ou pecador – que a venera [a Maria] com a devida honra, não será vítima do Diabo infernal. Maria é como a isca, colocada por minha bondade, para pegar por ela a criatura humana"[118]. Aqui está nada menos do que a primeira mulher elevada à honra de doutora da Igreja, por Paulo VI em 1970. Claro está que isto não implica em algum tipo de infalibilidade à santa dominicana, mas, por certo, autoriza-lhe a palavra como não estando em contradição com a fé. A Virgem que serve de "isca" para o pecador é bem ilustrada pela saborosa legenda sobre Maria egípcia, que fôra prostituta, e que, quando foi em peregrinação a Jerusalém, tentou entrar na Basílica da Santa Cruz, tendo sido impedida de nela entrar por "um poder invisível". Vendo, porém, a imagem da Virgem, dirigiu-lhe a seguinte prece:

> É justo que eu, a desonrada, seja execrada e rejeitada por vossa pureza. No entanto, como eu estou sabendo, o Deus nasceu de vós, tornou-se homem para chamar os pecadores à penitência. Socorrei-me, pois eu estou sozinha e não tenho ninguém para me ajudar. Não me priveis de ver a madeira sobre a qual foi pregado na carne o Deus que vós deste à luz e em que ele deu seu próprio sangue em resgate por mim.

Termina a história informando que Maria conseguiu entrar na Basílica, converteu-se e tornou-se eremita[119].

---
[118] *Apud* Eugênio Bisinoto, *Para conhecer e amar Nossa Senhora*, p. 121.
[119] *Apud* Eugênio Bisinoto, *Para conhecer e amar Nossa Senhora*, p. 120.

É interessante notar a "negociação" feita com a Virgem, ou melhor, a argumentação pertinente e hábil que, como no relato bíblico da mulher cananeia (Mt 15,26-28), trava a Maria do Egito com a Maria da Palestina. Em um apócrifo medieval – *Descida de Maria aos infernos* –, os condenados bradam à Virgem: "se teu Filho não te ouvir, mostra-lhe os seios que o aleitaram e os braços que o carregaram"[120]. Que filho ficaria insensível? Quanto mais o Filho de Deus e de Maria. O pregador franciscano, Frei Francisco do Monte Alverne, assim se referiu à Virgem, em homilia de 1823, pregada na capela do Outeiro de Nossa Senhora da Glória, no Rio de Janeiro: "nossa advogada nos precedeu, a fim de aplacar nosso juiz e assegurar nossa reconciliação. Deus entregou à disposição de Maria todas as suas riquezas, encarregou-lhe a defesa dos pecadores e confiou ao seu cuidado os reinos e os impérios"[121].

Maria é, na teologia, muitas vezes referida como o protoevangelho, isto é, é interpretada como aquela que pisa a cabeça da serpente antiga, o Diabo. Trazendo o Filho de Deus ao mundo, permite, assim, a redenção do mundo, e seu *sim* a Deus, portanto, é *não* ao Diabo, sua derrota. É neste sentido que Maria não só tem autoridade intercessora diante de seu Filho, mas também tem poder direto sobre o Diabo. A rainha santa e mística da Suécia, Brígida, afirma categoricamente de tal forma a participação de Maria na redenção, que chega a chamá-la de *salvatrix* (salvadora)[122].

Gabriel Roschini, por sua vez, cita o eminente teólogo Garrigou-Lagrange, em sua *Mariologie*, que terá afirmado – como *teologúmeno*? – que os devotos de Maria, ainda que no inferno, podem receber benefícios por tal devoção, e, indo além, terá dito

---

[120] *Apud* Jean Leclercq, *La figura della Donna nel Medioevo*, p. 71-87.
[121] *Apud* Ascânio Brandão, *Maria no descobrimento e na independência da América*, p. 86.
[122] Hilda Graef, *María. La mariología y el culto mariano a través de la historia*, p. 301.

Figura 41. Nossa Senhora do Leite, muro exterior da Sé de Braga, Portugal. O leite de Maria foi (é) símbolo – particularmente no medievo – da doação de sua misericórdia.

que no dia em que se celebra a Anunciação, os condenados teriam suavizadas suas penas, ou, ao menos, Deus não os puniria nesta data[123]. E, indo mais longe, cita a distinção que Tomás de Aquino teria inferido entre duas classes de condenados ao inferno (uns definitivamente condenados, e outros que embora "tendo morrido em estado de danação, não teriam sido condenados definitivamente ao inferno, havendo seu julgamento, a título excepcional, sido suspenso"). Roschini chama a atenção para o fato de alguns teólogos, dentre eles o doutor da Igreja Afonso Maria de Ligório (1696-1787), pensarem que este segundo grupo poderia ser liberto, a título excepcional, pela Virgem, "como teria acontecido em alguns casos que supõem historicamente provados" (?)[124]. O teólogo servita também cita – sem dar nomes – que houve teólogos que mesmo suponham ter a Virgem poder de libertar do inferno àqueles que definitivamente a ele estivessem condenados[125]. Resumindo, Afonso de Ligório frisa que Maria "abre o oceano imenso de misericórdia a quem quer, quando quer e como quer. Pelo que não há pecador, nem o maior de todos que se perca, se Maria o protege"[126].

---

[123] *Apud* Gabriel Roschini, *Instruções marianas*, p. 278.
[124] Gabriel Roschini, *Instruções marianas*, p. 279.
[125] Gabriel Roschini, *Instruções marianas*, p. 279.
[126] *Apud* Eugênio Bisinoto, *Para conhecer e amar Nossa Senhora*, p. 125.

Seria tudo isto exagero? Primeiramente, há de se atentar que, aqui, nossos três interlocutores, pela pena de Roschini, são o próprio Gabriel Roschini (1900-1977) – prestigiado mariólogo; Réginald Garrigou-Lagrange (1877-1964), teólogo dominicano tomista de excelente fama e competência; e o doutor da Igreja Afonso Maria de Ligório, que dispensa apresentação. Mas alguém dirá: todos anteriores ao Concílio Vaticano II. E por acaso a Igreja e sua *vera theologia* só nasceram após o famoso Concílio? O que é anterior ao Concílio – inclusive seus santos, doutores e teólogos – é destinado aos museus? Dir-se-á ainda: são opiniões pessoais. Mas em nenhum momento a Igreja, ou seu Santo Ofício, colocou tais escritos sob suspeita de heterodoxia.

Figura 42: Maria intercede, ao lado direito de Jesus Cristo, pela salvação dos pecadores. O julgamento final, Portal Gótico da Catedral de Nossa Senhora, Antuérpia, Bélgica.

O que quero frisar é que se há alguma possibilidade de *apocatástasis*, talvez Maria tenha mais a ver com isto do que o próprio Deus em sua economia da salvação. Afinal, a Igreja condenou Orígenes – que, salvo engano, ao mencionar a *apocatástasis*, nada falou de Maria –, mas não condenou os eminentes teólogos acima citados, conferindo a um, inclusive, a honra de doutor da Igreja. É interessante observar como o papel de perdoar e misericordiar está, ao fim e ao cabo, mais identificado com a figura feminina e materna do que com a figura de Deus que, de todo modo, acabou por estar, no imaginário, mais identificada com o universo do masculino e do viril. Para Pierre Teilhard de Chardin (1881-1955), é o princípio feminino – ou o "eterno feminino" – aquele que realiza a mediação entre Deus e o Mundo, assemelhando-se este princípio, na linguagem do jesuíta francês, ao "essencial feminino", "universal feminino", "à Mulher", "o ideal feminino", e, finalmente, "a Virgem Maria, Mãe de todos os humanos"[127]. A um coração de mãe, por fim, ninguém resistiria, nem o próprio Deus que, fazendo-se Filho, agora tem que se haver com uma Mãe.

Giulietti[128] reproduz a seguinte oração formulada por Anselmo de Aosta (1033-1109): "Maria, Mãe de graça, Mãe de misericórdia, livra-nos do maligno inimigo e ajuda-nos na hora da morte". Aqui, mais uma vez, aparecem dois temas fundamentais ligados à intercessão misericordiosa da Virgem: a defesa contra o mal e o amparo no morrer. O interessante, quanto ao primeiro tema, é que se este "maligno", nesta oração, é claramente referência ao Diabo, a defesa que a Virgem proporciona, no medievo, é em relação ao Diabo e, também, a Deus, ou seja, também de Deus pode vir "o mal", por assim dizer, ou melhor, Sua justiça que açoita e pune o ser humano (como já visto na referida pintura da igreja de

---

[127] *Apud* Maria Luísa Ribeiro Ferreira, *Maria e o "Eterno Feminino". Lendo Teilhard de Chardin*, p. 63.
[128] Emanuele Giulietti, *História do Rosário*, p. 18.

São Goar). Neste sentido o medievo expõe muito mais do que na atualidade – em que só o amor divino parece prevalecer – a questão teológica do *Deus absconditus*, do Deus cujos desígnios também são misteriosos, mas justos, em relação à punição do pecador ou, mesmo, do justo (como no caso do bíblico Jó). Como terá dito Martinho Lutero (1483-1546): um "Deus contra Deus".

De Afonso de Ligório é a seguinte lavra: "Maria não só dá quanto lhe pedimos, mas ela mesma nos oferece a todos nós leite e lã. Leite de misericórdia para animar-nos à confiança, e lã de refúgio para nos defender dos raios da justiça divina"[129]. É como na imagem abaixo, em que Maria e Jesus estão a esguichar o leite materno para as almas no purgatório. A Deus, portanto, é reportada a justiça, e a Maria a misericórdia, o aplacar a divina justiça, tal qual a advogada que não nega que o réu é culpado, mas pede, sobre ele, a clemência do juiz. Roschini[130] cita Ricardo de São Lourenço (ca. † 1250), que afirma: "se és pecador e temes ao Juiz, Ela o abranda". Ainda conforme Roschini[131], Maria pode ajudar a humanidade porque é "onipotente junto a Deus". Deixa claro, porém, que não é onipotência natural, mas por graça, por participação e por amor.

Figura 43. Tema bizantino da Mãe de Deus Platytera ("mais ampla que o céu", pois carrega, em si, o próprio Deus). Igreja de São Martinho, Colônia, Alemanha. Maria, de braços abertos, ora e apresenta o menino-Deus em seu ventre, destinatário de suas orações.

---

[129] *Apud* Lina Boff, *Mariologia*. Interpelações para a vida e para a fé, p. 155ss.

[130] Gabriel Roschini, *Instruções marianas*, p. 275.

[131] Gabriel Roschini, *Instruções marianas*, p. 253.

Maria, como Rainha do Céu, é considerada a que transmite os méritos de Cristo aos cristãos, ou seja, conquanto a teologia medieval reforça a imagem do Cristo *Pantocrator* e juiz das almas, Maria, por sua vez, encontra como sua a função de reconciliar o mundo com o juiz divino, ou aplacar seu julgamento[132].

Neste sentido as relações devotas com Maria poderiam corresponder ao conceito de "ação sobre ações", ou seja, os devotos conhecem o domínio de ação e intervenção de Maria e, recorrendo a ela, buscam induzir ou conduzir suas ações a seu favor, ou de outrem, e creem que o desenrolar posterior de suas vidas está intimamente sob custódia – *sub praesidium* – da Virgem[133].

Todo este poder de Maria pode, finalmente, ser resumido assim: a Virgem é aquela que acode os humanos em todos os seus desagravos da vida e da morte, do aquém e do além. Ou, conforme Azevedo[134], "o papel protetor da Grande Mãe era providenciar segurança, saúde, viagens sem perigo, bem-estar e consolo para as aflições". O teólogo medieval Pedro Damião (1007-1072), citado por Graef[135], canta em um de seus hinos que Maria "paga o que devemos, afasta o que tememos, alcança o que desejamos, cumpre o que esperamos".

Anteriormente eu havia perguntado – a modo retórico – se era um exagero pedir mais à Mãe do que ao Filho, sendo este o próprio Deus. E, como deve ter ficado patente ao leitor mais pudico em ortodoxia teológica, o "exagero" é tanto maior quanto maior o alcance atribuído – inclusive por renomados teólogos e santos – ao

---

[132] Grupo de Dombes, *Maria no desígnio de Deus e na comunhão dos santos*, p. 38s.

[133] De fato o hino mais antigo (século II ou III), referente à Virgem Maria, é o *Sub tuum praesidium*: "Sub tuum praesidium confugimus, sancta Dei Genetrix; nostras deprecationes ne despicias in necessitatibus nostris, sed a periculis cunctis libera nos semper, Virgo gloriosa et benedicta" (À vossa proteção recorremos, Santa Mãe de Deus; não desprezeis as nossas súplicas em nossas necessidades; mas livrai-nos sempre de todos os perigos, ó Virgem gloriosa e bendita. Amém).

[134] Manuel Quitério de Azevedo, *O culto a Maria no Brasil*: História e Teologia, p. 19.

[135] Hilda Graef, *María. La mariología y el culto mariano a través de la historia*, p. 205.

poder da Virgem. Assim, trago ainda a palavra combinada de dois teólogos contemporâneos que estão longe de suspeições quando se trata da *recta doctrina*: "a *religio*, por vezes, é turvada pela magia, mas mesmo esta tem algo de comovedor: a convicção de que, quando o ser humano está em aflição, a divindade não pode ficar impassível"[136].

7. Mater dolorosa

Mãe é mãe! É verdade, há mães que não são atenciosas e amorosas. Há mesmo mães "desnaturadas", como o povo costuma dizer. Mas se são desnaturadas é porque se supõe uma natureza, uma essência do ser mãe. Sabe-se que em boa medida esta "natureza" é estabelecida culturalmente e, assim, é um constructo social que varia conforme as épocas e regiões. Mas não vou, evidentemente, entrar nesta polêmica.

Sem querer discutir com antropólogos, sociólogos, psicólogos e biólogos, penso que, para além das construções culturais – ou mesmo ideológicas – existe um afeto materno que deita suas raízes em funções orgânicas e psíquicas. Seja como for, a Mãe Maria – Mãe de Deus, diga-se, – teve quase sempre, na Igreja, posição destacada por ser Mãe de quem é, e não tia ou sobrinha. Seu leite, seu ventre, a concepção virginal, o nascimento do menino e a situação em que o mesmo ocorreu, sua beleza, sua intercessão, seu acolher ao colo a criança, quase tudo, na Igreja antiga e medieval, relacionava Maria à sua maternidade, à sua ligação, enquanto Mãe, com o Filho. E, quando a Igreja – já bem tarde, frise-se – interpretou seu seio desnudo a amamentar a criança como uma cena pouco devota (antes era devotíssima!), Maria também chorou!

A Igreja Católica, no século XV, proíbe a devoção e a veneração às imagens da Virgem do Leite. Mas a fé tem respos-

---
[136] Joseph Ratzniger, Hans Urs von Balthasar, *Maria, primeira Igreja*, p. 164.

Figura 44. Arte sobre a *Pietá*, de Michelangelo.

tas rápidas para preservar o caráter humano e cotidiano de Maria e, a uma janela que se fecha, outra é aberta. Assim, neste mesmo tempo, cresce a veneração do povo às lágrimas de Maria[137]. O povo já havia, de forma definitiva, associado a Maria a figura de Mãe compassiva, em gradiente de afetividade e maternidade. Não podia mais, como Mãe, amamentar, mas, como Mãe, podia chorar por seu Filho morto e por todos seus outros filhos sofredores e moribundos. Contudo, o tema da *mater dolorosa*, embora anterior ao século XV[138], tende a ganhar força justamente naquele século, devido à obsessão para com a morte no medievo – parti-

---

[137] Marie-France Boyer, *Culto e imagem da Virgem*, p. 66. A sensibilidade popular, no que tange a conceber o papel de Maria em relação à vida cotidiana, algumas vezes não era compreendida pela Igreja que, no entanto, tolerava tal tipo de piedade. As iconografias marianas que representam esta cotidianidade, particularmente a relacionada às mulheres, têm quase sempre origem popular, não eclesiástica. E, quando de origem eclesiástica, geralmente estas iconografias têm origem nas sensibilidades teológicas mais remotas na Igreja e que, posteriormente, teriam alguma dificuldade em serem percebidas da mesma forma por uma Igreja que cada vez mais definia uma posição doutrinária vigilante, como a da Igreja surgida após Trento. Portanto, a partir de certa data, não só a Virgem do Leite encontrou dificuldades na Igreja, mas também a Virgem do Parto, pois "as imagens apresentando a Virgem, sentada ou de pé, com o ventre volumoso, sem ou com o menino Jesus ainda embrionário, foram causa de grande impacto para uma sociedade que não conseguiu entender o significado do ventre crescido (...). Grande foi o constrangimento que essas imagens causaram, principalmente no século XVIII, quando, muitas delas, foram jogadas em depósitos e mutiladas. Entretanto, apesar de tudo, continuam a ser veneradas pelos mais simples que, sem falso pudor, entenderam a mensagem iconográfica" (Magaly Oberlaender, *Mãe Maria*, p. 529).

[138] O culto às dores de Maria terá sido iniciado na Alemanha, no Mosteiro de Schönau, no século XIII, e mais tarde se difundido, principalmente, por força da Ordem dos Servos de Maria.

cularmente à época da peste negra – reforçando, assim, a figura da *Pietá*, daquela que, sofrendo pela dolorosa morte do Filho, dá alento aos que estão sob o terrível signo da morte.

Quem tem fome sabe dar valor ao pão. Talvez seja por isso que o sofrimento de outrem, via de regra, cause mobilização e solidariedade em muitos de nós: também sofremos. E, quanto mais sofremos, arrisco dizer, mais empatia temos pelos que sofrem. Quando, no dia quatro de setembro de 2015, na altura da crise dos refugiados sírios que tentavam entrar na Europa, jornais e televisões do mundo inteiro mostraram a foto do corpo de um menino – de três anos – morto, após naufrágio, na beira de uma praia da costa turca, as reações foram imediatas. A foto causou grande comoção mundo afora. João Miguel Tavares, colunista do jornal português *Público*, traduziu algo da razão desta mobilização catártica de sentimentos:

> Eu sou um dos que choraram ao ver aquela foto, e provavelmente por más razões. (...) Suponho que a culpa seja dos filhos, que me fragilizaram a existência, e admito que as minhas lágrimas sejam lágrimas feias, de pura identificação pessoal e cultural: quando olhei para o corpo de Alan Kurdi não foi, de facto, ele que eu vi. Foi um dos meus filhos, a quem já vesti muitas vezes *t-shirts* daquelas e calções daqueles. Foi a Rita, a minha amada Rita, que fez três anos cinco dias antes de Alan morrer. Os cínicos têm razão: foi pelos meus filhos que chorei[139].

Penso que não existe maior sofrimento, para uma mãe, do que ter o filho morto em seus braços. E, no caso de Jesus, que morte! O regaço que antes embalava o pequeno bebê, agora sustém o corpo que jaz. O evangelista coloca Maria, de pé, aos pés da cruz, no suplício de seu Filho (Jo 19,24). As mães de todos os tempos – mas não só elas

---
[139] *Público*, Ano XXVI, n. 9277, 08 de setembro de 2015, p. 48 ("Os mortos não são todos iguais", por João Miguel Tavares).

Figura 45. Nossa Senhora da Piedade, século XV. Mosteiro da Batalha, Batalha, Portugal.

– souberam ver nesta cena toda a tragédia e horror que ela encerra. Mães de todos os tempos talvez tenham imaginado a si mesmas recolhendo o corpo morto de seu filho, deitando-o em seu colo...

O cristianismo – particularmente o ibérico e o latino-americano – já foi acusado, e não sem alguma razão, de dolorismo, isto é, de fomentar, através de suas iconografias e devoções, a dor e o imobilismo, a passividade, a aceitação do sofrimento. Afinal, como afirmou a paradigmática figura da benzedeira nordestina do documentário brasileiro *Fé*[140]: "se Jesus sofreu, porque nós não podemos sofrer. Tem que sofrer!". Mentalidade que vem de longe e que já justificou muita coisa que a Igreja preferiria esquecer. O Pe. Antonio Vieira, citado por Vainfas[141], justificava, com sacra e eloquente oratória, o sofrimento dos escravos da sua época: "a paixão de Cristo parte foi de noite sem dormir, parte de dia, sem descansar, e tais são as vossas noites e os vossos dias. Cristo despido, e vós despidos; Cristo sem comer, e vós famintos; Cristo em tudo maltratado, e vós maltratados em tudo".

Contudo, se é verdade que a imagem – e suas expressões – pode favorecer a passividade, também é verdade que pode dar força, resistência e fazer surgir sentimentos de solidariedade a partir da identificação entre imagem e vida. O corpo morto do menino

---

[140] Documentário dirigido por Ricardo Dias (1999).
[141] Ronaldo Vainfas, *Ideologia e escravidão*, p. 101.

sírio tornou-se um ícone que mobilizou muitos, despertou a solidariedade e a revolta em relação ao contexto que produziu tão triste realidade. Ainda João Miguel Tavares, na mesma crônica:

> Alan está morto, mas a sua foto vive e insta-nos a mudar. Ela é, se quiserem, um convite à conversão. E as conversões raramente acontecem após demoradas elucubrações. Surgem por epifanias, momentos em que a brutal lâmina da vida rasga o nosso quotidiano e nos obriga a olhar de frente para o que temos de mais sagrado.

Assim, o crucificado e sua Mãe dolorosa são, antes de tudo, imagens do próprio povo, a refletirem seus sofrimentos e dores. E o que nasce da solidariedade na dor é imponderável. Pode ser a passividade; pode ser a revolta; pode ser a aceitação; pode ser a ação. Fato é que, se Maria é retratada, desde há muito no cristianismo, entre dores e lágrimas, é, antes de tudo, por uma identificação solidária. Portanto, "as artes acontecem repetidas vezes, nas suas produções, como vias curativas e como sublimações"[142]. Olhar a dor do outro – e do grande Outro – é sublimar a própria dor, arrefecê-la; mas mirar a dor alheia – e a do próprio Deus e de sua Mãe – é também estancar o sangue, colocar o unguento, encorajar-se pela cura. A solidariedade embala e desperta, pois,

> na festa das sete dores de Maria, podemos aceitar nossas dores, desabafá-las diante de Deus. Não devemos obrigar-nos a superá-las na fé ou mesmo sufocá-las (...). Ver as próprias experiências dolorosas, reproduzidas numa imagem sagrada, consola e elimina o impenetrável da dor, o absurdo, o que isola, o que deprime[143].

---
[142] José da Silva Lima, *Teologia das expressões artísticas*. Elementos para uma estética cristã, p. 99.
[143] Anselm Grün, Petra Reitz, *Festas de Maria*: um diálogo evangélico-católico, p. 104s.

Figura 46. Maria aos pés da cruz. Pintura medieval na basílica de São Martinho, Bingen, Alemanha.

Na devoção às dores de Maria, o povo é solidário com o sagrado, o humano presta um serviço de compaixão ao sagrado. Inverte-se a ordem: já não é simplesmente o divino a consolar o humano, mas o humano age sobre o divino, cura-o, ameniza suas dores, vela com ele. Acarinhar o rosto de Maria das Dores, ou de Jesus em seus braços, torna-se um gesto de intimidade solidária para com o sagrado. Este paradoxo só uma religião como o cristianismo pode produzir.

Os ibéricos e latino-americanos, quanto ao reflexo da imagem da dolorosa, parecem sempre ter sido os mais sensíveis ou mais eloquentes em expressar esta dor compartilhada. Ora, se Maria chora e sofre, é natural, para o povo, que seja assim, pois "se é sua Mãe, é natural que chore e, além disso, no mais profundo da maternidade latino-americana está sempre o mistério da dor e do sofrimento"[144]. E, eu diria, não só latino-americana, mas em todas as dimensões humanas, históricas e contextuais o sofrimento e a dor implicam que se veja como natural, senão necessário, que também a Virgem sofra e chore. Clodovis Boff[145] vê, com agudo senso de realidade, algo que, óbvio, nos remete àquele campo em que só a fé e o imponderável podem dar respostas:

---
[144] Antonio Gonzalez Dorado, *Mariologia popular Latino-Americana*, p. 70.
[145] Clodovis Boff, *Mariologia social*. O significado da Virgem para a sociedade, p. 616.

> Há dores que são constitutivas da condição humana, dependendo das condições sociais tão somente em seu quadro externo. Tais são a enfermidade (como capacidade de adoecer), a velhice e a morte. Para essas contradições, de tipo antropológico, não há política pública que dê resposta adequada. Podem-no tãosomente as religiões.

Maria em dor torna-se, assim, ícone de algo mais do que os sofrimentos que são causados por fatores políticos, econômicos e sociais. Ela encarna – com seu Filho morto ao colo – as mais profundas angústias humanas diante da dor e da morte. Nossas Senhoras das Dores, da Piedade, das Angústias, das Lágrimas, da Agonia, da Angústia são todas, também, senhoras nossas, sentimentos de senhorio sobre nós, mulheres e homens, sentimentos muito presentes aos que estão exilados do paraíso e, por isso, sentem a dor, o sofrimento, a morte, o absurdo. Sentimentos que, como a alegria, precisam ser compartilhados.

Contudo, o alcance do símbolo que é Maria em sofrimentos vai muito além das questões existenciais que a todos nos envolvem. Particularmente se olharmos para a devoção à Mãe dolorosa a partir do lugar do feminino, ou melhor, a partir do lugar das mulheres nos contextos que viveram, em antanho, e que vivem ainda hoje. Mas, também é, talvez surpreendentemente, imagem de profunda significação também para os homens nestes mesmos contextos, mas por razões diversas.

A Virgem da Agonia, festivamente cultuada em Viana do Castelo, Portugal, dá-nos novas pistas sobre os sofrimentos desta Mãe. A dolorosa é aqui, antes de tudo, a Senhora dos pescadores. É uma "mulher e mãe atormentada" porquanto "quem diz mulher de pescador diz mulher enlutada"[146]. O autor continua sua argumentação fazendo ver além, isto é, que:

---
[146] Moisés Espírito Santo, *A religião popular portuguesa*, p. 105. O fado – gênero musical cujo título já revela seu *fado* – "Barco Negro", de autoria de Caco Velho e Piratini, e imortalizado na voz de Amália Rodrigues, já o vê bem: "*Vi depois, numa rocha, uma cruz | E o teu barco negro dançava na luz | Vi teu braço acenando, entre as velas já soltas | Dizem as velhas da praia, que não voltas! | São loucas! São loucas!*".

> a presença exclusiva desta personagem feminina na religião dos pescadores está ligada à cultura específica deste meio, de tendência ginocrática. Uma das razões da existência das sociedades matriarcais ou ginocráticas do passado é a ausência do marido, que parte para a caça. Ora a pesca coloca os mesmos postulados que a caça[147].

A Maria Mãe dolorosa é um símbolo poderoso para a sociedade patriarcal, violenta e portadora das muitas e sofridas complexidades econômicas, políticas e sociais que este tipo de modelo societário engendra. A mulher, e particularmente a mãe, foi, até a aurora do século XX, o símbolo do lar, do retorno, do descanso, da compreensão para aqueles homens que viviam no espaço exterior violento, injusto, hostil, opressor. Como anota Boff[148], de forma geral, no mundo cristão de antanho, o pai podia ser muitas vezes figura distante ou ausente, ou, ainda, terrível em seus modos. Neste caso a centralidade da figura da mãe se impõe de forma necessária e positiva[149]. Assim,

> a mãe representa o perdão para o 'macho'; é o lugar [o lar] onde se purifica de sua consciente imoralidade, embora sabendo que, pelas exigências do mundo em que vive, fatalmente não pode mudar. Trata-se do perdão da 'compreensão' sem exigências de conversão. A mãe é também refúgio, auxílio e ajuda. É o lugar seguro de refúgio para o perseguido, o derrotado e o ferido. Percebe-se inclusive que, quando o homem se torna velho, a esposa adquire uma configuração maternal para o próprio esposo. (...) Nesta perspectiva, creio que podemos afirmar que a grande função da mãe é manter e desenvolver a dimensão humana dos que não podem renunciar a viver num mundo desumano e duro[150].

---

[147] Moisés Espírito Santo, *A religião popular portuguesa*, p. 105.

[148] Clodovis Boff, *Maria na cultura brasileira. Aparecida, Iemanjá, Nossa Senhora da Libertação*, p. 31.

[149] Ainda conforme Boff (*Mariologia social. O significado da Virgem para a sociedade*, p. 568), a figura da mãe é central, por exemplo, em culturas ameríndias e mestiças, pois que o pai, tantas vezes, é ausente, ou está fora de casa por mais tempo.

[150] Antonio Gonzalez Dorado, *Mariologia popular Latino-Americana*, p. 84.

Esta lógica pode parecer – particularmente às feministas – muito patriarcal (e é), pois que atribui um papel muito submisso à mulher e, particularmente, à mãe. Se a crítica é certa, a realidade também é, e, paradoxalmente mostra que, nesta "submissão", a mulher, particularmente a mãe, é tornada mais forte do que o homem da cultura patriarcal e machista. A capacidade resiliente de acolher e absorver a dor e tragédia alheia; de mostrar compreensão sem juízos; de superar – em acolhida e compreensão – o mundo hostil do "macho" que retorna de seu mundo trágico é de uma força inaudita e, portanto, símbolo – ainda que ambivalente e ambíguo (como a vida) – da grande Mãe que se tornou Maria. É o rosto "humano", de humanização, de frescor no inferno desumano da vida societária hostil[151].

Este foi o modelo de mulher que – via de regra – foi moldado durante os séculos e, apesar de todas as críticas justas e legítimas a este modelo "opressivo", foi ele, na sua também paradoxal grandeza – a de demonstrar mais força que a do "macho" – o modelo que inspirou a Mãe dolorosa Maria que, longe de ser fraca na sua dor, demonstra todo o seu poder e solidariedade incondicional. Para Boff[152], "a Virgem, então, vista como *refugium peccatorum* e *consolatrix afflictorum*, compensa o machismo e as opressões que dominam no mundo 'duro' da sociedade, do trabalho, da lei e da política". Ou dito de outra forma por Unamuno:

> Deus era e é, em nossa mente, masculino. O seu modo de julgar e condenar os homens é um modo de varão e não de pessoa acima do sexo; é um modo de Pai. E, para compensá-lo, fazia

---

[151] Para José Lisboa Moreira de Oliveira (*A devoção a Maria*: desvios, desafios e propostas pastorais, p. 410), apresentar uma imagem de Maria "toda melosa, toda meiga, toda cândida, é uma forma de suavizar a rigidez do conservadorismo e do machismo".

[152] Clodovis Boff, *Maria na cultura brasileira*. Aparecida, Iemanjá, Nossa Senhora da Libertação, p. 33.

falta a mãe, a mãe que sempre perdoa, a mãe que sempre abre os braços ao filho, quando este foge, da mão erguida ou do sobrecenho carregado do pai encolerizado; a mãe em cujo seio se procura, como consolo, uma obscura lembrança daquela terna e inconsciente paz que foi como a aurora que precedeu o nosso nascimento e o gosto desse leite tão suave que embalsamou os nossos sonhos de inocência; a mãe que não conhece outra justiça que não seja o perdão, nem outra lei senão o amor. A nossa pobre e imperfeita concepção de um Deus com barbas e voz de trovão, de um Deus que impõe preceitos e profere sentenças, de um Deus Amo de casa, *Pater famílias* à romana, precisava de ser compensado e completado; e como no fundo, não podemos conceber Deus pessoal e vivo destituído de características humanas e de traços varonis, e ainda menos um Deus neutro ou hermafrodita, corremos a dar-lhe um Deus feminino, e ao lado de Deus Pai pusemos a Deusa Mãe, aquela que sempre perdoa porque, olhando com amor cego, vê sempre o fundo da culpa, e nesse fundo a justiça única do perdão[153].

8. Virgo Pugnatrix

Na antiguidade cristã e no início da Idade Média – particularmente durante e após a reforma carolíngia – a nobreza bárbara necessitou de Maria para legitimar a sua *nobilitas*[154]. Assim, Maria passa de serva do Senhor à Rainha, à nobreza[155]. Ora, como Constantino viu em Cristo o seu general, a nobreza franco-germânica que ascendia ao cristianismo viu em Maria sua representante, em uma cultura onde os títulos de nobreza

---

[153] Miguel de Unamuno, *Do sentimento trágico da vida*, p. 132. É verdade, porém, que o Pai que Jesus apresenta em algumas de suas parábolas e discursos se assemelha a este Deus feminino, Mãe, descrito por Unamuno e que, na piedade popular, foi associado a Maria.

[154] Segundo Isidro-Juan Palacios (*Aparições de Maria. Lenda e realidade sobre o mistério mariano*, p. 229) houve reis – como Alfonso VI, Fernando III, Alfonso X – cujas mãos a Virgem Maria terá beijado, o que revela a íntima associação entre a religião e a nobreza tendo como símbolo, para tanto, a Virgem.

[155] Klaus Schreiner, *Maria, virgen, madre, reina*, p. 305-432.

eram conquistados pelos guerreiros como honra devida ao heroísmo, lealdade e feitos militares.

Maria, portanto, feita Rainha, é posta como que comandante-em-chefe nas batalhas cristãs, como bem figurava à nobreza[156]. Assim, a imagem de Santa Maria da Vitória, título dado a Maria após vitórias em batalhas, faz jus a esta lógica. Maria aparece no trono com o cetro, como Mãe coroada do coroado Rei do universo, ou sendo coroada no Céu. Mas, se a *nobilitas* medieval leva a coroa à fronte de Maria e o cetro à sua mão, a figura de Maria como Senhora Celeste é, ainda, de anterior matriz, já pintada em igrejas do fim da antiguidade e início da alta Idade Média, em que "Maria é a Rainha do Céu, título herdado de Astarte-Astarote. Esse aspecto da deusa é simbolizado pelo seu manto de cor azul, cintilante de estrelas; ela é lunar, como Ártemis"[157]. Também nas mitologias – segundo Grün e Reitz[158] – a grande Mãe é muitas vezes representada sentada no trono, ou na montanha. Porém basta, aqui, ver em Maria aquela a que "o povo inteiro elegeu Senhora e Mãe do Céu".[159]

Figura 47. Nossa Senhora do Pilar (com cetro e coroa), século XVI. Catedral de Nossa Senhora de Chartres, Chartres, França.

---

[156] A nobreza sempre procurou colocar em evidência a relação entre piedade católica e cavalheirismo ou militarismo. São conhecidas as Ordens militares ou de cavalaria cristã medievais, algumas das quais chegaram aos nossos tempos e ainda buscam, de alguma forma, preservar os valores da nobreza associados aos da piedade cristã, como, por exemplo, a Ordem Soberana e Militar Hospitalária de São João de Jerusalém, de Rodes e de Malta (vulgo Ordem da Cruz de Malta) ou a Ordem Equestre do Santo Sepulcro de Jerusalém.

[157] Rupert Sheldrake, *O renascimento da natureza*: o reflorescimento da ciência e de Deus, p. 38.

[158] Anselm Grün, Petra Reitz, *Festas de Maria*: um diálogo evangélico-católico, p. 47.

[159] Letra da famosa música do Pe. Zezinho, *Maria de Nazaré*.

Em Portugal, por exemplo, Dom João I manda construir um mosteiro (Nossa Senhora da Vitória, ou da Batalha), no local que adquiriu o mesmo nome (Batalha), por considerar que a vitória portuguesa na batalha de Aljubarrota devia-se à invocação de Maria (século XIV).

Aliás, a história de Portugal foi interpretada, algures, como a história de uma nação fundada e guiada, nos seus momentos históricos mais importantes, pela Virgem Maria, como atesta o livro de José Maria Félix, "Santa Maria e Portugal" (1939), em que Maria surge atuante nos "triunfos do passado", "nas batalhas do presente" e na "vitória do futuro", sendo compreendidas as batalhas do presente como a luta de Maria contra a "revolução demo-liberal", a "revolução comunista", a e "revolução neo-pagã"[160]. Pode-se afirmar que, desde seu início, na batalha de Ourique, houve esta autocompreensão de que Portugal nasceu para vencer os "inimigos da cruz" e alastrar o Reino de Cristo sobre a terra[161]. De fato o reino português, outrora, entendia-se, sob Afonso Henriques e seus sucessores, como vassalo da Virgem Maria, pois,

> Dom Afonso Henriques prestou compromisso de vassalagem a Santa Maria de Claraval, tomando Nossa Senhora como advogada de Portugal junto a Deus, e prometendo, em seu nome e de seus sucessores, pagar perpetuamente à Abadia de Claraval, todos os anos, na festa da Anunciação da Virgem, a

---

[160] Quando da derrota das tropas napoleônicas na Roliça e no Vimeiro, em Portugal, o povo arrancou em louvores no que ficou conhecido como "cântico a Maria santíssima em acção de graças por nos ter livrado dos pérfidos e malvados franceses" (Manuel José Macário do Nascimento Clemente, *Maria na devoção dos portugueses: uma devoção nacional?*, p. 170), isto é, daquela nação que difundia o iluminismo pela Europa. E Fátima, ao seu tempo, tornou-se a versão moderna desta interpretação, desta vez, entretanto, em batalha contra os liberais, republicanos e maçônicos.

[161] Armando Alexandre dos Santos, *O culto de Maria Imaculada na tradição e na história de Portugal*, p. 21.

quantia de cinquenta *maravedis* de ouro, como sinal de feudo e vassalagem[162].

Mas talvez a história mais importante para a cristandade, a mostrar Maria como vitoriosa nas batalhas, seja a da batalha de Lepanto, em 1571. A vitória das tropas leais ao Papa, ao defender a cristandade da ameaça moura, foi atribuída diretamente à Virgem do Rosário, que teria conduzido as tropas, conforme a imagem abaixo.

Figura 48. A batalha de Lepanto, autor italiano anônimo, 1571.

---

[162] Armando Alexandre dos Santos, *O culto de Maria Imaculada na tradição e na história de Portugal*, p. 21. O historiador José Hermano Saraiva, entrementes, faz notar que esta vassalagem à Virgem de Cister – em estreita ligação ao pedido de Dom Afonso Henriques para a vinda dos cistercienses para terras portuguesas e consequente fundação do mosteiro de Alcobaça –, deitava raízes em razões político-militares estratégicas, já que, para o Reino português se fortalecer de fato, era necessário povoar as terras entre o Douro e o Tejo, e ninguém mais do que os monges sabiam fazê-lo, já que cada mosteiro, com sua grande estrutura, fazia brotar, ao seu redor, povoações e vilas (José Hermano Saraiva, *Lugares históricos de Portugal*, p. 256-263). Percebe-se, também aqui, como os interesses da nobreza (político-militares) e da religião se entrelaçavam e se apoiavam mutuamente, sendo que, neste caso, Maria, em sua devoção bastante difundida e reforçada pelos monges de Cister, passa a ter um *lócus* privilegiado na intersecção de tais relações.

A imagem de Maria ia à frente do principal navio de guerra, a mostrar em nome de quem se lutava e a quem era atribuída a força das tropas. Pio V (1504-1572), o Papa de Lepanto, teve, conforme Giulietti[163], "mais confiança na oração do que nas armas. Por isso se preocupou para que todos os soldados carregassem a coroa do rosário". Assim o Rosário não é interpretado, na altura, apenas como meio de meditação sobre a vida de Cristo ou de Maria, mas como arma eficaz de vitória dos cristãos sobre seus inimigos. Devido a este auxílio celeste, o Papa incluiu na Ladainha de Nossa Senhora a invocação "auxílio dos cristãos" e instituiu a Festa de Nossa Senhora do Rosário da Vitória para o dia em que ocorreu a vitória militar de Lapanto, isto é, sete de outubro.

Entrementes, a partir do fim do Renascimento o Rosário não é mais difundido, preferencialmente, como arma contra os inimigos de Deus e da Igreja Católica, mas particularmente como meio da salvação individual. Apesar da legenda, a seguir, ser atribuída a uma santa medieval, o contexto de quem a relata é o do século XVIII: "certo dia Nosso Senhor apareceu a Santa Gertrudes. Vendo-o contar moedas de ouro, a santa ousou perguntar-lhe o que estava contando. Jesus respondeu: estou contando as tuas ave-marias; é essa a moeda com a qual se adquire o meu paraíso"[164]. Contudo, a compreensão mais individualista, do tipo "salva a tua alma", da devoção ao Rosário – dentre outras relacionadas a Maria – é tardia, devedora de um "romantismo católico", se assim pode-se dizer, que teve início no século XVIII e seu ápice no século XIX. Antes, contudo, Maria é mais "viril", com o perdão da contradição em termos. Alguns de seus títulos assim o dizem.

No século XVII, Hipólito Marracci elenca alguns títulos de Maria, dentre os quais: *Castrum* (praça forte), *Interemptrix* (matadora), *Pugnatrix* (combatente), *Vindex innocentium* (vingadora

---

[163] Emanuele Giulietti, *História do Rosário*, p. 56.
[164] São Luís Maria Grignon de Montfort *Apud* Emanuele Giulietti, *História do Rosário*, p. 59.

dos inocentes), *Vulneratrix* (golpeadora), *Ereptrix* (espoliadora), *Gladius* (espada)[165]. Estes exemplos mostram que, se por um lado Maria é identificada como a misericordiosa advogada e Mãe compassiva, protetora de nobres e de plebeus; seguro firme para as parturientes e para os que morrem; invocada para o leite da amamentação e para o bom termo das viagens, bem como para a boa educação ou conselho; também é ela não só doce para os seus, mas terrível para os descrentes, hereges, pagãos e mouros. Em uma mão, misericórdia para os cristãos; em outra, flagelo para os infiéis.

A Virgem das batalhas, em uma mesma guerra, podia ser invocada pelos dois lados beligerantes. "Maria luta contra Maria", por assim dizer. O fado coimbrão de Zeca Afonso, *Senhora do Almortão*, canta | reza: "Senhora do Almortão | ó minha linda raiana | virai costas a Castela | não queiras ser castelhana". O fado cita a Senhora que defende as raias | fronteiras contra o inimigo espanhol, e que deve escolher entre ser lusa ou ser castelhana nas cizânias fronteiriças; afinal, Maria é venerada – e invocada nas batalhas – em ambos os lados da fronteira.

Maria, portanto, encarna-se de vez. Desta vez, mais do que na vida cotidiana das pessoas, encarna-se identificando-se com os novos imensos grupos humanos que se formam, isto é, as nações, e se torna patriota. É, agora, diplomata de nações, mas, se necessário for, generala ou soldado. Por vezes, é na sutileza de sinais que demonstra sua identidade nacional:

> Sob o domínio filipino, na verdade, seria proibida a procissão que o povo de Lisboa fazia à Senhora da Escada, lembrando a vitória de Aljubarrota (...) e o que aconteceu foi a insistência dos patriotas junto da Virgem Maria pela recuperação da independência. Sobreveio que, tendo o governo filipino mandado

---
[165] *Apud* Clodovis Boff, *Mariologia social*. O significado da Virgem para a sociedade, p. 275.

cortar pinheiros junto à Senhora da Atalaia, eles se entortaram milagrosamente (...). Não era o sinal do desagrado do céu com os espanhóis? (...). E foi muita, nesses anos difíceis, a procura de livros de devoção mariana[166].

Durante muitos séculos cidades emitiam decretos em nome de Deus e de Maria, que era considerada a principal protetora das cidades[167]. Vários reinos eram consagrados a Maria, isto é, tornavam-se *Regio Mariae* (como a Baviera, por exemplo), e ostentavam em suas armas e bandeiras a figura da Virgem. A Virgem, inclusive, também frequentou as fronteiras em que *Mamon* é senhor, isto é, a economia monetária, quando, por exemplo, Luís, o Grande (morto em 1382) fez cunhar, na Hungria e na Polônia, moedas com a imagem de Maria como Patrona do Reino[168]. Mais envolvimento com o século, impossível.

Maria figurava, em vários sítios, em selos, bandeiras, cartas de cidadania, feituras de cavaleiros. Mais tarde Maria não será apenas patrona de povos e reinos, mas de todo o *orbe*, inclusive do ateu, agnóstico ou pertencente a outras tradições religiosas, através das consagrações do mundo a Maria, particularmente da consagração da Rússia comunista, que têm início com Pio XII, em 1942, e estende-se a João Paulo II, em 2000. Aliás, o século XIX e, principalmente, o século XX, foram épocas em que Maria foi novamente convocada a novas batalhas e conquistas, desta vez, contudo, mais simbólicas e incruentas[169]. Assim, também Nossa Senhora Aparecida, proclamada padroeira

---

[166] Manuel José Macário do Nascimento Clemente, *Maria na devoção dos portugueses*: uma devoção nacional?, p. 169.

[167] Klaus Schreiner, *Maria, virgen, madre, reina*, p. 364.

[168] Clodovis Boff, *Mariologia social. O significado da Virgem para a sociedade*, p. 170.

[169] É interessante que Maximiliano Kolbe (1894-1942) tenha fundado, em 1917, uma obra cujo epíteto é "Milícia da Imaculada", e Frank Duff (1889-1980), em 1921, na Irlanda, fundado a Legião de Maria, cujo objetivo era "entrar em guerra espiritual contra o 'mundo' e seus poderes" (Clodovis Boff, *Mariologia social. O significado da Virgem para a sociedade*, p. 278).

e rainha do Brasil em plena República (1931), – com a presença do presidente e de ministros de Estado[170] –, mostraria que "a batalha pela alegoria feminina (da República) terminou em derrota republicana. Mais ainda, em derrota do cívico perante o religioso"[171]. A Igreja, destronada diante da sociedade que se secularizava, reclama para a pátria uma Mãe, uma interventora, e batiza a nova *orbe* civil e secular, não só com uma patriótica Mãe, mas com uma Rainha, a despeito da República.

Se até metade do século XX a participação da mulher na vida pública é ínfima – ao menos oficialmente –, Maria reverte esta realidade, já que é colocada à frente de batalhas, protegendo cidades e Estados, sendo solicitada nas mais diversas circunstâncias da vida por mulheres e homens de todos os estratos sociais. Em épocas em que Céu e Terra se confundiam, sagrado e profano andavam de mãos dadas, o secular e o religioso viviam entre amores e traições, enfim, o natural e o sobrenatural se sobrepunham mutuamente e os mortos eram tão vivos – ou até mais – do que os propriamente vivos, Maria, entre a cidade de Deus e a dos humanos, era talvez a criatura mais atuante e mais presente.

Bisinoto[172] e Zanon[173] enumeram várias intervenções de Maria a favor dos católicos em lutas bélicas contra seus inimigos. Vou, em um fôlego, a algumas delas. Após a invasão moura à Península Ibérica no século VII, Pelayo, em 722, expulsa os invasores em Covadonga, recorrendo à Virgem, e a igreja da Virgem da Vitória, construída no século XV, em Toledo, recorda esta façanha. A devoção a Nossa Senhora do Patrocínio tem origem nas lutas dos

---

[170] Júlio Brustoloni, *História de Nossa Senhora da Conceição Aparecida. A imagem, o santuário e as romarias*, p. 346.
[171] José Murilo de Carvalho, *A formação das almas. O imaginário da república no Brasil*, p. 94.
[172] Eugênio Bisinoto, *Para conhecer e amar Nossa Senhora*, p. 111s.
[173] Darlei Zanon, *Nossa Senhora de todos os nomes*, p. 192.

cristãos contra os muçulmanos, em Espanha, pois os cristãos colocaram-se sob o patrocínio (proteção) de Maria e, uma vez vencidas as batalhas, a invocação da Virgem do Patrocínio foi incrementada, justamente, pelo exército vencedor[174]. A invocação a Nossa Senhora da Defesa tem origem militar. Em 1410, durante uma invasão goda em Ampezzano, Itália, o povo da região teria invocado a ajuda da Virgem Maria que, por sua vez, teria aparecido sobre as nuvens, num trono e com uma espada na mão. Ao ataque do exército inimigo, Maria teria descido sobre a vila e, criando espessa bruma, confundido os soldados, que acabaram atacando uns aos outros[175]. No século XV os muçulmanos invadem parte da Europa Oriental e, neste caso, é João de Capistrano (1386-1456) que os derrota em 1456, em Belgrado, ao invocar a Virgem. Já em 1683 os turcos atacam a catolicíssima Viena, mas são derrotados mediante a invocação da Virgem Maria. Em agradecimento, Inocêncio XI estabelece a festa do Santíssimo Nome de Maria, a 12 de setembro. Transportando-nos até 1809, Napoleão Bonaparte invade os territórios italianos e aprisiona Pio VII, deportando-o para Savona, na França. O Papa recorreu à Virgem para ser liberto, libertação que ocorreu em 1814. Em gratidão, o pontífice instituiu as festas de Nossa Senhora de Savona e a de Nossa Senhora Auxiliadora. A lista seria longa...

Contudo, se há um inimigo verdadeiramente sutil e gravemente perigoso, este é o inimigo interno, o que está na própria casa, o lobo travestido de cordeiro. Portanto Maria surge, a partir da Idade Média, como guardiã da ortodoxia contra as heresias. A Ordem dos Frades Pregadores, surgida em boa medida por causa do combate aos albigenses no sul de França, terá como origem, segundo a legenda relatada nas *Vitae Fratrum*, a visão tida por um monge, em que Maria suplica a Jesus – este irado contra a humanidade – a institui-

---

[174] Darlei Zanon, *Nossa Senhora de todos os nomes*, p. 204.
[175] Darlei Zanon, *Nossa Senhora de todos os nomes*, p. 97.

ção de uma Ordem predicante para a salvação dos pecadores. Jesus, na legenda, responde a Maria: "visto que não é conveniente que eu te negue coisa alguma, darei a eles os meus pregadores, mediante os quais sejam iluminados e corrigidos"[176]. Assim como a dona de casa cuida do lar, zelando para que tudo esteja arrumado, limpo e provido, Maria seria a primeira a zelar pelo lar dos cristãos, a Igreja, e, como boa mãe judia, pela imagem de seu Filho.

O Santuário de Nossa Senhora das Vitórias, em Paris, foi, por exemplo, erigido para celebrar a vitória de Luís XIII sobre os calvinistas, em 1628[177]. E Leão XIII afirma, por sua vez, na encíclica *Supremi apostolatus*, que o Rosário é "remédio contra as calamidades da época" e contra os ataques de "um século extraviado", lembrando que o mesmo já foi "poderosa arma de guerra" contra os albigenses e os turcos, ou seja, contra os hereges[178].

A imagem belicista de Maria também despontou, com força e eficiência, no novo mundo. Se antes Maria lutava contra os mouros e contra os hereges, agora lutará contra os povos autóctones das Américas que, porventura, se neguem a crer na mensagem cristã. Portanto, a boa nova terá de ser boa por bem ou por mal. Assim, a conquista das Américas, efetuada pelos espanhóis, foi imputada à Virgem Maria, sob o título de "conquistadora". Maria, na conquista das Américas, quando aparece aos nativos, também é para levá-los à fé católica, confirmando, assim, de certo modo, a conquista espiritual, como em Coromoto, em que terá aparecido a um chefe indígena venezuelano convidando-o a batizar toda a sua tribo. Após o batismo de cerca de setecentos indígenas, Maria terá aparecido, novamente, a todos os habitantes da aldeia, demonstrando seu contentamento pelo fato das conversões[179].

---
[176] *Apud* Emanuele Giulietti, *História do Rosário*, p. 34.
[177] Clodovis Boff, *Mariologia social. O significado da Virgem para a sociedade*, p. 293.
[178] *Apud* Clodovis Boff, *Mariologia social. O significado da Virgem para a sociedade*, p. 115.
[179] Darlei Zanon, *Nossa Senhora de todos os nomes*, p. 93.

Mas não foi somente na conquista às terras dos povos autóctones das Américas – conquistas para Deus e seus reinos católicos de Espanha e Portugal, claro – que Maria esteve a lutar. Após conquistadas as terras e estabelecidas nas Américas as colônias e, mais tarde, nações, Maria continuará a atuar como garante daqueles que se creem ao lado de Jesus Cristo. José de San Martín, em suas campanhas de independência de nações sul-americanas, deu à Virgem do Carmo o título de "generala" de seus exércitos, depois das vitórias em Maipú e Chacabucu; igualmente Hidalgo, no México, pinta a imagem da Guadalupana num lenço hasteado numa lança que vai adiante do exército na vitória de Celaya[180].

Portanto Maria, que fora trazida pelos colonizadores espanhóis às colônias das Américas, torna-se, mais tarde, *criolla* e luta pela emancipação destas mesmas colônias de que era guardiã e conquistara para os espanhóis. Ou seja, a Maria *criolla* americana luta contra a Maria colonizadora espanhola. É o caso do México – com o Padre Miguel Hidalgo e seu estandarte da Guadalupana –, de Simon Bolívar, de Lavalleja, no Uruguai, e a devoção a Nossa Senhora de Luján del Pintado, tornada em Nossa Senhora dos Trinta e Três[181]. Portanto, "na luta político-social que terminaria com a separação da América das suas metrópoles europeias, Maria Santíssima não deixou de influir com a candura do seu sorriso e o poder de sua intercessão"[182]. Sorria para uns e fechava-se aos outros a quem no século XVI sorrira. Não intercedia mais pelos conquistadores, que lhe ergueram, devido às vitórias alcançadas por sua prece, tantos templos e com tanto ouro.

---

[180] Ivone Gebara, Maria Clara L. Bingemer, *Maria, Mãe de Deus e Mãe dos pobres*: um ensaio a partir da mulher e da América Latina, p. 152.

[181] João Aroldo Campanha, *Maria na América Latina antes e depois do Concílio Vaticano II*. Devoção-Teologia-Magistério Episcopal, p. 54.

[182] Ascânio Brandão, *Maria no descobrimento e na independência da América*, p. 98.

Conforme Rauen[183], na Guerra do Paraguai, Maria foi invocada pelas tropas brasileiras para a vitória (terá sido também invocada, com o mesmo propósito, pelas tropas paraguaias?). Portanto os sargentos não só "puxavam" as tropas à frente da batalha, mas também "puxavam" o terço, rezado com as tropas. E o rezaram à véspera da batalha do Tuiti, vencida pela tríplice aliança, batalha esta que teve lugar a 24 de maio de 1865, dia de Nossa Senhora Auxiliadora. O poeta Visconde de Albuquerque, que esteve no campo de batalha, assim entoa, em 1866, sua prece:

> Oh Maria santíssima!(...) Dá-nos completa vitória! | Faz do Brasil a glória | pela tua intercessão | Oh Virgem da Conceição | imortal seja na história | Ao Filho querido teu | recomenda Santa Virgem | essa esquadra cuja origem | do lenho em que Ele sofreu | traz o nome orgulhoso seu | da terra de Santa Cruz | dá-nos, Senhora, essa luz | que dirigiu Israel | sinta o inimigo infiel | que sois vós quem nos conduz[184].

Faz-se *mister* destacar que, embora a Maria tenha sido creditada a vitória brasileira – e a derrota paraguaia –, é no Paraguai, entretanto, que a Virgem tem a patente de generala, e não no Brasil[185]. Teriam sido menos devotos os paraguaios, à época da guerra, e, tendo sabido da intercessão da Virgem aos brasileiros, resolvido adotá-la em suas Forças Armadas com alta patente, para que, adiante, fosse mais benévola aos paraguaios?

Em 1951 – um ano após a proclamação do dogma da Assunção de Maria – Nossa Senhora da Assunção, padroeira do Paraguai e de sua capital, Assunção, é declarada Marechala das For-

---

[183] Benedito Felipe Rauen, *A Mãe de Deus e Mãe dos homens*, p. 89-92.

[184] *Apud* Benedito Felipe Rauen, *A Mãe de Deus e Mãe dos homens*, p. 91-92.

[185] Aliás, como se costuma dizer, a História do Brasil, no Paraguai, é outra!

Figura 49. Maria condecorada como patrona do Paraguai.

ças Armadas da Nação. Mas a Virgem também mereceu honras oficiais no Brasil. Em 1971 a Assembleia Legislativa do Pará conferiu à Virgem de Nazaré o direito às honras de Chefe de Estado[186].

A Virgem, de heroicas batalhas pretéritas, vela também, como já visto, pela fé católica, e, assim, tem atuado constantemente nas refregas da Igreja ou dos católicos contra os inimigos – de cada época – da religião. Se outrora tais inimigos eram expressamente religiosos – os de fora, muçulmanos, e os de dentro, hereges e protestantes –, a partir do século XIX, os inimigos da fé católica passam a não mais ter verve explicitamente religiosa no que tange a colocar em perigo a fé católica. Desta feita os inimigos dizem-se portadores de algo que muito preza à Igreja, desde que atribuído a Deus: as luzes. O Iluminismo – filho bastardo (ou legítimo?) do protestantismo – e suas bandeiras de democracia, liberdade de consciência, separação entre Igreja e Estado – entre outras flâmulas do gênero –, vai desencantando a *religio* e a substituindo pelo século. Neste contexto a Virgem, novamente, entra em ação, agora não tanto bélica quanto simbólica. Voltemos, portanto, ao nosso tão paradigmático Portugal.

---

[186] Clodovis Boff, *Mariologia social*. O significado da Virgem para a sociedade, p. 606 e nota.

Com a chegada das ideias liberais ao governo português, foram extintas, em 1834, as congregações e Ordens religiosas, e muitos de seus bens foram secularizados. Aqui também luta Maria pela Igreja e pelos cristãos. Assim, em louvor à Senhora do Sameiro, Almeida Braga edita seus versos laudatórios, dentre os quais: "Oh! Não consintas que a feroz doutrina | que tenta derrubar os teus altares | do povo português invada os lares | e espalhe as trevas onde brilha a luz"[187]. Maria e patriotismo cristão-lusitano se uniam, particularmente no epicentro católico português, Braga, através da nova devoção mariana do Sameiro, cujo santuário seria um símbolo de resistência ao liberalismo monárquico.

A pesquisadora Lucília Justino fez a compilação de várias *loas* a Maria, cantadas pelo povo em procissões e romarias, que demonstram como, em cada época, Maria perfilava-se ao lado do catolicismo português, comungando de suas agonias, esperanças e interesses. Como já foi dito, estava ela no início da nacionalidade portuguesa, como testemunha a *loa* de 1828, referindo-se ao arrebol de Portugal: "Louvores continuados | À Virgem Sancta Maria | Que desde o primeiro Affonso | Defendeo a Monarchia"[188]. Do mesmo ano, mas referindo-se à invasão napoleônica em Portugal e à fuga de Dom João VI para o Brasil, canta a *loa*:

> O sexto amável João | que por bem de seus vassallos | tem sentido na sua alma | Mil afflicções, mil aballos | Que antes quiz expôr-se à ira | do feio, inconstante mar | que de seus fiéis vassallos | Vêr o sangue derramar | Já vós, Senhora, o livraste | passando o outro emisfério | Por não quereres privall'o | Do seu Lusitano Imperio[189].

---

[187] *Apud* Manuel José Macário do Nascimento Clemente, *Maria na devoção dos portugueses*: uma devoção nacional?, p. 171.

[188] *Apud* Lucília José Justino, *Loas a Maria*: Religiosidade Popular em Portugal, p. 102.

[189] *Apud* Lucília José Justino, *Loas a Maria*: Religiosidade Popular em Portugal, p. 105.

A Maçonaria, entrementes, ganhava, no século XIX, o foro de principal inimigo do catolicismo. Aqui também a Senhora veio em socorro dos seus: "Os inimigos de Deos | Esses perversos malvados | Infames, pedreiros livres | Já tem sido derrotados"[190]. Em 1925 é a vez da Virgem ser invocada contra o Estado liberal, em lembrança de como eram áureos os tempos em que a fé não era importunada pelos políticos republicanos: "Ao ver-te, Senhora, expande | o povo a sua alegria | A nossa pátria foi grande | Quando intensa fé havia"[191]. Maria, zelosa em ser portuguesa, também ajudava àqueles que combatiam contra a independência das colônias lusas em África, pois assim canta o hino de 1961: "Lá do nosso ultramar | Partem vozes de aflição | Cabe a todos rezar | a pedir tua protecção | (...) Fazei os vossos pedidos | à Senhora maternal | Que ela ouça os gemidos | deste nosso Portugal"[192].

Voltando, agora, o olhar ao Brasil, encontramos inspirações semelhantes. Um hino a divisar os congregados marianos, escrito por Euclides Carneiro[193], assim invoca Maria:

> Rainha e Mãe da juventude, escuta | Meu peito em chama, crepitando ardente | Vês a minha alma sôfrega de luta? | Quer combater por Deus contigo à frente! | Quero partir, Ó Mãe, de Norte a Sul! | Às tuas ordens, quero batalhar! | Desfralda, Ó Mãe, tua bandeira azul | Abre horizontes, manda-me lutar | Sou teu soldado! Avanço? Que me dizes? | Preciptar-me à linha ensanguentada? | Sim! Que não temo golpes, cicatrizes | A combater contigo, Imaculada!

---

[190] *Apud* Lucília José Justino, *Loas a Maria*: Religiosidade Popular em Portugal, p. 108.
[191] *Apud* Lucília José Justino, *Loas a Maria*: Religiosidade Popular em Portugal, p. 111.
[192] *Apud* Lucília José Justino, *Loas a Maria*: Religiosidade Popular em Portugal, p. 116.
[193] Euclides Carneiro, *Sou jovem mariano*, p. 105.

Ser mariano era estar preparado para as batalhas que se fizessem necessárias, fosse contra o comunismo, fosse contra o Estado laicizante.

A Igreja do século XX, entretanto, ainda que pudesse ter em Maria uma aliada para suas batalhas simbólicas e incruentas contra seus inimigos secularizantes, retirou-a, de vez, dos campos cruentos das batalhas físicas e a adornou com o diadema da paz. A invocação "Rainha da Paz" é acrescentada à Ladainha de Nossa Senhora pelo Papa Bento XV, em pleno horror da 1ª guerra mundial[194], revelando, assim, a íntima relação e entrecruzamento entre a devoção a Maria e os acontecimentos geopolíticos mundiais. Mas interessa-nos notar que, se em antanho os Papas e os prelados e cristãos em geral invocavam Maria para a vitória na guerra, agora a invocam para a reconciliação e para a paz.

Talvez o simbólico ponto de viragem desta nova visão mariana tenha sido em 1917, justamente quando a Senhora de Fátima terá dito a Lúcia sobre o fim da 1ª grande guerra, ou seja, a Virgem havia deposto as armas e as patentes, e agora empenhava-se em profetizar, para júbilo do povo, a paz. E não é sem razão que esta paz mariana é anunciada não a partir das casas senhoriais dos nobres cavaleiros ou dos palácios principescos, mas do campo, a partir de camponeses, pastores, agricultores, pois "todas as Senhoras veneradas pelos camponeses são resolutamente antimilitaristas"[195], dado que os servos, os agricultores pobres, ao contrário dos nobres e cavaleiros, sabiam bem o que lhes aguardava nas guerras, e, por sua lide no campo, não tinham intimidade com as artes militares. Neste ínterim o autor faz notar que esta tradição não esmoreceu e que ainda hoje (?), jovens, na idade da convocação ao Exército, apelam para a Senhora do Livramento, para que os liberte de tal imposição. E Moisés Espírito Santo vai mais longe:

---
[194] Eugênio Bisinoto, *Para conhecer e amar Nossa Senhora*, p. 147.
[195] Moisés Espírito Santo, *A religião popular portuguesa*, p. 104.

> Trata-se, aliás, de uma função inteiramente maternal, já que o serviço militar é considerado pelo pai, pelo Estado, como um meio de subtrair os jovens à mãe carnal, os quais até essa idade estão submetidos à respectiva autoridade, de que só se libertam definitivamente [?] pelo casamento[196].

Mas e a Virgem das batalhas, onde fica? Talvez seja oportuno dizer: com a idade dos séculos, Maria vai amadurecendo seu instinto de Mãe[197].

---

[196] Moisés Espírito Santo, *A religião popular portuguesa*, p. 104.

[197] E coincidentemente a partir dos séculos XIX e XX, em que o romantismo filosófico e literário também passa a influenciar a piedade mariana.

PARTE II
Virgo Visio

– E o povo – disse eu –, acredita realmente?
– Sei lá!... Acredita sem querer, por hábito, por tradição. E o que faz falta é não acordá-lo. E que viva na sua pobreza de sentimentos para não adquirir torturas de luxo.
Bem-aventurados os pobres de espírito!

Miguel de Unamuno, São Manuel Bom, Mártir.

– É inútil tentar – disse Alice, rindo – Uma pessoa não pode acreditar no impossível.
– É porque tens pouca prática – replicou a Rainha – Quando era mais nova, eu fazia-o sempre meia hora por dia. Houve ocasiões em que cheguei a acreditar em seis impossibilidades antes do pequeno-almoço.

Lewis Carrol, Alice do outro lado do espelho.

A partir do século XIX as aparições marianas passam a conferir – nas relações de Maria com os humanos – nova tônica: o reforço da fé enquanto doutrina. Nesta nova ordem simbólica, as aparições – e suas mensagens – são sinais para interpretação que quebram a rotina da vida diária e chamam a atenção para o Evangelho e sua mensagem[1]. Neste sentido a figura de Maria, nos séculos XIX e XX, é geralmente ligada às grandes aparições e às suas mensagens, e estaria em acordo com o clima social e mental destes séculos, ou seja, contexto marcado pelo iluminismo, racionalização, anticlericalismo, secularização das sociedades. Era necessário reagir e, de certo modo, na mesma moeda.

1. Guadalupe entre épocas e mundos

Contudo é preciso iniciar por Guadalupe que, embora mais distante historicamente, como que inaugura esta nova fase mariana. Portanto Guadalupe, ainda no distante século XVI, constitui-se em uma espécie de *intermezzo*, de transição entre as sensibilidades marianas de antes, mais localizadas e fruto, muitas vezes, do fantástico que eclodia no cotidiano, e as sensibilidades marianas que marcariam os séculos XIX e XX, nos quais as aparições se tornam globalizadas e constitui-se, a Virgem, em inspiração para iconografias mais *solo*.

A Virgem terá aparecido, no início do século XVI, a um pobre índio mexica, Juan Diego. O contexto é o da dominação espanhola e o do genocídio populacional e cultural em relação aos indígenas. À época, as religiões asteca e mexica tinham sua centralidade na adoração ao sol – com sacrifícios humanos – e, em degrau menor, à lua. A substituição desta religião pela cristã foi feita, em muito, através da força. Mas Maria terá tido outra sensibilidade e pedagogia para revelar o cristianismo aos indígenas. Sua aparição a Juan Diego traz, na sua imagem estampada na *tilma* do indígena, a mensagem cristã de uma forma compreensível aos indígenas.

---

[1] Laurentin *Apud* Benedito Felipe Rauen, *A Mãe de Deus e Mãe dos homens*, p. 47.

Figuras 1 e 2. Mosaico de Nossa Senhora de Guadalupe, do monge e artista Radbod Commandeur, Abadia beneditina de Maria Laach, Alemanha | Guadalupe e a nacionalidade mexicana.

Posicionada em frente ao sol (deus maior mexica | asteca), Maria indica ser maior que ele, ocultando-o atrás de si; seus pés estão sobre a deusa lua (domina sobre ela); seu manto é adornado de estrelas, as quais também eram adoradas pelos astecas (portanto se mostra Senhora sobre os astros, ou mensageira deles); a cor do manto é azul-esverdeado (turquesa), significando ser rainha, já que só quem poderia usar tal cor era o imperador asteca; seu cinto preto com laço pendente era usado pelas índias grávidas (mostra, assim, estar grávida de Deus); suas mãos estão postas em oração (indicando não ser ela deusa, mas se dirigindo a Deus)[2].

O orago Guadalupe era, originalmente, parte da devoção dos espanhóis a Maria (na região de Cáceres, Extramadura). Portanto, é uma

---

[2] Augusto Pasquoto, *Os mistérios do manto sagrado*, p. 103-114.

invocação mariana espanhola aliada, na imagem mexicana, a traços físicos e símbolos indígenas, fazendo ponte entre as culturas. Assim, "com a senhora de Guadalupe os índios se identificam, e os espanhóis, por sua parte, não se chocaram (...) não através do doutrinamento abstrato, mas de uma imagem concreta, a do avental de Juan Diego"[3].

A imagem da Guadalupana, assim como sua invocação, não só representou uma catequese cristã simbólica e inculturada para os indígenas, como também foi usada em insurreições indígenas no México e nas lutas pela independência, destacando uma simbiose entre a nacionalidade mexicana e a imagem (e mensagem) de Guadalupe[4]. Assim, na figura da página anterior, podemos contemplar uma estampa da Guadalupana com a bandeira do México, além de coroada, ou seja, sugerindo ser ela a Senhora que governa a nação mexicana.

A Virgem de Guadalupe necessitaria de um capítulo à parte, devido à riqueza de sua mensagem. Contudo, o que aqui pretendo desenhar, como já referido, são os séculos XIX e XX e, assim, Guadalupe figura, aqui, como um ponto de transição entre as antigas aparições e piedades marianas e as modernas aparições nascidas nos dois últimos séculos.

2. Contemplatio

A primeira constatação importante, quando se debruça sobre as aparições dos últimos duzentos anos, é perceber a quem Maria aparece e fala: a crianças, em sua maior parte. E não necessariamente crianças religiosas. Esta vaga de aparições às crianças (principalmente meninas) e jovens, embora não seja novidade na história da Igreja, intensifica-se, ao que parece, nos últimos dois séculos. Apresentando alguns dos grupos de videntes das aparições mais significativas dos últimos tempos,

---

[3] Clodovis Boff, *Mariologia social*. O significado da Virgem para a sociedade, p. 241.

[4] Ver a obra de Jacques Lafaye, *Quetzalcóatl y Guadalupe*. La formación de La conciencia nacional en México.

podemos enumerar: menina analfabeta, enfermiça, paupérrima, em Lourdes; crianças pastoras, analfabetas, que mal sabiam falar o francês, em La Salette; meninos roceiros, em Pontmain; pobres e analfabetos pastorinhos, em Fátima; crianças de um "obscuro lugarejo belga", em Beauraing; menina ignorante filha de operário, em Banneux[5]. Para Moisés Espírito Santo, que por outras vias concorda com Ratzinger (nota 17), as crianças estariam naturalmente mais aptas a sentir a presença de Maria, ou Maria naturalmente deveria aparecer a elas, pois,

> os pastores e as crianças não são os preferidos da Senhora por serem mais 'puros' ou mais 'cândidos', como pretendem os clichês do cristianismo e também Rousseau. Tal preferência explica-se pelo facto da era pastoril ser anterior à luta dos sexos, do tempo em que a agricultura (...) era apanágio das mulheres; a preferência pelas crianças é própria de todas as mães e, por outro lado, só quando se é criança é possível a apropriação da mãe[6].

Figura 3. Jacinta Marto, vidente de Fátima.

---

[5] Clodovis Boff, *Mariologia social. O significado da Virgem para a sociedade*, p. 600.
[6] Moisés Espírito Santo, *A religião popular portuguesa*, p. 102.

Talvez seja oportuno começar pelas duas crianças pastoras de La Salette, que terão se conhecido dois dias antes da aparição. O padre saletino Ático Fassini[7] assim descreve Maximino Giraud e Melânia Calvet, quando das aparições:

> Maximino tem onze anos de idade. Irrequieto. Irresponsável. Órfão de mãe desde o berço, cresceu num clima familiar desestruturado. Nasceu em Corps a 26 de agosto de 1835. É filho do primeiro matrimônio do pai. Tem mais três outros irmãos. Só dois chegaram à idade adulta: Angélica e Maximino (...). A atmosfera familiar era, pois, pesada e provada. A decepção leva o pai a frequentar os bares de Corps e a tornar-se alcoólatra. Vivia desocupado, embora soubesse fabricar carroças. (...) Dono de uma pobre casa, havia muitos anos esquecera o caminho da igreja. (...) Maximino passa o dia nas ruas de Corps. Uma cabra é sua companheira predileta. Como a família é desorganizada e a escola não é obrigatória, Maximino não frequenta escola e muito menos igreja. É tão ignorante quanto pobre. O próprio pai afirmara que só conseguira fazer o filho aprender o Pai-Nosso e a Ave-Maria à custa de quatro anos de esforços. O menino, em verdade, só começa a frequentar a escola depois da aparição, quando é assumido pelas Irmãs da Providência em Corps.

E prossegue Fassini:

> Melânia, analfabeta, só depois da aparição passa a frequentar o colégio das Irmãs da Providência, em Corps. Aprende com extrema dificuldade, tanto que, só em 1848, aos dezesseis anos de idade, é admitida à primeira comunhão. Como Maximino, só fala o dialeto da região, chamado 'patois', conhecendo apenas uma ou outra palavra em francês. É de caráter muito difícil, tímida, taciturna, descuidada, mas simples e sem rodeios. Carente de afeto, habituou-se a passar o dia com os animais de que tomava conta. Raramente se detinha com a própria família em Corps. Por isso, nem conhecia Maximino.

---

[7] Ático Fassini, *História da Salette*, p. 25ss.

Parte II – *Virgo Visio*

Figura 4. Menino em Fátima, por ocasião da última aparição em outubro de 1917.

Este vívido relato sobre as crianças videntes pode-nos levar a duas primeiras impressões, ou conclusões, e a tomar partido de uma delas conforme for a nossa fé, ou ausência dela, ou seja, por serem tais como retratadas é evidente que tudo não passa de uma farsa ou ilusão psicótica; por serem tais como retratadas, é evidente que o sobrenatural se manifestou a elas[8].

Talvez seja possível dizer que a primeira premissa parte de um olhar acostumado a desconfiar da plebe rude, do ignorante e, mais ainda, se este ignorante é pobre, criança e de difícil trato (como parece ter sido Melânia). Mas este olhar iluminado não me poderá servir à análise, dado que não pretendo entrar no mérito da facticidade dos acontecimentos, isto é, se foram empiricamente reais tais como nos chegaram narrados pelos videntes. O vetor que guia estas reflexões não é a da verificação dos fatos, mas o da hermenêutica. Ademais, iria longe um debate atualizado sobre a epistemologia da realidade, isto é, sobre o conceito do real[9]. Descartado o caminho acima, sobra-me perguntar: por que Maria terá escolhido gente tão marginal para se comunicar?

---

[8] Ou, talvez, as duas possibilidades não se excluam mutuamente. A questão é que de Deus e dos humanos nunca saberemos o bastante ou esgotaremos o saber, o que resulta, então, em saber que "para Deus nada é impossível" (Lc 1,37) e que "nada do que é humano me é estranho" (Terêncio).

[9] É oportuno, quanto a este debate, citar Alain Badiou (*O século*, p. 82): "Nada pode atestar que o real é real, nada a não ser o sistema de ficção onde ele virá encenar o papel de real".

Também a vidente de Lourdes não escapa desta marginalidade social e, mesmo, religiosa, pois,

> Bernadette Soubirous, primogenita di una famiglia poverissima che abita bel cachot, antica prigione municipale (...). È talmente ignorante che non as che parlare il dialetto della Bigorre: proprio in questo idioma la vergine immacolata le daràil suo messaggio. Bernadette, giá affetta di colera, à malata d'asma (...) non sempre va a scuola e al catechismo à estata (...) ella è dunque uma dei poveri senza avere, senza potere, senza sapere[10].

A vidente de Banneux, por sua vez, é miserável, mora com mais nove pessoas da família em uma casa muito rústica. Religiosamente, a família era conhecida por sua indiferença (não há imagens ou crucifixos na casa). O pai da vidente declarava-se agnóstico e estava, na altura das aparições, desempregado. Mariette teve a primeira comunhão adiada por faltar muito às aulas de catecismo, devido a ter que cuidar de seus irmãos menores. A menina, que só falava o valão, era tão rústica de conhecimentos que teve que perguntar ao padre de sua aldeia o que significava a palavra "nações", que terá sido dita a ela pela Virgem[11].

Figura 5. Lúcia de Fátima.

Como se depreende, "os videntes, com muito maior

---

[10] Salvatore Perrella, *Teologia e devozione mariana nell'Ottocento*, p. 211.
[11] Clodovis Boff, *Mariologia social. O significado da Virgem para a sociedade*, p. 601.

recorrência do que na Idade Média, são pessoas que estão em níveis inferiores na estrutura social e não possuem um conhecimento formal da religião"[12]. E, de fato, é impressionante constatar como a experiência de pessoas à margem de importância e credibilidade em seus contextos, isto é, nas suas condições de mulher, criança, pobre, sem estudos ou cultura formal, transforma-se em efetivo poder na esfera pública, tanto em nível civil como em nível eclesiástico[13], afinal Maria passa a falar à comunidade – e à Igreja – por meio de crianças[14]. E não de crianças bem educadas e socialmente bem adaptadas, mas daquelas que não mereceriam em um primeiro momento – como de fato não mereceram nem da Igreja e nem dos círculos mais cultos e ilustrados da sociedade – credibilidade e atenção. Por vezes receberam, mesmo, descrédito da própria família – que as acusava de mentir – e da população de suas aldeias, como no caso dos pastorinhos de Fátima.

Quanto ao fato da Virgem escolher tais criaturas – crianças pobres, frágeis, ignorantes – para transmitir sua mensagem a multidões, Brovelli[15] vê uma interessante e significativa condição de desproporção. Seria a semente de mostarda, que, desprezada como a menor das sementes, dá planta

Figura 6. Francisco, Lúcia e Jacinta, videntes de Fátima.

---

[12] Carlos Alberto Steil, *As aparições marianas na história recente do catolicismo*, p. 26.
[13] Marjo de Theije, Els Jacobs, *Gênero e aparições marianas no Brasil*, p. 47.
[14] Carlos Alberto Steil, Daniel Alves, *"Eu sou Nossa Senhora da Assunção". A aparição de Maria em Taquari*, p. 187.
[15] Franco Brovelli, *Entre Deus e seu povo com o coração transpassado*, p. 28.

tão grande (Mc 4,30-34)? Inclusive em relação ao magistério da Igreja poderíamos notar esta inversão, pois como interpreta Almeida[16], Maria se coloca para além da mediação eclesiástica. Não Jerusalém, mas Belém; não o Templo, mas a manjedoura, o estábulo.

Somente estes elementos já se constituem como portadores de sinais altamente relevantes para a Igreja em sua reflexão teológica, compreensão eclesiológica, estatuto ministerial e prática pastoral. Primeiro: quem vem ao encontro da humanidade para fazer lembrança da mensagem cristã já não é homem (Jesus), mas mulher; mais que mulher, é mãe; não fala a partir da Sé, ou da cidade, mas do pântano, da charneca, da rudeza do interior mais afastado e abandonado; não fala a clérigos, mas a leigos; não fala o latim ou o vernáculo culto, mas a língua inculta do povo, os dialetos; não fala a adultos, mas a crianças; preferencialmente fala a crianças do sexo feminino; a maior parte dos videntes não tem cultura formal, mesmo mínima; são quase todos muito pobres, mesmo miseráveis; algumas videntes parecem ter desajustes de personalidade, ou dificuldades de socialização.

Aqui se encontra um quadro que interpela a prática pastoral da Igreja e, talvez, sua eclesiologia. O portador privilegiado do sagrado – tanto o que dá a mensagem como o que a recebe e a proclama adiante – é do sexo feminino; a evangelização é tarefa de crianças, leigas, não de adultos, eclesiásticos; não se exige conhecimento teológico formal para tal; o Evangelho é proclamado a partir da periferia; a linguagem do *kerigma* é simples e simbólica; o lugar social de que parte a boa nova é o economicamente precário. Não estaria aqui, encarnado, o próprio *Magnificat* entoado pela Virgem?

---
[16] Tânia Mara Campos de Almeida, *A aparição de Nossa Senhora em Piedade dos Gerais*, p. 156.

Acresce-se a tais dados que, embora o magistério oficial da Igreja seja considerado o legítimo portador da interpretação cristã, é para crianças, meninas pobres e analfabetas, que Maria terá confiado, em La Salette e em Fátima, seus segredos. Entendo, portanto, que os atores e as cenas em que estão inseridas tais aparições remetem, antes de tudo, à reflexão da Igreja sobre si mesma, sobre seu rosto, sua identidade, sua forma de entender-se e de atuar. Falam enfaticamente para o mais interior da própria teologia.

Mas também a sociedade civil é alvo deste jogo às avessas que a Virgem joga. No contexto iluminista e anticlerical do século XIX e do início do século XX parece-me que tais fenômenos têm um sentido claro, isto é, Deus (através de Maria) não se revela aos cultos, ricos e adultos, mas aos simples, analfabetos e inocentes, desaprovando, assim, uma sociedade que se quer "adulta" perante Deus, negando-o pela racionalidade[17]. Até mesmo na linguagem que a Virgem usa para revelar suas mensagens encontra-se o elemento de viragem relativamente à cultura iluminista que se impunha, pois que, enquanto o discurso anticlerical podia compreender-se como portador da luz científica e racional, Maria terá vindo falar a crianças ignorantes numa linguagem quase infantil, como, por exemplo, "não ofendam mais nosso Senhor que já está muito ofendido" (mensagem que terá dirigido aos pastorinhos de Fátima, por ocasião da aparição de 13 de outubro de 1917). É quase uma linguagem doméstica, das relações entre pais e filhos.

Conquanto as cidades eram os espaços privilegiados da afirmação e circulação das ideias iluministas e anticlericais, é bas-

---

[17] A partir da perspectiva teológica, entrementes, Ratzinger explica que as crianças estão mais abertas a tais revelações, pois que "as suas almas estão ainda muito pouco perturbadas, os seus poderes internos de percepção ainda não foram debilitados" (extrato do documento "A mensagem de Fátima", da Congregação para a Doutrina da Fé, *Apud* Len Port, *O fenómeno de Fátima*, p. 187).

Figura 7. Pastorinhos de Fátima.

tante distante delas que Maria vem visitar os seus. Em Banneux, em que Maria se identifica como a "Virgem dos pobres", o local das aparições situa-se numa das zonas mais estéreis da Europa, cujo nome, em valão, "La Fagne", significa barro. Fátima, por sua vez, era "agreste e inóspita (...). O solo calcário, demasiado seco, sem grandes cursos de água e muito rochoso"[18]. Era um fim de mundo.

O que quero frisar, portanto, é que aparentemente nada, em tais fenômenos das aparições marianas, convergia para interesses ou conformações relativas ao meio social e eclesiástico dos contextos em que surgiram[19]. Lugares agrestes, crianças pobres, ignorantes e mesmo problemáticas... É neste sentido que, embora esta obra tenha como mote o mirar o Céu, ou seja, Maria – em suas iconografias e simbolismos –, precisamos olhar, antes, para a Terra, para as pessoas que, com sua fé, deram à Virgem a miríade de rostos e significados que ela tem. Portanto, se esta obra é de reflexão, antes, e para tan-

---

[18] Luís Filipe Torgal, *O sol bailou ao meio-dia*: a criação de Fátima, p. 59.

[19] O que não impediu que, mais tarde, tais fenômenos conhecessem interpretações e conformações, ou instrumentalização, para determinados interesses políticos, sociais ou eclesiásticos.

to, deve ser obra de contemplação. E, neste caso específico das aparições dos séculos XIX e XX, é mais útil mirar os rostos destas crianças do que o rosto da Virgem[20].

Figuras 8 e 9. Jacinta sendo carregada entre a multidão após a aparição de 13 de outubro de 1917.

3. As periferias marianas

Como interpretar a figura de Maria que surge a partir dos dois últimos séculos? Quais os reflexos e reflexões que os "novos" fenômenos marianos suscitam?

Talvez a primeira característica que se nos faz presente – e que, aliás, se liga em grande parte também às aparições mais antigas – é a de que as aparições se dão, geralmente, em locais

---

[20] E talvez também por isso que, adiante, nosso olhar estará menos na iconografia artística, e mais nas formas e mentalidades que envolvem, a partir do século XIX, a percepção de Maria, pois entendo que, para a compreensão do desenvolvimento das sensibilidades marianas, as aparições dos dois últimos séculos, por exemplo, revelam mais na forma e conteúdo que expressam do que, propriamente, na arte que as traduzem (embora que também a iconografia, neste caso, possa refletir a performance das aparições e piedades modernas, *ma non troppo*).

geograficamente pouco conhecidos, ou seja, com pouca importância demográfica, política, econômica e turística, e têm, neste campo, um de seus mais prodigiosos milagres, isto é, o de fazer com que estes locais sejam conhecidos internacionalmente, e obtenham novo *status* político, econômico e turístico, além, é claro, de religioso.

Brovelli[21] anota que em La Salette (como em Fátima, Lourdes e algures) o local da aparição – ermo, fora da cidade – demonstra "descentralidade", ou seja, Maria fala dos caminhos da história a partir de "quase fora do mundo". E não foi assim também na história sagrada? Que era o povo de Israel entre seus poderosos vizinhos? Jesus, onde nasce? Nazaré, que lugar ocupava na antiga Palestina? E os primeiros discípulos, e, após, os primeiros cristãos, quem eram na ordem social e econômica de suas épocas? Os exemplos poderiam se multiplicar. A partir deste enfoque bíblico-teológico pode-se dizer que tais aparições se tornam, assim, mais ortodoxas do que se houvessem sido realizadas em pleno altar de uma catedral, no decorrer de uma liturgia pontifical e aos olhos de um arcebispo. É que, a julgar pelos critérios bíblicos acima assinalados, Deus – ou os seus – surge – *preferencialmente* – nas franjas da sociedade e da Igreja, e não só nas franjas sociais, econômicas e eclesiásticas, mas também nas das chamadas "periferias existenciais", como nomeou o Papa Francisco. A história sagrada é uma história marginal. Aliás, Jesus morre como um marginal, e são poucos os documentos históricos não religiosos que o citam, e, os poucos que o citam fazem-no, também, de forma marginal. A partir do ponto de vista estritamente não religioso – ao menos até o século IV e Constantino – a figura "Jesus" e sua história são de uma invisibilidade impressionante. Ora, também o que

---

[21] Franco Brovelli, *Entre Deus e seu povo com o coração transpassado*, p. 28.

era a Palestina no vasto Império Romano? Maria, neste sentido, "puxa" a seu Filho: não surge a partir das periferias por ser "discreta", mas por isto ser uma clara mensagem.

Palacios[22] oferece-nos interessante teoria sobre as aparições da Virgem em ambientes afastados, junto à natureza, e não em conventos ou capelas, pois que no paraíso não há templos feitos por mãos humanas, e a própria natureza é o ambiente da criação original, relembra a aventura paradisíaca[23]. E a Virgem pede tantas vezes, nestas aparições, para que *naquele local* seja erigida uma capela ou oratório para seu culto, e não na Sé ou igreja paroquial.

Seria o campo contra a cidade? O elemento rural contra o cosmopolita? O leigo contra o clero? O *Volkgeist* – à maneira dos românticos alemães – o gradiente natural das hierofanias? Não arriscaria dizer, a partir dos questionamentos acima, "contra". Mas, de fato, há várias inversões, nestas aparições, em relação ao normativo da cultura letrada e da cultura eclesiástica.

Contudo, a partir da facticidade da história em seus desenvolvimentos – nem sempre com as intenções mais pias – a periferia em que Deus e sua Mãe pisam se torna centro, ou, talvez mais profeticamente: "os últimos serão os primeiros e os primeiros serão os últimos" (Mt 20, 16). Portanto, para o bem ou para o mal, o sagrado, quando marca um lugar, não o deixa impune (lembremo-nos da luta de Jacó e da escada de Betel...). E as perdidas periferias que a Virgem visita passam a ser o centro, e, no caso de Fátima, o "altar do Mundo", como declarado por seus promotores.

Luís Filipe Torgal cita um artigo do jornal *O Século*, de 13 de outubro de 1917, assinado pelo jornalista católico Avelino de Almeida, em que consta o seguinte:

---

[22] Isidro-Juan Palacios, *Aparições de Maria*. Lenda e realidade sobre o mistério mariano, p. 196.

[23] Aliás, esta perspectiva se enquadra bem no cenário da fenomenologia e história da religião de Mircea Eliade.

> Há quem, a par de uma sumptuosa e ampla igreja constantemente repleta, imagine ver levantados vastos hotéis com todos os confortos modernos, bem fornecidas lojas atulhadas de mil e um objectos de piedade (...). Cristalizar-se-á o sonho em que, inconscientemente, colaboram e comungam nobres anseios místicos e justas aspirações industriais?[24].

A partir de 1921, restaurada a Diocese de Leiria – e a governando seu novo bispo, Dom José Alves Correia da Silva –, tem início a compra, por parte da Igreja e de elementos ligados a ela, dos terrenos em torno da Cova da Iria[25], e, inclusive, a abertura de poços de água no local. Em cartas enviadas em 1920 e 1921 ao Pe. Manuel Nunes Formigão[26], o vigário de Ourém, Pe. Faustino José Jacinto Ferreira, explicitava o desejo de converter o local em um "grande centro de peregrinação" e de ali alicerçar uma "Lourdes portuguesa"[27]. Os jornais *O Século* e *O Ouriense*, em julho de 1917, publicavam, respectivamente: "[que se quer] transformar a serra d'Aire numa instância miraculosa como a velha Lourdes", e "quererá a Rainha dos Anjos fazer desta freguesia uma segunda Lourdes?"[28].

Penso que não é preciso alongar-me sobre o empreendedorismo religioso, por assim dizer, que as aparições suscitaram. Estão aí os enormes santuários em torno dos locais das aparições. Com isto não quero fazer um juízo negativo ou positivo sobre o assunto. Sabe-se

---

[24] *Apud* Luís Filipe Torgal, *O sol bailou ao meio-dia*: a criação de Fátima, p. 62.

[25] Luís Filipe Torgal, *O sol bailou ao meio-dia*: a criação de Fátima, p. 64s.

[26] Sacerdote que seria o principal responsável pela investigação canônica da autenticidade das aparições, e que, tendo sido um dos primeiros padres a interrogar os videntes, seria mais tarde o mais ardoroso promotor de Fátima.

[27] Luís Filipe Torgal, *O sol bailou ao meio-dia*: a criação de Fátima, p. 65. Reparem a data: 1921. Neste tempo o processo de investigação canônica ainda nem tinha se iniciado (arrancou em 1923 e teve seu término em 1930). Mas já bem antes de se ter iniciado o processo canônico (e, evidentemente, muito antes de sua conclusão), a Diocese, padres e pessoas ligadas à Igreja já começam a comprar os terrenos à volta da Cova da Iria e já aventam sobre uma nova Lourdes.

[28] *Apud* Luís Filipe Torgal, *O sol bailou ao meio-dia*: a criação de Fátima, p. 66. Reparem a data: julho de 1917, portanto, ainda bem antes do desenrolar das últimas três aparições mais relevantes da Virgem em Fátima.

– inclusive o clero sabe – as oportunidades e os benefícios espirituais e evangelizadores (e econômicos, por que não?) e os malefícios mundanos (e econômicos, por que não?) que giram em torno de um santuário. O que saliento, entretanto, é que a lógica do sagrado é esta: tornar a periferia em centro. E, nisto, já está embutida clara mensagem[29].

A Igreja, de modo geral, tem atitude reservada, prudente e mesmo negativa e às vezes repressiva – *grosso modo* – ao fenômeno de aparições, relegando o tema ao segundo plano – ou sem dar maior relevância teológica a ele[30]. Portanto, a periferia em que Maria surge não é só geográfica, mas eclesiástica[31]. Neste sentido a Igreja, muitas vezes, não só teve atitude defensiva em relação às aparições, mas, mesmo, teve atitudes negativas que, depois, foram revertidas[32]. É bastante significativo que, particularmente nas grandes aparições dos séculos XIX e XX, como, por exemplo, em Lourdes e Fátima, as autoridades civis e eclesiásticas sempre tivessem, ao menos nos primeiros tempos, atitude não só de prudência e desconfiança, mas, mesmo, de explícita repressão e até perseguição[33].

---

[29] Frei Bento Domingues, dominicano português, informa que Fátima extrapolou sua vocação inicial, ligada às revelações e promessas originais, e tornou-se, contemporaneamente, também lugar de peregrinação de muçulmanos, tendo, igualmente, já recebido a visita do Dalai Lama e de hindus (Bento Domingues, *O bom humor de Deus e outras histórias*, p. 400). Entrementes, após a publicação do polêmico livro *Os mouros fatimidas e as aparições de Fátima* (Lisboa, Assírio&Alvim, 2008), do etno-sociólogo português Moisés Espírito Santo – que faz estreitas ligações entre certas características do terreno e da aparição com crenças fatimidas xiitas dos mouros que habitaram o Ribatejo –, foi feito um documentário, no Irã, sobre Fátima (o lugar e as aparições), o que fez com que muitos iranianos xiitas buscassem vistos para peregrinar a Fátima no início deste terceiro milênio.

[30] René Laurentin, *Aparições*, p. 118-125.

[31] Apesar da já referida "pressa eclesiástica" no caso de Fátima. Mas também, como se verá à frente, Fátima também conheceu seu calvário da desconfiança eclesiástica.

[32] O que, aliás, é frequente na história da Igreja, em que teólogos que colocados sob suspeita e, depois, a certa altura, são incensados e colocados como referência de boa teologia; ou cristãos que, em sua época, foram vistos com desconfiança e que, mais tarde, foram canonizados. Os exemplos, dos dois tipos, seriam inúmeros em quase todas as épocas da Igreja.

[33] Clodovis Boff, *Mariologia social. O significado da Virgem para a sociedade*, p. 616-622.

Quanto à atitude do poder civil, em Lourdes e Fátima, é possível compreendê-la pelo viés do anticlericalismo e das posturas secularizantes prevalecentes às duas épocas e países. Já da parte da Igreja, a desconfiança e repressão envolveram sutilezas eclesiásticas e teológicas, talvez particularmente aquelas que dizem respeito ao preconceito em relação ao laicato e seu testemunho (ainda mais quando se trata de crianças pobres e incultas). Até mesmo os estereótipos culturais e teológicos foram por vezes brandidos com vigor para lançar suspeitas sobre as aparições. Exemplo é a polêmica causada pelo depoimento dos videntes de Fátima a respeito do vestido da Senhora (que, segundo Lúcia, alcançava somente até o joelho). No comentário ao interrogatório aos videntes de Fátima, um clérigo assim se expressa:

> O anjo das trevas transforma-se algumas vezes no anjo da luz para enganar os crentes. A Senhora não pode aparecer senão o mais decente e modestamente vestida. O vestido deveria descer até perto dos pés. O contrário constitui a dificuldade mais grave a opor à sobrenaturalidade da aparição e faz nascer no espírito o receio de que se trata de uma mistificação preparada pelo espírito das trevas[34].

O próprio Pe. Manuel Nunes Formigão, mais tarde o grande arauto de Fátima, tendo estado – discretamente e em meio ao povo – na Cova da Iria por ocasião da aparição de 13 de setembro de 1917, declarou – em artigo de jornal em 1919 – que, na altura, teve "impressões que não foram animadoras"[35]. Fato é que as atitudes pouco acolhedoras – ou explicitamente hostis – às aparições evidenciam que, de alguma forma, estão elas na contramão da história, no sentido de aflorarem não

---

[34] Documentação Crítica de Fátima I [DCF I] *Apud* Moisés Espírito Santo, *Os mouros fatimidas e as aparições de Fátima*, p. 217.

[35] *Apud* Luís Filipe Torgal, *O sol bailou ao meio-dia*: a criação de Fátima, p. 48.

em terreno fértil para recepções positivas – eclesiasticamente oficiais, frise-se –, mas em terrenos movediços e contrários a elas. E, porventura, quem, então, fez que as tais, aos poucos e pacientemente, tivessem êxito, tanto no âmbito civil (que envolve turismo e economia) como eclesiástico (que envolve algum tipo de aprovação e tutela)?

Não, não foi a Igreja hierárquica em sua autoridade, tampouco o governo. Foi o povo, mais especificamente os pobres, os incultos e desacreditados. A piedade popular, em sua resistência e criatividade, é aquela que, de fato, modela os rostos de Maria. É preciso frisar, com Steil[36], que este encontro entre o celeste e o terrestre é direto, sem a mediação, autorização ou supervisão eclesiástica que, por sua vez, só atua *a posteriori*, para verificar, investigar e legitimar, ou não, o fenômeno.

O ex-cardeal patriarca de Lisboa, Manuel Gonçalves Cerejeira (1888-1977), definiu, a respeito de Fátima, que "não foi a Igreja que impôs Fátima, mas foi Fátima que se impôs à Igreja"[37]. Ou, dito de outra forma, foi a piedade popular que (con)venceu, o povo que a Fátima passou a acorrer cada vez em maior número, mesmo sem a autorização e assistência eclesiástica formal até 1921[38].

Muitas outras aparições, na mesma época, houve em Portugal, mas em todas, com o passar do tempo, o entusiasmo popular arrefeceu. Em Fátima, contudo, não, pois, apesar do desamparo a que ficou submetida pela Igreja oficial nos primeiros tempos, manteve-se lá o povo, fazendo do lugar um sítio da religião popular[39].

---

[36] Carlos Alberto Steil, *As aparições marianas na história recente do catolicismo*, p. 26.
[37] Apud Stefano De Fiores, *Figura bíblica de Maria e sua inculturação popular*, p. 538.
[38] Ver a obra de Luís Filipe Torgal, *O sol bailou ao meio-dia*: a criação de Fátima.
[39] Só como exemplos próximos, cronologicamente, a Fátima, a Virgem terá aparecido em várias outras localidades portuguesas, como em Pardilhó, Concelho de Estarreja, em 1916, em que terá anunciado o fim da guerra; e em Barral, Concelho de Ponte da Barca, em maio de 1917, em que a Senhora terá pedido a oração do terço para o fim da guerra (Luís Filipe Torgal, *O sol bailou ao meio-dia*: a criação de Fátima, p. 94).

Quando a Igreja percebeu – por volta de 1921 – que a fé do povo, ali manifestada, não dava provas de arrefecimento, entendeu, então, ter chegado a hora de tutelar Fátima, para que ali, ao contrário de tantos outros santuários tradicionais portugueses, não houvesse arraiais e manifestações mundanas a coexistir com tal oportunidade religiosa que se afigurava robusta[40].

Como no caso do dogma da Imaculada Conceição – rejeitado por teólogos importantes como Anselmo de Aosta, Bernardo de Claraval[41], Boaventura de Bagnoregio (1221-1274)[42] e Tomás de Aquino[43], só para citar os mais famosos –, ou no caso da maternidade divina de Maria, rejeitada também por boa parte de bispos e teólogos da Igreja antiga, foi a tradição, em muito ancorada pela fé do povo (*sensus fidelium*) que em Fátima – e em outras aparições – se impôs[44]. Portanto, aqui também o movimento é o da periferia para o centro, isto é, o povo que – sem assistência e aprovação eclesiástica, até certa altura –, fiel ao seu *feeling* de fé, acaba por dizer ao centro – no caso, o Magistério – o que ele deve saber e aprovar.

---

[40] O bispo de Leiria, em carta dirigida ao pároco de Fátima, em 1922, lamentava que na peregrinação de 13 de setembro tivessem, os que lá estavam, "lançado foguetes na Cova da Iria e até havido vinho para vender" (Luís Filipe Torgal, *O sol bailou ao meio-dia*: a criação de Fátima, p. 81-82) e, ato contínuo, faria provisões e diretrizes para que, no local, não houvesse elementos "profanos" nas celebrações, inclusive publicando, mais tarde, um *Manual do Peregrino de Fátima* que, entre outras coisas, aconselhava a que os peregrinos fugissem "a tudo o que pode desgostar a Virgem Santíssima, como são: namoros, murmurações, críticas, palavras indecentes, jogos..." (*Apud* Luís Filipe Torgal, *O sol bailou ao meio-dia*: a criação de Fátima, p. 82). Fátima romperia, assim, a tradição portuguesa dos arraiais religiosos, inimagináveis sem tais elementos.

[41] O grande arauto e menestrel da Virgem Maria.

[42] Teólogo maior da Ordem dos menores, também profundamente mariano. Sua Ordem, entrementes, foi a que mais lutou pelo reconhecimento da Imaculada Conceição de Maria.

[43] "Leitores de São Bernardo ou de São Tomás, teríamos negligenciado a Conceição imaculada, e a Assunção teria podido parecer-nos uma crença piedosa" (Jean Guitton, *A Virgem Maria*, p. 289).

[44] Não como dogma, é claro, mas como apelo de fé, ouvido pela Igreja, para o reconhecimento da autenticidade do culto e devoção.

La Salette é outro exemplo – no que tange ao lugar eclesiástico – do caráter periférico das aparições. A Igreja, em muitos momentos, proibiu a difusão das profecias de La Salette[45]. Inclusive o famoso *Dicionário de Mariologia*, organizado por Stefano De Fiores, traz verbetes sobre Lourdes e Fátima, mas estranhamente silencia sobre La Salette. Já a Congregação dos Ritos, em 1877, proibira ladainhas à Virgem de La Salette[46]. E a publicação da autobiografia de Melânia foi condenada pela Santa Sé. Entretanto – e, talvez, paradoxalmente –, foi justamente a aparição de La Salette a primeira a ser reconhecida pela Igreja como digna de fé, pois que não atentaria contra a fé e a moral.

Aqui entra, portanto e novamente, a figura dos videntes, particularmente a de Melânia. Como já referi, ou melhor, já referiu Paulo, "Deus escolheu as coisas loucas deste mundo para confundir as sábias; e Deus escolheu as coisas fracas deste mundo para confundir as fortes" (1Cor 1,27). Não é à toa que grandes luminares de santidade na Igreja, tal como Francisco de Assis (1182-1226) e João de Deus (1495-1550) – só para citar dois dentre muitos – foram rotulados, em suas épocas, como pessoas desequilibradas do ponto de vista psíquico[47]. Mas isto seria o mundo, ou, como disse Paulo, os gregos e os judeus (1Cor 1, 18). Deus, lembro, parece morar, preferencialmente, na periferia física, existencial, econômica e... psíquica, se assim Lhe aprouver. De todo o modo só, a partir de dentro do contexto da fé – e, mesmo, a partir do interior da própria fé –, é possível aproximar-se, de forma compreensiva, das experiências religiosas.

---

[45] Edward Schillebeeckx, *Maria, Mãe da redenção*. Linhas mestras religiosas do mistério mariano, p. 102.
[46] Giorgio Besutti, *Ladainhas*, p. 690.
[47] E não só em suas épocas. O teólogo e psicanalista Eugen Drewermann (1940) fez uma análise, a partir de certas patologias psíquicas, da personalidade de Francisco de Assis, que talvez pudesse ser classificada, em sua opção de ruptura radical, como a manifestação de uma aguda crise de adolescência, em cujo centro estaria a negação do pai (*Funcionários de Deus*. Psicodrama de um ideal. Mem Martis: Inquérito, 1994).

Este intróito, anterior, é para falar de Melânia[48]. O segredo que Maria teria revelado às crianças, em La Salette, só foi tirado dos pastorinhos franceses a muito custo, por pressões eclesiásticas. Em 1851, Melânia e Maximino escrevem separadamente – a pedido do bispo de Grenoble – cartas ao Papa Pio IX, nas quais estaria relatado o segredo a eles confiado. As cartas, lacradas, foram levadas ao Papa. Jamais, porém, Pio IX ou um dos seus sucessores revelou o conteúdo das cartas[49]. Em 1879, contudo, Melânia julgou que era chegado o momento de publicar o famoso segredo. Assim,

> uma versão longa deste segredo substituiria outras versões mais curtas, antes elaboradas. O texto final foi impresso em Lecce, no sul da Itália. Dom Zola, Bispo da Diocese, lhe deu o "imprimatur". O opúsculo contém a narrativa da Aparição e o chamado "segredo da Salette", ali amplamente desenvolvido, mais do que a própria Mensagem da "Bela Senhora". Trata-se, porém, não do "segredo da Salette" e sim do "segredo de Melânia", uma piedosa e ingênua mulher que, envolvida por pessoas desequilibradas, externa seus fantasmas interiores, seus sofrimentos e desilusões. O texto se refere a metrópoles depravadas, a nações ímpias, ao Papa, ao Imperador, lança impropérios contra o clero, prediz o nascimento do "Anticristo". Trata-se de texto eivado de catastrofismo, de anticlericalismo, com traços de racismo. É inadmissível atribuí-lo a Nossa Senhora. A reação da autoridade eclesiástica foi imediata e forte. O texto foi condenado. Dom Zola foi repreendido e seu

---

[48] Melânia tentou ser freira em três congregações religiosas diferentes, mas não conseguiu permanecer em nenhuma delas, ou por motivo de falta de saúde ou por inadaptação. Terminou por achar guarida na Itália, sob a proteção do bispo Zola, de Lecce. Lúcia de Fátima, por sua vez, segundo Tomás da Fonseca (*Fátima*: cartas ao Cardeal Cerejeira, p. 365-6), "é, na opinião de muitas pessoas, uma doente mental, certamente, devido à hereditariedade que sobre ela pesa, pois o pai morreu vitimado pelo alcoolismo, sendo considerado o homem mais ébrio da freguesia". Lúcia, entretanto, desmente, em sua quinta memória – e não sem alguma mágoa – esta imagem de seu pai. Aliás, a quinta memória de Irmã Lúcia, escrita já no Carmelo de Coimbra, em 1989, a pedido do reitor do Santuário de Fátima, é uma comovente lembrança sobre seu pai.

[49] Ático Fassini, *História da Salette*, p. 71.

processo de beatificação foi definitivamente suspenso, por causa desse "imprimatur" dado ao opúsculo de Melânia. Essa medida extremamente severa contra esse ato de Dom Zola foi confirmada por João Paulo II, em 1985. Outras condenações do "segredo de Melânia", por parte da Santa Sé, ocorreram posteriormente[50].

Melânia, de provável personalidade influenciável, terá sido cooptada por setores eclesiásticos integristas que terão formado suas ideias religiosas posteriores, já que, como sugere Barnay[51], as aparições marianas do XIX e XX estariam, de alguma forma, sob o contexto do "catolicismo intransigente" de então. Isto, evidentemente, não deslegitima – para a Igreja – as narrativas pretéritas da aparição, assim como uma possível mentira ou equívoco sobre um assunto não desautoriza a verdade de outro. Mas mostra, como bom exemplo, que, de um jeito ou de outro, a Igreja, por vezes mais, por vezes menos, mostrou bem o lugar destas aparições e de suas mensagens: a periferia. A questão é que, sem a periferia, a Igreja não existe, tanto no plano prático, como, mesmo, no plano essencial ou fundacional.

A periferia pode ser também teológica, ou mesmo apenas lógica. Com isto quero dizer que, nos relatos colhidos nos interrogatórios feitos aos videntes, as possíveis contradições neles contidas podiam atentar contra a sã teologia ou, simplesmente, contra a razão. É conhecido o caso de Lourdes, em que a Virgem terá dito à Bernadette que ela, a Senhora, era a "Imaculada Conceição". Ora, ninguém é uma "Imaculada Conceição", posto tal termo se referir a um processo supostamente *fisio-bio-teológico*, se assim posso falhadamente dizer, isto é, ao fato da Maria ter nascido sem a mácula do pecado original. O mínimo que ela poderia ter dito, de forma razoável, é que ela era "aquela que foi

---

[50] Ático Fassini, *Salette: de volta à fonte*, p. 8.
[51] Sylvie Barnay, *Aparições da Virgem*, p. 26.

gerada de forma imaculada", ou o que equivalesse a isto. Enfim, convenhamos que não seria uma comunicação muito fácil, ainda mais para uma criança analfabeta.

Fátima, por sua vez, causa mais embaraços. Ora, um dos critérios para que uma aparição seja considerada, pela Igreja, como digna de fé, é a de que não contradiga a fé e a moral da Igreja, ou seja, enquanto para o povo, na maior parte das vezes, o meio é a mensagem, para a Igreja, entretanto, a mensagem é o meio que legitima o meio. Lúcia, contudo, relatou, ao ser interrogada por seu pároco, o Pe. Manuel Marques Ferreira – a 15 de setembro de 1917 – que a Senhora teria dito, quanto à última aparição, que "para o último [dia] há de vir São José dar paz ao mundo"[52]. Conforme a teologia ortodoxa da Igreja, é São José capaz de dar paz ao mundo?[53] Como um bispo, São José, segundo o relato de Lúcia referente à última aparição, "estava a fazer cruzes com a mão direita; julga que fez umas três ou quatro, depois desapareceu"[54].

Mas o que mais constrangimento causou – particularmente aos inquiridores eclesiásticos – foi o relato de que a Virgem tinha um vestido que dava nos joelhos ou pouco abaixo deles[55]. Ora,

---

[52] *Apud* Documentação Crítica de Fátima [DCF], p. 47.

[53] Segundo o renomado mariólogo Stefano De Fiores (*Fátima*, p. 537), Fátima "goza de grande amplitude doutrinal, de integridade dogmática e de acentuado apelo para a vida cristã mais autêntica (...). É mensagem perfeitamente ortodoxa, mesmo abrangendo o amplo arco de todas as verdades da fé e da moral católica (...) na linha mais pura do catolicismo". Todavia é bem verdade que São José não está sozinho em funções que supostamente o ultrapassam na economia da salvação, pois sua esposa o acompanha, como na Antífona a *Theotokos*, do século VIII, atribuída ao monge Teodoro Studita (758-826) e que consta dos livros litúrgicos bizantinos: "Dignai-vos abençoar, ó Mãe de Deus, a terra inteira. Com a tua intercessão obtém-nos um clima saudável e temperado, manda-nos a chuva no tempo oportuno, modera os ventos, torna fértil a terra (...)" (*Apud* Teodoro de Faria, *Maria, Mãe de Jesus*, p. 34s).

[54] *Apud* Documentação Crítica de Fátima [DCF], p. 79.

[55] Depoimento de Lúcia no interrogatório feito pelo Pe. Manuel Marques Ferreira, pároco de Fátima, a 14 de junho de 1917: "a saia era branca e toda dourada em cordões ao comprido e a atravessar, mas só chegava ao joelho" (*Apud* DCF, p. 31); depoimento de Lúcia no interrogatório feito pelo Pe. Manuel Marques Ferreira, pároco de Fátima, a 14 de julho de 1917: "a saia era branca e toda dourada e dava-lhe pelos joelhos" (*Apud* DCF, p. 33); depoimento de Lúcia no interrogatório feito pelo Pe. Manuel Nunes Formigão, a 27 de setembro de 1917: "tem um vestido branco, que desce até um pouco abaixo do meio da perna" (*Apud* DCF, p. 56).

não só isto seria absurdo para uma mulher da Palestina do século I (e ainda hoje na atual Palestina), como, também, para a cultura portuguesa do início do século XX era um disparate que mulheres usassem vestidos curtos, pois,

> facto é que, naquela época, uma senhora digna não usava saias pelo joelho nem sequer um pouco abaixo do joelho mas até ao tornozelo como Lúcia, Jacinta e as respectivas mães. (...) Vejamos a questão pela sociologia: os entes divinos que se manifestam aos humanos adoptam não só a língua como a simbólica religiosa e os estereótipos da cultura dos videntes[56].

O interessante, contudo, é que, aos poucos, com o decorrer dos depoimentos seguintes, o vestido foi ficando mais comprido, até, finalmente, alcançar os pés da Virgem[57]. Também causou incômodo que Lúcia tenha dito que a Virgem tinha brincos nas orelhas ("usa umas argolas pequenas e de cor amarela")[58].

Outra polêmica, desta vez referente à mensagem da Senhora, foi quanto ao término da guerra. Segundo o jornalista católico Avelino de Almeida, que esteve presente na última das aparições, a 13 de outubro, e que dela fez o primeiro – e talvez mais importante, do ponto de vista histórico – retrato testemunhal, publicado no jornal *O Século*, Lúcia, após a aparição, "anuncia, com ademanes teatrais, ao colo de um homem, que a transporta de grupo em grupo, que a guerra terminara e que os nossos soldados iam regressar"[59]. Entretanto a guerra não terminou naquele dia, e, em relatos fatimistas posteriores, é acrescentada a acentuação aguda no último "a" da palavra "ter-

---

[56] Moisés Espírito Santo, *Os mouros fatimidas e as aparições de Fátima*, p. 218.
[57] Depoimento de Lúcia no interrogatório feito pelo Pe. Manuel Marques Ferreira, pároco de Fátima, a 16 de outubro de 1917: "A saia era branca e comprida e chegava aos pés" (DCF, p. 79).
[58] *Apud* Documentação Crítica de Fátima [DCF], p. 56.
[59] *Apud* Documentação Crítica de Fátima [DCF], p. 76.

minara", o que faz toda a diferença: de "a guerra terminara", registrado pelo jornalista, resultou "a guerra terminará"[60].

Estes poucos exemplos estão aqui contidos não para fazer desacreditar as aparições, mas para situá-las, aqui também, nas periferias. Não entro em elucubrações teológicas – que hoje se avizinham da antropologia e da psicologia – a querer mostrar que, nas visões, as impressões psíquicas e culturais dos videntes influenciam o ver e o entender. Aliás, este dado, para mim, seja a partir da fé ou sem ela, é óbvio[61]. Conforme assevera Palacios[62],

---

[60] Luís Filipe Torgal (*O sol bailou ao meio-dia*: a criação de Fátima, p. 205) cita, em uma nota, que foi o padre jesuíta Luís Gonzaga da Fonseca que, ao fazer a apologia de Fátima contra acusações de mistificação feitas por "vários teólogos católicos estrangeiros", teria modificado a acentuação da palavra "terminara", em artigo intitulado "Fátima e crítica", publicado em maio de 1951, na revista *Brotéria*. E segue Torgal: "esta significativa corrupção do texto original de Avelino de Almeida foi, de resto, também adoptada por sucessivas publicações católicas fatimistas, mas o lapso encontra-se, todavia, correctamente identificado e corrigido na obra *Documentação Crítica de Fátima III* – Das aparições ao Processo Canónico Diocesano I (1917-1918)". Torgal ainda nos comunica um fato interessante, isto é, o de que "antes de Fátima surgiram, nos jornais do tempo, notícias de 'aparições de Nossa Senhora' a anunciar o fim da guerra em diversos locais do país. Cito, por exemplo, os casos de Pardilhó, concelho de Estarreja (em junho de 1916), onde uma 'figura de mulher' envolta num manto alvo terá anunciado o fim da guerra, e de São João de Vila Chã, lugar do Barral, concelho de Ponte da Barca (10 de maio de 1917), onde uma 'Senhora vestida de branco' terá aparecido a um pastor para ordenar a oração do terço em sua devoção em troca da promessa de aplacar a guerra" (*O sol bailou ao meio-dia*: a criação de Fátima, p. 94). Reparem, no caso de Ponte da Barca, a proximidade da data – 10 de maio – com a da primeira aparição em Fátima, 13 de maio, além da semelhança da mensagem.

[61] Moisés Espírito Santo (*Os mouros fatimidas e as aparições de Fátima*, p. 218) assinala que "sustentando as crianças sua própria impressão (vestido pelos joelhos) que contradiz a regra importante da cultura local em que as mulheres usavam saias até aos artelhos, a posição das crianças é uma prova da sua boa fé; as crianças viram qualquer coisa, ente divino, sonho de vigília, ilusão óptica, fantasma ou alucinação". É interessante, neste sentido, a interpretação que Fina D'Armada faz da psicologia de Lúcia, a partir das subsequentes visões que terá ela tido, já como postulante e freira: "em 1927, Lúcia tinha 20 anos. Fora sempre uma moça saudável e é natural que quisesse chamar a atenção sobre si. A natureza humana é intransigente, e as atitudes religiosas mais exigentes, muitas vezes, não bastam para a superar. Por isso, aos 18 anos, começou a introduzir seres masculinos nas suas visões – em 1925 é um menino que acompanha Nossa Senhora; em fevereiro de 1927 é já um rapaz que encontra na rua e lhe fala sozinho; em dezembro desse mesmo ano é Cristo adulto e, em 1937, surgem os jovens loiros e belos a quem chama 'anjos'. Anjos que se veneram com grande devoção em Fátima, em estátuas de fino traço" (Fina D'Armada, Joaquim Fernandes, *Fátima. Nos bastidores do segredo*, p. 225). E arremata D'Armada: "os seus arquétipos só demonstram que se trata de uma mulher normal".

[62] Isidro-Juan Palacios, *Aparições de Maria*. Lenda e realidade sobre o mistério mariano, p. 31.

"nos antípodas, a imagem de uma aparição não distingue nem separa alma e corpo, espírito e matéria, céu e terra, o sobrenatural e o natural. Uns exprimem os outros".

Mário Martins, buscando dar um sentido teológico aos sincretismos e (re)apropriações de religiões pretéritas que constituíram o catolicismo popular – como a dedicação do mês de maio, antigo mês da deusa Maia, a Maria –, cita, a respeito de várias manifestações religiosas, a da aparição de Maria a Bernadette, em língua pirenaica, "quer dizer, Deus curva-se para o homem e, embora o melhore depois, toma-o qual é, quer na sua linguagem quer nos seus gestos religiosos, elevando-os a um significado mais alto"[63].

O que me importa destacar é, entretanto, que o *lócus* das aparições é totalmente periférico, inclusive no que toca, mesmo, a certas razoabilidades da lógica ou coerências supostas. Mas não é fato que Jesus, por sua vez, experimentou também periferia teológica, acusado de mau teólogo pelos escribas e fariseus nas disputas sobre o sábado, a pureza e a impureza, o contato com os pecadores, entre outros temas do judaísmo de então? Foi mesmo acusado de expulsar o demônio pelo dedo do próprio demônio (Lc 11,15-20). E, pela família, foi tido como "fora de si" (Mc 3,20-21).

Seguindo o raciocínio deste *midrash* entre os fenômenos das aparições e a literatura bíblica, seria possível avançar mais: Jesus morre condenado, pelo Sinédrio, como blasfemador, como herege. Sua teologia não coincidia nem com a de João Batista (afastou-se de sua radicalidade), nem com a dos fariseus, nem com a dos saduceus, nem com a dos essênios ou com a dos zelotes. Frustrou, de certo modo, a expectativa de todos estes grupos religiosos em suas teologias. Morreu como um amaldiçoado, um abandonado

---

[63] Mário Martins, *Caminhos da religiosidade popular*, p. 76.

por Deus, na pior das periferias, a da cruz. Hoje se fala dos excluídos. A cruz era, por sua vez, a exclusão completa.

Aquelas crianças das aparições dos séculos XIX e XX nem sempre falaram, do ponto de vista da mais ortodoxa teologia, coisas que revelassem exatidão ou precisão teológicas. As mensagens que terão recebido nas aparições, fossem visuais ou auditivas, nem sempre pareceram ser de muita confiança, e são eivadas das culturas religiosas tradicionais, populares e eclesiásticas de suas respectivas épocas, mas com o acréscimo da inocência das falas. E, para os ilustrados da Igreja e do século, isto, naturalmente, cheira mal, como cheiravam mal os encontros de Jesus com os periféricos leprosos, prostitutas e cobradores de impostos, ou as palhas sobre as quais veio à luz. O cristianismo, ao menos o de Jesus, é a religião ao largo, a periferia mais distante. Suas palavras são estranhas aos escribas versados na *Torah*; seu comportamento é suspeito para a piedade farisaica; seus gestos são perigosos para as autoridades romanas, mas, principalmente, para as autoridades do Templo. Jesus, para todos estes, não tinha boa fama de teólogo (ortodoxo); mais, não tinha sequer boa fama de judeu, religioso, crente em Deus. Portanto, para aqueles que se consideravam os guardiões e intérpretes da verdade, a religião cristã já começou torta. As aparições, por sua vez, também nem sempre foram ou são interpretadas como muito retas. Portanto talvez sejam catolicíssimas[64].

---

[64] Quanto à inocência das falas dos videntes, é bela a lembrança que Lúcia narra em sua quinta memória, relativa a seu pai: "Quando calhava, levava-me para a eira, sentava-se nos assentos que havia à volta, a tomar a fresca do ar que aí corria, muito agradável, apontava-me para o céu e dizia-me: '– Olha: lá em cima está Nossa Senhora, e os anjinhos; a lua é a candeia de Nossa Senhora, as estrelas são as candeias dos anjos que eles e Nossa Senhora lá acenderam e vieram pôr às janelas do Céu, para nos alumiar o caminho da noite. O sol, que tu vês nascer todos os dias, acolá, por detrás da serra, é a candeia de Nosso Senhor que Ele acende todos os dias para nos aquecer e podermos ver para trabalhar' (...). Aí, na eira, continuava a ensinar-me a doutrina, a cantar e a bailar (...). O pai também costumava dizer-me, quando havia trovoada, que era o Pai do Céu a ralhar, porque os homens faziam pecados (...). Claro que é uma mentalidade infantil, mas ela ensina-nos a levantar o nosso olhar para o Céu, onde sabemos que está Deus nosso Pai, a Mãe bendita que Ele nos deu e vela por nós, os Anjos que Ele criou e destinou para guiar-nos e conduzir-nos nos caminhos da vida" (Irmã Lúcia, *Memórias da Irmã Lúcia-II*, p. 24-27). E o que dizer – guardadas as proporções – da linguagem e imagens usadas por Jesus em suas parábolas? Apesar da repreensão dos discípulos de Jesus, ontem e hoje, Mt 19,13-14 e Mc 10,13-15 não revelam Mt 11,25-26, o Deus da manjedoura e da cruz?

Outra periferia importante, a que as aparições se ligam, é a da cultura hodierna. O falecido cardeal de Milão, o jesuíta Carlo Maria Martini[65], perguntava-se: com a intensificação do espírito crítico em nossos dias, estaria em decadência o número de aparições, visões e locuções? E respondia: ao contrário, pois têm aumentado o número dos tais fenômenos. Ou seja, contrariando os profetas da morte de Deus – de fora da Igreja, como Friedrich Nietzsche (1844-1900) e Sigmund Freud (1856-1939), os mais famosos; ou a teoria da secularização e do desencantamento, de Max Weber (1864-1920); – ou contrariando o desencantamento da teologia em suas faces da teologia liberal, história do dogma de Adolf von Harnack (1851-1930), desmitologização de Rudolf Bultmann (1884-1976), cristianismo secular de Dietrich Bonhoeffer (1906-1945), teologia da morte de Deus dos anos 1960 e, finalmente, a face da exegese histórico-crítica e do flerte da teologia com as ciências humanas e sociais –; o povo, que permanece, em sua cosmovisão (*Weltanschauung*), atávico ao encantamento do sagrado (e o próprio Deus, por suposto, que sofre, por evidência ontológica, deste atavismo), continuou a sentir o sagrado em suas entranhas e aquilo que foi – pelas ciências laicas e pela teologia – refugado como pias lendas do passado continuou e continua a eferverscer, vivo, entre aqueles que, por vezes longe da centralidade das luzes, sustêm a sua periferia de fé – com as luzes próprias da fé –, e vivem a partir dela.

Ainda outra periferia a caracterizar as aparições é a da espontaneidade. É Maria quem toma a iniciativa do encontro, escolhendo a comunidade e as pessoas[66]. As aparições de Maria não decorrem através dos atos litúrgicos oficiais da Igreja, mas irrompem no co-

---

[65] Carlo Maria Martini, *O convite da Maria a nós, pastores*, p. 102.
[66] Carlos Alberto Steil, *As aparições marianas na história recente do catolicismo*, p. 26.

tidiano das pessoas, no seu meio laboral quase sempre[67]. Ou seja, não surgem por força da invocação, do pedido, mas espontaneamente a quem geralmente não esperava tal visita. Neste sentido encontra-se mesmo na periferia litúrgica da Igreja, isto é, as aparições – ou seja, a manifestação de Deus por meio de Maria ao mundo – não se encontram associadas à oficialidade das liturgias da Igreja, mas à liturgia popular, particularmente ao terço. Deus é invocado nas liturgias, mas vem, através da Mãe, como quer e onde quer, e a quem quer. É um modo de agir que, embora não desautorize a liturgia da Igreja, mostra que não é na formalidade do rito – o centro – mas na espontaneidade de sua descida à periferia da piedade popular que Ele – ou ela – se manifesta de forma mais original.

O tema do segredo, recorrente nas principais aparições, sobretudo em La Salette e Fátima, indica, igualmente, um lugar marginal ao fenômeno[68]. A Senhora não fala abertamente a todos; a mensagem – dos segredos – não deve ser vulgarizada. O tema do segredo costuma ser associado aos grupos marginais, ou sectários, que, para a proteção de suas ideias e costumes, necessitam velar – da cultura ou sociedade normativa à volta – aquilo que lhes é peculiar, o seu tesouro próprio.

---

[67] E este é um detalhe que não deveria passar desapercebido, ou seja, se liturgia, etimologicamente, significa "trabalho do povo" ou "serviço público" (*laós* + *urgia*), Maria surge, preferencialmente, no literal trabalho cotidiano do povo, e, muitas vezes, naquele que menos consideração tinha em épocas passadas, isto é, o trabalho rural da guarda de animais. Assim, embora as imagens de aparições de Maria estejam representadas nos nichos e altares das igrejas, ou seja, em seu interior, no ambiente sacro oficial, a moldura que revelam é a do ambiente exterior, paganizado (do latim *pagus*, isto é, campo, lugar rural), da natureza, como a gruta de Lourdes, a azinheira no campo de Fátima, os Alpes de La Salette. Este fato é bastante significativo para a reflexão pastoral na Igreja. Apesar das religiões – em suas molduras oficiais – se apropriarem do sagrado, tornando-se as guardiãs de sua ortodoxia e legitimidade, o elemento sagrado insiste, de forma espontânea, em vir *de fora*, da vida, ou da liturgia comum das pessoas comuns, como no caso da jovem Dorothéa Farina que, em 1944, em Erechim, Rio Grande do Sul, diz ter tido uma aparição de Maria enquanto lavava roupa (Carlos Alberto Steil, Daniel Alves, *"Eu sou Nossa Senhora da Assunção"*. A aparição de Maria em Taquari, p. 176).

[68] Entre 1830 e 1968, foram contabilizados, referentes às 18 aparições mais significativas ou conhecidas no citado período, 32 segredos que terá a Virgem confiado aos seus videntes (Fina D'Armada, Joaquim Fernandes, *Fátima. Nos bastidores do segredo*, p. 285).

Portanto, embora os lugares em que Maria aparece sejam "públicos", os encontros com os videntes são privados, pessoais[69]. O sagrado – sua mensagem – se inscreve, antes de sua socialização, na interioridade, na intimidade do indivíduo. O segredo sagrado é oferecido a partir de fora da esfera profana | cotidiana social, ou vale dizer, da centralidade e cotidianidade, seja civil ou eclesial, que o dia a dia impõe. E mais a margem se mostra quando seus destinatários são crianças que nem sequer sabem ler. É o paradoxo: a estas é dada a responsabilidade sagrada de guardar na memória os desígnios divinos, de ser guardiães deles.

As mensagens das aparições, por sua vez, geralmente estão ligadas a uma época e situação específicas, antes que à história em geral[70]. Contudo, a partir do século XIX as mensagens de Maria são, também, sobre os problemas do mundo alargado, particularmente os relacionados à falta de fé. Afinal, já a partir do fim do século XVIII, com a revolução francesa e com seus ecos pelo mundo – mas também antes, com as grandes navegações, as redes de comércio e com o iluminismo –, começa com mais intensidade a globalização, no sentido de que importantes acontecimentos em um determinado lugar pudessem afetar a muitos outros sítios, e, assim, os problemas, de localizados, alcançam, cada vez mais, abrangência geopolítica e econômica maior. Aqui está, interessantemente, outra característica de margem das mensagens: acontecem em momentos de crise, momentos-chaves, pois "quando a Virgem aparece, é para prestar socorro numa situação difícil"[71]. Tal característica pertence, por exemplo, a Lourdes e La Salette, relativamente aos efeitos que a revolução francesa ainda fazia a França sentir; a Fátima, referentemente ao ápice do anticlericalismo da república portuguesa e ao momento final da

---

[69] Marjo de Theije, Els Jacobs, *Gênero e aparições marianas no Brasil*, p. 43.
[70] Louis Lochet, *Teologia das aparições marianas*, p. 43.
[71] Clodovis Boff, *Mariologia social. O significado da Virgem para a sociedade*, p. 594.

primeira grande guerra; a Kibeho, na África, às portas dos grandes conflitos étnicos que causaram os massacres em Ruanda; a Medjugorje, em plena guerra separatista na ex-Iuguslávia.

Alguém dirá: mas isto significa que tais fenômenos estão no centro da história, em seus momentos mais cruciais e decisivos. Contudo, justamente nestes momentos a Virgem não aparece a generais, presidentes, reis e papas; ou em palácios, catedrais, em meio às tropas. Enquanto, no centro, tais líderes disputam o poder e os rumos da história, Maria aparece aos sem poder, excluídos das histórias oficiais, em locais distantes dos principais palcos e holofotes da política, da Igreja, das guerras. E é desta periferia – não da história, mas daquilo que se convencionou serem os seus centros e personagens propulsores dela – é que a Virgem comunica mensagens que se relacionam, de alguma forma, com a história que está a decorrer.

Finalmente é de se destacar – em sociedades patriarcais e na Igreja cujos ministérios sagrados são reservados unicamente aos homens – uma óbvia marca de marginalidade que tais fenômenos apresentam. Maria, sendo mulher, obviamente apresenta – em aparições, imagens, estampas, ícones – um corpo de mulher, e é preciso tomar isto em conta na sua relação com as pessoas do sexo masculino que a ela se achegam[72]. A mulher, até a segunda metade do século XX, é tida pelos homens, por demais vezes, como um ser perigoso, tentador, e que deve ser dominado e estar sob o jugo do homem, sem muitos dos direitos e prazeres reservados aos homens. Ademais, também é tida – antes do amor romântico – como um ser para a satisfação sexual do homem. *Grosso modo*, este é o entendimento masculino sobre o papel das mulheres ao longo de quase todas as eras cristãs. Portanto, o fato de os homens se dirigirem em oração, devoção e atitudes de honra em relação a uma mulher, com seu corpo, seu *"eros"* específico, suas marcas femininas,

---

[72] Ivone Gebara, Maria Clara L. Bingemer, *Maria, Mãe de Deus e Mãe dos pobres*: um ensaio a partir da mulher e da América Latina, p. 162.

é já digno de nota, isto é, a mulher Maria é mulher que domina, que tem mais direitos e privilégios do que o homem em suas sociedades patriarcais e de negação do feminino.

Mas aqui, também, há de se notar um paradoxo: os homens veem no corpo de mulher de Maria a mãe, a grande Mãe, pois,

> em relação a Maria, a dimensão erótica é mais difusa, embora a ela tenham sido dedicados belíssimos poemas de amor. O que aparece mais na relação a Maria é a busca da mãe, o simbolismo da maternidade que parece ser algo profundamente primeiro e originário no ser humano[73].

Neste caso, Maria não é vista, em certo sentido, como mulher simplesmente, mas na qualidade de mulher mãe, e toda a visão sobre ela parte deste lugar. Ainda que a esposa do guerreiro ou do comerciante também seja mãe, a maternidade de Maria, por ser ligada ao próprio Deus, tem caráter singular. E, neste caso, a dignidade das mulheres ao longo dos séculos cristãos se deu, principalmente, ao gerar (ou a "gerar espiritualmente" e "casar-se espiritualmente", como no caso das monjas). A mulher que não gerasse perderia dignidade, pois estaria longe do ideal feminino e mariano, pois que Maria gerou no seu "sim" diante de Deus.

Ainda sim vale frisar: é mulher[74]. Mulher que aparece com vestido e adornos de mulher (inclusive com joias e brincos, como relatado a respeito da aparição de Fátima). A mulher não está, certamente, no centro das antigas sociedades e, ainda atualmente, não está no centro da Igreja (ao menos no que se refere ao poder). Mais uma vez é das margens que vem o sagrado. Da mulher, a quem Paulo aconselhou – melhor, orde-

---

[73] Ivone Gebara, Maria Clara L. Bingemer, *Maria, Mãe de Deus e Mãe dos pobres*: um ensaio a partir da mulher e da América Latina, p. 162.

[74] Maria é tão colada à vida das mulheres que seus títulos dão nome a milhares de mulheres pelo mundo, tais como Aparecida, Glória, Conceição, Fátima, Lourdes, Salette, Rosário. Mas também a homens: Joãos, Josés e Antonios Maria, dentre outras versões.

nou – ficar calada na Igreja (1Cor 14,34-35) e que, nas sinagogas ortodoxas e nas mesquitas islâmicas, senta-se atrás dos homens, na periferia dos templos, distante de seus centros sagrados. Pois é: é desta periferia que Deus fala, isto é, também a da identidade sexual[75].

Acima podemos comparar as figuras do Rosário e do cromossoma feminino (ou Vênus): Maria pede, nas aparições, para que se reze o Rosário. Simbolicamente será ele algo mais que uma oração? Não é ele a oração feminina por excelência (a ponto de, no Brasil, algumas dioceses promoverem o "Terço dos homens", especificando, assim, que esta devoção – geralmente feminina – também pode ser assumida por círculos devocionais masculinos)?

---

[75] Esta periferia da identidade sexual refletiu-se, a meu ver, de forma paradoxal durante e após o Concílio Vaticano II. É verdade que, por um lado, as teologias da mulher e | ou feministas foram ganhando forma e visibilidade após a reunião conciliar e o chamado *aggiornamento* da Igreja. Mas, por outro lado, Maria foi colocada mais à periferia por certas vagas teológicas que se quiseram mais iluminadas e científicas, rejeitando elementos da piedade popular ou que não tivessem lastro bíblico ou histórico claro (os próprios padres conciliares rejeitaram a redação de um documento conciliar que versasse especificamente sobre a Virgem Maria). Assim, um teólogo acima de qualquer suspeita de suposto "integrismo mariano", como é Karl Rahner (1904-1984), manifestava que "hoje muitos cristãos não falam de Maria porque transformaram a sua fé numa ideologia, e esta não pode ter mãe" (Karl Rahner *Apud* Joaquim, Moisés Rebelo Quinteiro, *Piedade popular mariana*, p. 165). E Balthasar arremata: "é de envergonhar uma cristandade que hoje se envergonhe de sua mãe (...). Procuram-se motivos: o mais triste, mas de modo nenhum ilusório, é decerto o respeito humano, sobretudo nada que dê nas vistas, e que possa dar azo à troça" (Hans Urs von Balthasar, *Veneração hoje a Maria*, p. 27). A teologia envergonhada diante das demais ciências e da sociedade culta, adulta, ilustrada. Poderíamos dizer que, após o Concílio Vaticano II – se interpretado, este, como uma grande sessão de psicanálise e catarse coletiva – alguns católicos de vanguarda superaram o complexo do pai castrador – às inversas, representado pela mãe – e resolveram libertarem-se da mãe | pai?

Quase como apêndice às considerações acima, é preciso citar as aparições da Virgem em Zeitoun. Não conhecem? Então assim se confirma, no pouco ou nenhum conhecimento desta aparição, sua periferia, dado sua pouca visibilidade na Igreja latina. Zeitoun (nome árabe que dá origem à palavra azeite) é um bairro pobre do Cairo, no Egito, habitado por uma maioria cristã copta. Entre 1968 e 1971 a Virgem terá aparecido muitas vezes naquele bairro, geralmente no telhado da antiguíssima igreja de Santa Maria de Zeitoun[76]. Segundo os relatos, surgia a Senhora ajoelhada e a orar, envolvida em brilhante luz, ou, mesmo, estando seu vulto desenhado por intensa luz. Mas o que interessa destacar, aqui, é que tal aparição, apesar da recorrência apresentada, jamais anunciou uma mensagem verbal. A primeira pessoa a vê-la foi um muçulmano de nome Farouk Mohammed Atwa, que sofria com uma gangrena grave e que, no dia seguinte ao da aparição, seria operado no hospital. Não precisou. Após a aparição da Virgem, ao chegar ao hospital para a intervenção cirúrgica, estava curado[77].

---

[76] Conforme a tradição sustentada pela Igreja Copta, a igreja de Santa Maria de Zeitoun foi construída no local em que a Virgem Maria e José, seu esposo, teriam se refugiado quando da fuga para o Egito (Mt 2,13-23).

[77] Teodoro de Faria, *Maria, Mãe de Jesus*, p. 185ss. Farouk M. Atwa era um mecânico de ônibus e terá sido a partir de sua oficina mecânica – que ficava em frente à igreja – que viu uma mulher no cimo da torre da igreja, que Farouk pensou ser uma freira a tentar o suicídio. Fato é que a visão do vulto de luz, interpretado depois como uma aparição da Virgem, prosseguiu por cerca de três anos e multidões – inclusive o então presidente egípcio Gamal Abder Nasser – terão testemunhado o recorrente fenômeno, sendo que a luz emitida aquando do fenômeno terá sido captada por fotógrafos e por redes televisivas egípcias (Disponível em: https://en.wikipedia.org/wiki/Our_Lady_of_Zeitoun. Acesso em 23 de novembro de 2015). Conforme avança interpretativamente o citado sítio da Wikipédia, "as aparições ocorreram em um período de crise na história do Egito e, de acordo com este ponto de vista, serviram como um farol de paz e unidade para os egípcios de todos os credos". Segundo Teodoro de Faria – e outras fontes – o Papa Paulo VI "reconheceu as aparições como uma visita de Maria" (Teodoro de Faria, *Maria, Mãe de Jesus*, p. 187). Aqui mais uma vez é bom referir: ocupa-me a hermenêutica do episódio, não a sua suposta autenticidade (do que falamos ao referirmo-nos à autenticidade de um evento? Quais os paradigmas que usamos para definir "autenticidade"?). Ou seja, parto do princípio de que o teor simbólico do evento é o que o torna autêntico, isto é, o efeito que certos eventos ou fenômenos possam vir a ter sobre aqueles que neles creem é o que os autentica e legitima, não só enquanto criadores de fatos sociais, mas também enquanto criam fatos teológicos e pastorais, se assim posso nomear. Portanto também assumo, em boa parte, o código linguístico do vidente ou do crente, em viés compreensivo.

Durante os anos das aparições de Zeitoun, a Virgem terá aparecido a cristãos e muçulmanos e, em seu silêncio orante, jamais terá pedido a construção de uma capela ou templo para si, conforme costuma acontecer nas demais aparições.

Penso que nesta aparição encontra-se outra periferia, isto é, a da unidade. Sim, da unidade, ou, com mais realismo, a da tolerância, pois que a regra – no mundo e, também, na Igreja, que vive no mundo e a ele muito deve – não é a unidade, mas a divisão; não a tolerância, mas a intolerância com o diferente, com o outro. Sem mais gastar tinta com este óbvio, percebo que as aparições de Zeitoun manifestam interessante modelo de convivência – o que é mais do que diálogo – interreligiosa. A Virgem, surgindo naquele ambiente partilhado por duas religiões diferentes, não pede a construção de um templo. Afinal, os templos delimitam as identidades que, necessárias ou incontornáveis que sejam, são, de todo modo, fatores de distinção que, embora em si mesmos nada tenham de mal, quando vividos, entretanto, de forma equívoca (como, infelizmente, quase sempre acontece), dão lugar a preconceitos e à incompreensão. Mas a Virgem não distingue em Zeitoun: aparece a muçulmanos e cristãos, e o primeiro a vê-la e a experimentar um milagre foi um muçulmano. Surge no telhado da igreja, portanto fora dela, não dentro, como a manifestar que está acima de templos e tradições religiosas, embora culturalmente ligada aos tais. Não verbaliza mensagem, afinal, são os conceitos, oferecidos nas palavras, que tantas vezes minam as convivências. Os gestos e o silêncio aparecem, aqui, mais eloquentes do que a palavra. Aqui Maria é só uma luz, um símbolo, que poderá ser compreendido e apreendido de forma ainda mais livre do que nas demais aparições. Aqui, basta que se cumpra Jo 4,23.

4. Maria contra Maria? As lutas simbólicas

Até aqui busquei revelar o caráter periférico e marginal, em sua simbólica, que as aparições dos últimos dois séculos apresentam. Contudo, relativamente às aparições que a Igreja aceita como dignas de fé, isto é, que não contradizem a fé e a moral cristã, é necessário dizer que, não as contradizendo – conforme o julgar da Igreja –, podem fazer mais: reforçar a doutrina. Quanto a isto Lochet[78] chama a atenção para que, nas aparições – ao menos as dos séculos XIX e XX –, os tons doutrinários – que apontariam para a autenticidade das aparições | mensagens – são, por exemplo, o sentido do pecado e o da redenção, da penitência e da oração. Também elementos simbólicos da autoridade eclesiástica são enfatizados em algumas aparições, como em Portugal, por exemplo, em que "Fátima sustenta a figura do papa, porque a figura do papa é legitimada na mensagem de Fátima"[79]. Em La Salette e em Fátima os segredos são enviados diretamente aos respectivos Papas de cada época, salientando-se, assim, a referência à autoridade legítima em guardá-los e interpretá-los.

Um exemplo loquaz é o de Pio X. O referido pontífice pediu, certa feita, a dois cardeais que compusessem uma oração à Virgem-Sacerdote. O Santo Ofício, porém, em 1916 – após a morte do Papa – proibiu as imagens em que Maria, a reboque desta oração, figurava em vestes talares de sacerdote[80]. Aqui se pode ver, sob o pontificado deste Papa que lutava contra a modernidade *intra* e *extra eclesiam*, o apogeu da concepção de Maria como aquela que é imagem e portadora da ortodoxia e dogmas da Igreja, ou seja, Maria como sacerdote. As aparições – ocorrendo em épocas e cenários contextuais em que a Igreja se debatia,

---

[78] Ver a obra de Louis Lochet, *Teologia das aparições marianas*.

[79] Joaquim Franco, *Leitura (im)possível de uma visita. Significados e o não visível na visita de Bento XVI a Portugal*, p. 36.

[80] Jacques Duquesne, *Maria*, p. 137.

com todas as suas forças, contra as heranças do Iluminismo e de sua filha mais dileta, a Revolução Francesa – revelam que Maria é alçada agora – como no passado em relação aos mouros e hereges – na garante da legitimidade da Igreja e de sua voz.

Entretanto o mais interessante de todo este percurso – da periferia simbólica à centralidade doutrinal – é que a Virgem das aparições une, nesta ortodoxia da mensagem de fé, dois lados nem sempre muito fraternos no seio da Igreja, isto é, os grupos e as tendências teológicas centrais que se mostram mais à direita em teologia, eclesiologia e política; e os grupos e as tendências teológicas que se mostram mais alternativos – ou mais flexíveis ou à esquerda – em teologia, eclesiologia e política. Ambos reconhecem que as mensagens das aparições refletem uma teologia que reforça lugares teológicos (e posições políticas) tradicionais e oficiais da Igreja em sua face central. Contudo, apesar deste uníssono reconhecimento, as pazes terminam aí. Os primeiros incensam as aparições; os segundos – ainda que à boca pequena – costumam ter reservas, e críticas, às aparições *por causa* de suas mensagens.

De certa forma esta é, ainda que sob outras formas, questão antiga. Não é toda Maria que circula(va) bem em todos os estratos sociais, e não são todas as camadas sociais iguais nas suas preferências marianas. A devoção a Nossa Senhora do Rosário, por exemplo, foi, no Brasil, incentivada para os escravos negros, e, de fato, os tais a adotaram. Nossa Senhora da Glória, entretanto, era devoção entre as elites. Atualmente, também devoções como Schoenstatt são mais restritas a certos grupos sociais, enquanto outras são mais afeitas a grupos opostos.

Nomeadamente pode-se dizer – não sem certo risco de generalizações – que os grupos eclesiais mais à esquerda, tanto em teologia como em política, são aqueles que mais se constrangem com as mensagens das últimas grandes aparições, particularmente com a de Fátima, posto que as mensagens tenderiam a reforçar papéis ou temas tradicionais na Igreja, como penitência, oração do Rosário, jejum, inferno; no campo político, além de não promoverem uma agenda mais à esquerda, as mensagens tenderiam a reforçar modelos sociais mais à direita, contra o comunismo e o secularismo. Quanto a isto De Fiores[81] indica que, no pós-concílio, houve uma "crise mariológica", e que o "progressismo" resultante do Concílio Vaticano II critica Fátima por sua ortodoxia e pelas práticas devocionais que favorece. Faz-se a crítica de que nas aparições – ao menos as modernas – a Virgem assumiria um caráter "nitidamente ideológico", com mensagem de salvação do povo das garras do comunismo, dos perigos da sociedade moderna e recomendando "orações, jejuns e penitências"[82].

Contudo, poderíamos fazer a seguinte reflexão: apontar como ideológicas as mensagens das aparições – por supostamente mostrarem-se contra o comunismo e a sociedade moderna – não pressupõe, também, opções possivelmente "ideológicas", ou de certa simpatia em relação a socialismos e modernidade? Ou, por outra via, façamos um exercício retórico e apenas retórico: por que Deus e, por sua vez, Maria, não poderiam, de fato, ser contra o comunismo e contra a sociedade moderna, e deixar isto explícito, a modo de mensagens preventivas em aparições aos católicos? Deus, assim, deixaria de ser Deus, e Maria deixaria de ser sua Mãe em Jesus Cristo? Perderiam legitimidade?[83] Analogamente, seria possível perguntar: e se Abraão – na suposição de que fosse um homem *avant la lettre* – resolvesse encarar Deus e dizer: "Hei, que história é essa de me mandar matar meu filho? E os direitos humanos? E

---

[81] Stefano De Fiores, *Figura bíblica de Maria e sua inculturação popular*, p. 537.

[82] Ivone Gebara, Maria Clara L. Bingemer, *Maria, Mãe de Deus e Mãe dos pobres*: um ensaio a partir da mulher e da América Latina, p. 160.

[83] Sem querer entrar no mérito ou juízo das opções políticas e filosóficas deste ou daquele grupo, é preciso, entretanto, a modo retórico – mas com honestidade intelectual – questionar nosso lugar, visão de mundo e opções intelectuais. Tal exercício pode ser feito para ambos os lados, direita ou esquerda.

a paternidade responsável?" Mas faltava a Abraão a racionalidade moderna que a tudo julga e submete. Era ele apenas um homem movido pela fé! Só lhe restava, portanto, a alternativa de deixar Deus ser Deus – mesmo este volvendo, a ele, a Sua face mais incompreensível –, sem explicações lógicas ou convenientes. O final da história é conhecido.

Sabemos que atitudes cristãs e católicas como penitência, jejum e oração são recomendações de Jesus e dos autores do Novo Testamento (Mt 3,2; 6,16-18; 26,41). Talvez o problema seja a perspectiva da realização de tais atos, isto é, quando, instrumentalizando-os, são feitos a visar algum equivocado desagravo a Deus por supostos males da sociedade moderna ou para perpetuar modelos societários e políticos tidos por mais agradáveis a Deus, desautorizando ou mesmo demonizando modelos que, pensa-se, contrariariam a doutrina católica. Embora a preocupação sobre a perspectiva seja compreensível, talvez também seja necessário enxergar esta questão por outros ângulos. Assim, é possível perguntar: se sou fiel e sincero católico – e jejuo, penitencio-me e oro para, na minha sincera fé, sanar os males que considero – a partir de minha perspectiva de fé – existir na sociedade moderna, tais atos, realizados nesta sincera fé e intenção, seriam menos autênticos (no sentido da legitimidade da *experiência religiosa*), apenas de cunho ideológico?[84]

Talvez o olhar profundo de Unamuno nos ajude:

> E Deus existe em cada um conforme cada qual o sente e ama. 'Se de dois homens – diz Kierkegaard – um reza ao verdadeiro Deus, sem sinceridade pessoal, e o outro adora a um ídolo com toda a paixão do infinito, é o primeiro que, na realidade, adora a um ídolo, ao passo que o segundo adora, em verdade, a Deus'. O Deus ver-

---

[84] Para Teodoro de Faria (*Maria, Mãe de Jesus*, p. 179), "a crise mariológica [após o Concílio Vaticano II] quis atingir Fátima com um progressismo demolidor, opondo-se à piedade popular, ainda que a mensagem de Fátima se mostre isenta de vestígios de integrismo".

dadeiro – para bem nos exprimirmos – é Aquele a quem se reza e se deseja de verdade. E até a própria superstição pode ser mais reveladora do que a teologia. O velho Padre de longas barbas e cabelos brancos, que aparece entre as nuvens, tendo na mão a bola do mundo, é mais vivo e mais verdadeiro do que o *ens realissimum* da teodiceia[85].

Eu diria que, a partir de uma abordagem afeita à ciência da religião[86], é preciso deixar que os fenômenos falem por si, e considerá-los legítimos a partir de si mesmos, de suas existências enquanto fenômenos, em sua verdade enquanto fenômenos, sem que o olhar se volte para os fenômenos e suas mensagens *a partir de pressupostos externos a eles*. Embora que, de todo, isto seja impossível – e mesmo as linhas desta obra o provam – é, no entanto, o horizonte a ser perseguido.

Retornando à perspectiva crítica sobre o fenômeno das aparições e de suas mensagens, é legítimo perguntar "por que as mensagens dos videntes são tão intimistas, raramente chamando os fiéis ao compromisso com a justiça e à luta por uma nova sociedade?"[87]. Mas, penso, também seria legítimo inverter esta perspectiva e perguntar por que deveriam, as mensagens, instigar às lutas e a determinado conceito de justiça? Por que deveriam as mensagens das aparições – em seu conteúdo – estar mais próximas a determinada compreensão teológica de justiça e de ação na sociedade, do que

---

[85] Miguel de Unamuno, *Do sentimento trágico da vida*, p. 135.

[86] Que nem sempre goza de muitas simpatias pelas esquerdas acadêmicas e teológicas, devido a desejar – idealmente, é claro, – uma atitude "neutra" em relação ao fenômeno religioso, considerando-o legítimo *per se*, ou seja, *pelo próprio fato de manifestar-se*; e, por outro lado, por ter certa simpatia, também *per se*, pelos fenômenos religiosos em geral – a partir de escolas histórico-fenomenológicas –, isto é, por considerá-los como experiências numênicas dos indivíduos e das sociedades, sem o *a priori* de se fazer um juízo de valor sobre a objetividade supra-natural destes fenômenos, ou sobre seu suposto "papel ideológico", isto é, independentemente se tais experiências têm objetividade de correspondência com algo que esteja, de fato, para além do horizonte natural ou real, e, aqui, encontra-se outra discussão filosófica sobre conceitos como verdade, real e objetivo que, evidentemente, extrapolam meus intentos neste opúsculo.

[87] Afonso Murad, *Quem é esta mulher? Maria na Bíblia*, p. 32.

próxima a outras formas de compreensão sobre estes temas?[88] Por que deveria a Virgem – assim como toda a gente – fazer valer *as nossas* opções teológicas e sociológicas? Será possível mirar – em tudo aquilo que está envolto nas aparições – mensagem nobre, profética e verdadeira (ao menos no sentido de honesta), apesar de nós, isto é, de nossas inevitáveis identidades que influenciam, para o bem e para o mal, as nossas percepções – e o nosso *pathos* – a respeito dos fenômenos das aparições e de suas mensagens?[89]

Houve época em que se enfatizava o Deus do juízo e da condenação, em prejuízo do Deus da misericórdia, do amor. Houve época – mais recente e, de certa forma, ainda presente – em que a ênfase, ao contrário, era o Deus de amor infinito, que tudo perdoa e tolera, em detrimento do Deus que também é juiz, soberano. Ora, Deus é Deus, e seu mistério envolve as sombras de várias faces e é necessário deixar que Deus seja Deus em seus paradoxos[90]. Ouso pensar que Deus não é isto ou aquilo, mas está *entre* isto e aquilo. Deus, arrisco dizer, é Deus de paradoxos, e que, por ser

---

[88] Sem cair em relativismos, pergunto: há apenas uma leitura e hermenêutica bíblica ortodoxa de temas como justiça e liberdade, por exemplo? Não é verdade que há uma miríade de hermenêuticas referentes ao clareamento de conceitos e ideias contidos na Bíblia, desde as chamadas fundamentalistas e integristas, até as feministas e *queer*, todas elas com suas também por vezes incontáveis subdivisões internas?

[89] O teólogo e exegeta Rudolf Bultmann assinalou, com justeza, que "toda exegese dirigida por preconceitos dogmáticos não ouve o que o texto está dizendo, mas fá-lo dizer o que ela quer ouvir" (Rudolf Bultmann, *Será possível a exegese livre de premissas?*, p. 224). Portanto, em sentido inverso, também será possível dizer que toda exegese ou hermenêutica dirigida por concepções teóricas pré-definidas faz com que o texto | mensagem revele o que se deseja dele entender. Mas não vou entrar aqui na complexa discussão sobre a impossibilidade de uma hermenêutica sem qualquer *a priori*, seja qual for.

[90] Talvez fosse importante um estudo à parte sobre o conceito de *paradoxo* que, por ser também paradoxal (sic), é de difícil apreensão. Já quanto à discussão das faces ocultas de Deus, ou do *Deus absconditus*, é tema que desde o bíblico Jó, passando por Paulo – em sua teologia da cruz –, Agostinho de Hipona e João Calvino, é clássico na teologia, embora que, de alguma forma – principalmente na racional modernidade (também teológica) sensível à justiça e ao amor – pareça sempre entrar pela porta dos fundos da reflexão teológica, ou porque é difícil (e constrangedor), ou porque é antipático.

Deus, não precisa se justificar a ninguém[91]. E Maria? Já não cantou sua mensagem de libertação e de opções políticas e sociais no *Magnificat*? Já não carregou, em sua história, as marcas de mulher pobre, solidária, corajosa? Sem dúvida! Mas também não pode ela mostrar-se plural, paradoxal – ao menos para nossa sempre limitada e parcial visão – em suas manifestações aqui e acolá? Nunca é demais lembrar que Maria é mais que uma personagem histórica; Maria é um símbolo de fé e, como tal, vai além das margens que Igreja e teologia agregam a ela. Conforme Grimaldi[92]: "ao lado da verdade puramente histórica, existe uma verdade mais íntima, mais alta e mais decisiva".

Constata-se, muitas vezes, certa indiferença ou mesmo hostilidade dos setores à esquerda, na Igreja, para com as aparições marianas e suas mensagens nos dois últimos séculos. Mas a esquerda eclesiástica e teológica, particularmente nos países do chamado terceiro mundo ou naqueles países ditos emergentes, não é justamente a que procura discernir os "sinais dos tempos" e a presença de Deus no meio dos mais pobres, esquecidos, marginalizados, explorados, periféricos? Já foi esclarecido, mas não

---

[91] Para a sensibilidade moderna, Deus, agindo assim, pode ser considerado um déspota e tirano totalitário. Mais uma vez aqui está o nó: os critérios estão em nós, em nossa cultura, no círculo de nossa *intelligentsia*. O exemplo mais fascinante da literatura religiosa continua a ser, sem dúvida, o do livro de Jó. E, aqui, há duas chaves para se defrontar com Deus: a que usa Chesterton, quando, comentando a resposta final de Deus a Jó, escreve que "a recusa por parte de Deus de explicar os seus desígnios é, em si própria, um indício ardente dos Seus desígnios. *Os enigmas de Deus são mais satisfatórios do que as soluções do homem*" (Apud Slavoj Zizek, *A monstruosidade de Cristo*, p. 46, grifo meu). E, complementando, Zizek sublinha que, "[Deus] resolve o enigma suplantando-o por meio de um enigma mais radical, redobrando o enigma (...). Deus responde-lhe com um ponto de exclamação. Em vez de mostrar a Job um mundo explicável, insiste em que se trata de um mundo muito mais estranho do que Job alguma vez pensou" (Slavoj Zizek, *A monstruosidade de Cristo*, p. 46. O autor se refere à resposta de Deus, em Jó 38). Ou "nos termos da teodiceia, não há resposta possível perante o sofrimento de Job. Deus refere-se, por conseguinte, a qualquer coisa que é muito diferente de tudo aquilo que pode ser exaustivamente veiculado por conceitos racionais, e remete para o prodígio absoluto e puro que transcende o pensamento, para o mistério apresentado sob a sua forma pura e não racional" (George Steiner, *Gramáticas da criação*, p. 60). Quanto ao tema dos paradoxos da fé e da religião, remeto, ainda, às obras de Tomás Halík.

[92] *Apud* Clodovis Boff, *O cotidiano de Maria de Nazaré*, p. 19.

nos custa relembrar: quem eram os videntes das aparições dos séculos XIX e XX? Os últimos, crianças, maltrapilhas, pobres, ignorantes, do interior dos interiores, periféricas, leigas. O leitor já deve ter olhado para as fotografias delas à época das aparições: não se parecem com os que frequentam as igrejas nos meios rurais, nas periferias, nos subúrbios, nas zonas de maior pobreza? Contudo, suspeito e pergunto: não serão simples por demais tais videntes – e sua piedade –, de tal forma que não se encaixam em teologias que, ainda que libertárias em relação aos pobres, carregam notas secularizantes ou que resistem às rusticidades de certas piedades tradicionais? Aqui novamente está o paradoxo, agora outro, isto é, "a eventual prevalência de gente humilde e pobre entre as multidões de peregrinos suscita leituras elitistas sobre o fenómeno de Fátima"[93].

Mas serão assim tão "conservadoras" as mensagens recebidas pelos videntes? Sim, certamente que, para os paradigmas intelectuais, teológicos e eclesiológicos vigentes em determinados espaços da Igreja, a mensagem é o que mais incomoda. Mas não são, justamente, estas mensagens dadas aos pobres e pelos pobres? Não são elas a da piedade e gosto popular? Não são *de base*, neste sentido? Teria sido melhor, talvez, que em Fátima Maria tivesse dito que a revolução bolchevique era um prenúncio da vinda do Reino de Deus? Caso assim fosse, Fátima seria instrumentalizada para uma visão socialista da teologia, assim como foi (e é) instrumentalizada, muitas vezes, para uma visão teológica de crítica severa ao comunismo e a qualquer reflexão teológica que flertasse com pressupostos socialistas. Teria sido melhor que as mensagens, ao invés de enfatizarem o Rosário e a penitência, tivessem enfatizado a mobilização das lutas populares e a resistência aos regimes ditatoriais? Pronto: as aparições seriam o apanágio das teologias

---
[93] Joaquim Franco, *Leitura (im)possível de uma visita*. Significados e o não visível na visita de Bento XVI a Portugal, p. 37.

libertárias – em seus vários tons – da atualidade[94]. Quem sabe Maria poderia ter falado sobre a importância da emancipação da mulher, ou mesmo tivesse sorrido para a teoria de gênero e, ao invés da visão do inferno, tivesse proporcionada a visão do paraíso socialista?[95] Mas não. Quanto a isto, Boff[96] é de uma lucidez pouco comum:

> como falar uma linguagem exigente, em termos de ética política, para gente simples e para multidões religiosas? (...). Nesse ponto, a Virgem entende mais de povo do que muito político e analista social, e demonstra mais senso pedagógico de 'condescendência' do que muito agente de pastoral e educador popular.

Ou, conforme Fernando Ventura, Fátima seria o "psicólogo" que o povo não pode ter[97]. Em perspectiva aparentemente semelhante, mas com os devidos tons contextuais, Clodovis Boff comenta, ainda, o caso das mensagens nas aparições de Medjugorje, sublinhando que as mensagens não se referem

> tanto à clássica 'questão social' (desemprego, globalização liberal etc.), mas a uma questão mais inquietante: a *Sinnfrage*. De fato, a pergunta pelo sentido da vida é a nossa 'questão epocal'. Essa se exprime no desamparo existencial, na desorientação ética, enfim, na falta de uma bússola que norteie a busca da própria identidade e do próprio destino. E os po-

---

[94] Ao evidenciar que Maria não fala a "linguagem da Teologia da Libertação", Clodovis Boff afirma que esta ausência "a preservaria [a mensagem] em boa medida das tentativas de manipulação política" (*Mariologia social*. O significado da Virgem para a sociedade, p. 628).

[95] Em Fátima a Virgem pede a Lúcia que aprenda a ler. Este detalhe parece passar desapercebido, ou seja, que em uma sociedade de analfabetos, em que a maior parte das crianças pobres não podia frequentar as escolas – ainda mais nos meios rurais –, seja por não havê-las para elas, seja por terem que trabalhar e, assim, não poderem estudar, a Virgem – num evento, por suposto, de extrema importância sobrenatural, sagrado – faça o aparentemente "banal" (mas de forma alguma banal para um analfabeto) pedido para que uma criança roceira e pobre aprenda a ler. Isto não parece revolucionário (à esquerda)?

[96] Clodovis Boff, *Mariologia social*. O significado da Virgem para a sociedade, p. 629.

[97] *Apud* Joaquim Franco, *Leitura (im)possível de uma visita*. Significados e o não visível na visita de Bento XVI a Portugal, p. 38.

bres? Sim, Maria continua a se dirigir aos pobres, mas trata-se agora dos 'pobres existenciais'. E, porque contém uma mensagem que se ajusta aos tempos globais (...), quanto mais niilismo, mais aparições[98].

De qualquer forma cabe aqui, ainda, um reparo: sem dúvida que a grande crise da pós-modernidade é a do sentido, da identidade, das perguntas sem respostas, da falta de substância; contudo, os pobres "físicos" que experimentam fome, miséria, insalubridade, abandono e exclusão continuam a existir, e também são cada vez mais numerosos e, antes de se perguntarem pelo sentido, clamam pela comida e dignidade. A estes, como à mulher cananeia e seu cachorrinho (Mt 15,21-28), não sobra nenhuma migalha da mensagem? Entretanto, prossegue o eminente teólogo:

> São conselhos afins à mentalidade pós-moderna, marcada pelo 'fator psi' e sequiosa das técnicas de autoajuda. O destinatário privilegiado de Medjugorje não é mais a população rural, mas a urbana. Os pobres que ela atinge são, sobretudo, os destituídos de relacionamento, de motivação e de sentido[99].

Enfim, Boff destaca que o objetivo das aparições não é, primeiramente, sociopolítico, mas religioso. Mas, estando o religioso encarnado no mundo e sociedades reais, e não flutuando no espaço, Boff destaca que cada aparição, a seu tempo e em seu contexto, está sintonizada com a macro-história, sendo, as aparições, pontos de "inserção" de Deus na história. Assim, Lourdes significa o enfrentamento da fé com o racionalismo ocidental; Fátima uma profecia antitotalitária; Aparecida o sinal do início da nacionalidade[100].

---

[98] Clodovis Boff, *Mariologia social.* O significado da Virgem para a sociedade, p. 637.
[99] Clodovis Boff, *Mariologia social.* O significado da Virgem para a sociedade, p. 637.
[100] Clodovis Boff, *Mariologia social.* O significado da Virgem para a sociedade, p. 644.

Contudo, "o fato é que as aparições se colocam mais do lado do povo que do lado do poder constituído, seja esse de direita ou de esquerda"[101]. Se Maria pede, quase sempre, a tríade conversão, oração e penitência, não é, tal pedido, sinal de banalidade, mas justamente o contrário, de centralidade cristológica, da essência da boa-nova, ou seja, nestes três pedidos-anúncios está, nada mais, nada menos, o que Jesus pedia aos seus (Mc 1,15; Mt 26,41; Lc 13,3)[102].

Ademais é de interesse citar, quanto a este estranhamento sentido, por alguns teólogos, entre a Maria do *Magnificat* e a Maria das aparições, a palavra abalizada do exegeta Carlo Maria Martini[103], que anota que, mesmo quando se trata de palavras consideradas autênticas – ditas por Maria nas aparições – são, palavras e linguagem, profundamente diferentes da linguagem bíblica. Mas pergunto: a linguagem da Igreja – em suas encíclicas e documentos –, e a dos púlpitos são tal qual a linguagem bíblica? E não sofre, a linguagem, o influxo dos tempos e culturas? Deveria Maria – no que tange à língua, por exemplo – falar aramaico ao índio mexica Juan Diego? Vestir-se como uma menina da Nazaré bíblica aos videntes de La Salette? Usar termos próprios da cultura mediterrânea do século I aos videntes de Fátima? Sim, sei, o eminente cardeal refere-se ao conteúdo da linguagem, não à forma. Mas estaria o conteúdo das mensagens em contradição com o conteúdo bíblico? Foi esta a interpretação da Igreja referente às grandes aparições?

---

[101] Clodovis Boff, *Mariologia social. O significado da Virgem para a sociedade*, p. 620.
[102] Clodovis Boff, *Mariologia social. O significado da Virgem para a sociedade*, p. 625.
[103] Carlo Maria Martini, *O convite da Maria a nós, pastores*, p. 103.

5. A imagem de um mundo em crise nas imagens de Maria

La Salette, enquanto primeira grande aparição do século XIX a tomar caráter global, constitui-se no paradigma primário das demais aparições posteriores. A imagem símbolo da Senhora da Salette é a que ela aparece aos prantos[104].

Figura 10. Procissão da 80ª Romaria de Nossa Senhora da Salette, Santuário de N. Sra. da Salette, Marcelino Ramos | RS, 2015.

Em setembro de 1846 há a aparição de Maria, em La Salette, para duas crianças pobres, pastores de aldeia. O contexto é o da pós-revolução francesa, da perseguição à Igreja, anticlericalismo e laicização do Estado e da vida das pessoas. Neste sentido a aparição, e sua mensagem, são interpretadas como a

---
[104] Jacques Maritain (citado por Carlo Maria Martini, *O convite da Maria a nós, pastores,* p. 74) diz, a respeito do choro de Maria em La Salette, que "se a Senhora chorou, se falou daquele modo, quer dizer que no conjunto de sinais que os homens podem compreender nada mais podia expressar melhor a inefável realidade de tudo quanto acontece no céu". Aqui há dois dados: o simbólico, ou seja, nos atos simbólicos é que, para o povo, acontecem de fato as mensagens e a sua compreensão visceral; o doutrinal, isto é, o filósofo está convencido de que, ao choro, corresponde realidade objetiva de que Deus de fato sofre, e muito, pelo que acontece entre os humanos.

desforra dos humilhados diante da república laicista e burguesa, e diante do iluminismo[105].

Contudo, chamo a atenção para que, embora as aparições representem a vitória da Cidade de Deus sobre a Cidade dos Homens, em La Salette – como em Akita, no Japão[106] –, Maria aparece com duas características que a marcaram desde a Idade Média e sempre estiveram, como já vimos, enraizadas na cultura e piedade popular: suas dores e sua misericórdia.

A Senhora da Salette surge chorando pelos pecadores, pela época. E chora porque tem misericórdia do mundo, das pessoas, e quer salvá-los. O motivo da tristeza e da dor é que – conforme o relato original da aparição – muitas pessoas desprezam o preceito dominical de ir à missa, zombam das coisas de Deus e já não rezam. Ou seja, uma mensagem para os tempos iluministas e laicistas pós-revolução

Figura 11. A face da Mãe dos prantos

---

[105] Joachim Bouflet, Philippe Boutry, *Um segno nel cielo. Le apparizioni della Vergine*, p. 109-144.

[106] Em Akita, no Japão, Maria terá aparecido, em 1973, à freira Agnes Sasagawa, através de uma imagem que exalava sangue, suor e lágrimas. Os pedidos da Virgem eram por conversão e oração para evitar o castigo divino.

francesa[107]. A misericórdia de Maria, portanto, dá-se também de outra forma, isto é, através da manifestação de tristeza justamente porque as pessoas já não buscam abrigar-se sob seu manto de misericórdia ou, em uma palavra, já não buscam a Deus (e muito menos a ela). Pictoricamente é também necessário mencionar o grande crucifixo que pende do busto de Maria, em outra de suas representações em La Salette. Um enorme crucifixo ladeado de um martelo e de um alicate, evidenciando o sacrifício de seu Filho pela humanidade.

Figura 12. Nossa Senhora da Salette a chorar (Santuário de La Salette, França).

A dor e a misericórdia de Maria, que se misturam por causa da tibieza e abandono da religião, mostram-se, sobretudo, na mensagem dada a Melânia e Maximino, isto é, de que estava a segurar o braço de seu Filho que, a qualquer momento, poderia cair inclemente sobre este mundo, por conta do pecado a nele grassar. Mais uma vez o tema da misericórdia de Maria aparece, naquela que tarda o castigo e que chora pelos pecadores. Mas doravante não é mais a misericórdia

---

[107] Embora que também na Idade Média, guardadas as devidas proporções, a vida cristã não era tão mais pia como se quer crer, pois que "sabemos que à época a santidade era pouca, pelo menos para os nossos padrões. A descrição de Jean Delumeau não é simpática para o baixo clero medieval: bêbedo, boçal, semi-iletrado, amancebado, composto de funcionários itinerantes a soldo. O alto clero, de onde saiu muito santo elevado aos altares, tão-pouco nos soa a modelo: em mancebias não se ficava atrás dos párocos e os seus compromissos com a aristocracia não parecem muito santos nem próprios da pacatez evangélica. Quanto aos leigos – à massa dos leigos – os relatos são de 'miséria espiritual'" (Joaquim Costa, *Sociologia da Religião*. Breve introdução, p. 54).

pela misericórdia. É a misericórdia vinculada a uma mensagem específica: os males do mundo moderno vão contra a fé sã em Deus. Daí o sofrimento da Virgem e sua manifestação de misericórdia em deter o braço de Jesus. É antiga a ideia, em certas escolas espirituais, de que Maria sustenta o braço ameaçador da justiça divina[108], ou que impede que as flechas da justiça divina cheguem aos humanos, como já visto. Paul Claudel, citado por Martini[109], acerta em cheio ao dizer: "ela sustém o braço de seu Filho. Mas, então, o Filho não é mais onisciente e onipotente? Tudo coisas que uma teologia sombria tem dificuldade em justificar, mas que o coração compreende...". De fato o povo faz teologia com o coração, com as entranhas. E não é esta a boa teologia?

Figura 13. Fátima e pastorinhos, por Ronaldo Mendes[110].

A aparição de Maria em Fátima, por sua vez, seria um importante evento a sinalizar o aspecto mais doutrinário da figura de Maria na atualidade. Mas este aspecto também está relacionado com a dor e a misericórdia. Suas mensagens têm relação com admoestações sobre o inferno, eucaristia, penitência e sobre formas de reforçar a santidade entre os humanos.

---

[108] Edward Schillebeeckx, *Maria, Mãe da redenção*. Linhas mestras religiosas do mistério mariano, p. 100.

[109] Carlo Maria Martini, *O convite da Maria a nós, pastores*, p. 115.

[110] É interessante perceber como devoções modernas particularmente populares, como Fátima e Aparecida, ganham, na arte, contornos coloridos e, principalmente, ingênuos no sentido de sublinhar o caráter afetivo e pueril relacionado à imagem e devoção. Talvez a arte, nestes casos, traduza bem a afirmação de Ir. Lúcia: "Claro que é uma mentalidade infantil, mas ela ensina-nos a levantar o nosso olhar para o Céu" (Ir. Lúcia de Jesus, *Quinta Memória*).

Em Fátima Maria revela o seu coração imaculado, envolto em espinhos (como que a simbolizar as dores de Jesus Cristo e dela própria, Maria, em relação aos pecados e ao mundo afastado de Deus); o Rosário pende de seus braços como seu distintivo aconselhado aos cristãos; a brancura das roupas sugere a paz em plena dor causada pela 1ª Guerra Mundial. A coroa, colocada pela piedade popular, está como símbolo de seu governo sobre o mundo.

O Rosário, que desde Lepanto, principalmente, foi compreendido como arma do cristão católico contra mouros, protestantes e hereges, tem sua importância enfatizada pelos Papas dos séculos XIX e XX como sendo meio eficaz no combate ao modernismo e, em Fátima, é enfatizado como meio para a salvação. Sua mensagem a respeito da Rússia e de seus "erros" que iriam se espalhar pelo mundo antecipa o acontecimento histórico da revolução russa e coloca um prévio juízo de valor sobre a mesma: o cristão não poderia comungar com o comunismo[111]. Em contraponto se prevê a "conversão da Rússia", desde que ela seja consagrada a seu imaculado coração, ou seja, posta sob seu domínio maternal. Assim que vários grupos eclesiais viram na imagem e mensagem de Fátima um modelo para combater o comunismo.

Maria fala a crianças humildes de uma pequena aldeia portuguesa no contexto da república anticlerical instalada em 1910. O reforço da fé e doutrina católicas, portanto, é também mensagem a um meio cada vez mais laicista e hostil à religião, e não só em Portugal. Conforme Allegri[112]:

---

[111] A mensagem não fala explicitamente do comunismo. Aliás, é bom lembrar, a revelação completa desta mensagem, por Lúcia, só ocorre em 1941, quando a Rússia já encontrava-se no cenário de uma oposição político-social e ideológica em relação às nações do Ocidente; e, igualmente, o cenário contextual da revelação, por escrito, dos segredos, é o da 2ª guerra mundial.

[112] Renzo Allegri, Roberto Allegri, *Os milagres de Fátima:* a história narrada pelo sobrinho de Irmã Lúcia, p. 172s.

Tratava-se de verdades já conhecidas, contidas na doutrina tradicional da Igreja, mas que, descuradas na formação normal das pessoas, esquecidas por quase todas, correm o risco, em certo sentido, de perder toda a sua eficácia (...) sobretudo nas décadas futuras, em que tais verdades viriam ainda a ser mais negligenciadas e postas em dúvida.

Figura 14: Nossa Senhora de Fátima (Fatinha), por Luciana Severo.

Fiquemos com estes dois exemplos das formas novas em que a Virgem comunica sua dor e misericórdia ao mundo: apontando – explícita ou implicitamente – os erros contemporâneos que levam a dores no Céu e desgraça no Inferno; e revelando o remédio para eles: "tres palabras se repiten siempre y traducen sus exigências: 'venid, haced penitencia, orad'"[113]. Lochet coloca tais exigências, nas argumentações das páginas subsequentes de sua obra, no lastro das perseguições à Igreja e no sentido de reparação a Deus pelos pecados humanos.

A abundância de aparições da Virgem no mundo contemporâneo, e em que estes temas constituem-se como recorrentes, é impressionante. Apenas como ilustração, e para a curiosidade do leitor, eis algumas:

Em Beauraing, Bélgica (1932), Maria, durante trinta e três aparições, terá insistido no pedido de orações, conversão e peregrinações àquele local. Em Garabandal, Espanha (1961-1965),

---

[113] Louis Lochet, *Apariciones de La Virgen*: por qué? para qué?, p. 106.

Maria terá convidado quatro meninas à oração do Rosário e oferecido mensagem sobre penitência e sacrifício, além de revelado um castigo na ausência de conversão e fé. Em Kibeho, Ruanda (1981), Maria, ao ter aparecido, terá demonstrado um rosto triste, e revelado imagens fortes de destruição e morte. Para sanar a tragédia anunciada, terá pedido conversão. Em 1985 Maria terá aparecido ao italiano Renato Baron e comunicado a ele que os sofredores deveriam sacrificar-se e levar a cruz em favor dos pecadores. Igualmente terá dito não restar muito tempo para a humanidade converter-se a Deus. Em Naju, Coreia do Sul, de 1985 a 1992, uma imagem de Maria terá chorado, por diversas vezes, sangue, e terá a Virgem aparecido à senhora Júlia Kim, revelando a ela que as lágrimas se deviam ao fracasso da humanidade em amar a Deus. Mas não só: a tristeza e o sofrimento, segundo a Virgem, seriam por causa dos abortos. Em 1993, nas aparições em Belleville, Maria terá pedido conversão, oração (reza do Rosário completo), jejum, penitência, confissão frequente, comunhão e, aqui, um dado novo, a leitura diária da Bíblia[114]. Já no âmbito do Brasil, Maria terá aparecido ao vidente Ricardo, de Niterói, Rio de Janeiro, em 1996, e feito cinco pedidos: oração diária do Rosário; comunhão diária; confissão mensal; adoração de uma hora semanal ao santíssimo sacramento; jejum às quartas e sextas[115]. Como se percebe, os pedidos de Maria realçam o reforço e a fidelidade às práticas devocionais católicas.

Entretanto, se é verdade que os pedidos da Senhora por penitência e oração se intensificam nas aparições dos dois últimos séculos, também é verdade que a Virgem, em outras aparições ou legendas medievais e até o século XVIII, também apelava, de uma forma ou de outra, para atos de penitência e oração, embora

---

[114] Dados retirados do livro de Darlei Zanon, *Nossa Senhora de todos os nomes*, respectivamente às páginas 48, 50, 123, 143, 188, 226.
[115] Cecília Loreto Mariz, *Rainha dos Anjos*: a aparição de Nossa Senhora em Itaipu, Niterói, p. 247.

que, no passado, Maria aparecesse mais disposta a, ela própria, em sua misericórdia, ajudar as almas sofridas, tanto as do aquém como as do além. A impressão que me causa, no entanto, é que nos últimos duzentos anos, e particularmente nos últimos cem anos, a Virgem tem preferido terceirizar esta ajuda, pedindo aos seus fiéis que se encarreguem de rezar, sacrificar-se e penitenciar-se pelos pecadores e por eles mesmos. Maria, agora, pede socorro aos seus devotos para poder segurar o cada vez mais pesado braço de seu Filho que, supõe-se, mais pesado fica quanto mais a humanidade teima em afastar-se d'Ele.

Mas não é só a solidariedade na oração e penitência que Maria torna tema insistente entre seus devotos[116]. Ela, que antes aplacava a ira do divino juiz, é agora o arauto desta mesma ira. E o dado que, se não é totalmente novo, é, no entanto, digno de nota: a Virgem adverte a Igreja de forma clara e direta.

Maria terá aparecido, por diversas vezes – entre 1945 e 1958 –, a Ida Peedeman, em Amsterdã, Holanda. Nas aparições Maria terá se revelado como "corredentora e medianeira", e pedido a oração do Rosário. Mais: "chamou a atenção da Igreja para que não ande por caminhos obscuros na evangelização diante da modernidade"[117]. A devoção daí resultante é a de Nossa Senhora de Todos os Povos, pois que terá aparecido, Maria, com um globo em sua mão – com a cruz ao alto dele – e convocado todos os povos a se reunirem em torno da cruz. O que chama mais a atenção, no

---

[116] Aliás, este dado da solidariedade, em oração, entre os cristãos, é tema importante na teologia católica, ou seja, é a "comunhão dos santos", professada nos símbolos da fé cristã (Credo Niceno-constantinopolitano e Credo Apostólico). Contudo, até o início do século XX esta solidariedade e comunhão referiam-se mais – inclusive nas intervenções da Virgem e devoções a ela – às relações entre vivos e mortos, particularmente no sufrágio pelas almas do purgatório e destas – e as dos santos – pelos vivos. Com as aparições e mensagens marianas que se constituem a partir do século XIX, Maria parece insistir mais na comunhão dos santos entre os vivos, isto é, na oração e penitência pelos pecadores e para a reparação das ofensas, destes, a Deus.

[117] Darlei Zanon, *Nossa Senhora de todos os nomes*, p. 272.

entanto, é, claro, sua advertência contra a obscuridade da evangelização na modernidade. Estamos aqui no contexto de novas teologias e movimentos eclesiais que surgem entre as décadas de 1940 e 1950, como a *Nouvelle Théologie*, o movimento litúrgico (já amadurecido, entrementes), entre outros, que causam certa desconfiança à Sé da Igreja, que desautoriza obras de eminentes teólogos que, entretanto, serão redimidos com e após o Concílio Vaticano II, tais como Hans Urs von Balthasar (1905-1988), Henri de Lubac (1896-1991), Yves Congar (1904-1995), Marie-Dominique Chenu (1895-1990), entre outros. Já estamos na antecâmara de novos ares que forçam as janelas da Igreja a um *aggionarmento*, e a Virgem parece não ver com bons olhos o que estava a acontecer. Ao menos a que terá surgido em Amsterdã...

Em rumo semelhante ao de Amsterdã, em La Salette Maria terá dado mensagem – em seu segredo confiado a Maximino e Melânia – de crítica à Igreja, ou mais precisamente, a sacerdotes e às hierarquias eclesiásticas[118]. E o mesmo terá ocorrido em Akita, em que Maria terá dito: "a acção do Diabo infiltrar-se-á na Igreja, de modo que haverá cardeais contra cardeais e bispos contra bispos. Os padres que me veneram serão desprezados e combatidos pelos seus confrades"[119]; e

---

[118] A acreditar-se, claro, na mensagem *posterior* à mensagem original das aparições, escrita por Melânia e contestada pela Igreja quanto à sua autenticidade.

[119] Mas se debruçarmo-nos sobre a história da Igreja – e da humanidade – será necessário admitir que esta realidade de altercações e disputas tem sido, em relação a todas as instituições – civis ou religiosas – a regra histórica, não a exceção. A propósito, Timothy Radcliffe (*Ser cristão para quê?*, p. 307) conta-nos que "no período napoleônico, alguém veio visitar o Secretário de Estado do Vaticano, o Cardeal Consalvi, e disse-lhe: 'Eminência, a situação é muito séria. Napoleão quer destruir a Igreja'. Ao que o cardeal respondeu: 'Isso nem sequer nós fomos capazes de fazer". Profecia mais admirável, portanto, deveria ter sido a inversa: que haveria plena paz e comunhão. Isto sim é profecia para quem tem fé! Ademais, tais mensagens de crises e apocalipses na Igreja a toma, a Igreja, pela instituição, e não pelo povo. Se a Igreja é o bispo, ou melhor, "onde está o bispo, aí está o Cristo; onde está o bispo, aí está a Igreja, a segurança da vida eterna e a comunhão com Deus" (Inácio de Antioquia), ela também é, e fundamentalmente é, o povo de Deus, no qual o bispo se inclui (Mt 18,20). Neste sentido parece interessante a normatização eclesiástica que Mateus apresenta, ou seja, inverte a pirâmide: as

também em Garabandal, pois que lá a Virgem terá dito que a hierarquia tomaria o caminho da perdição, levando consigo muitas almas. Mas já muito antes destas aparições, em 1634, em Quito, Maria – conhecida como a Virgem do Bom Sucesso – terá dito a uma freira que no fim do século XX abundariam as heresias na Igreja[120].

O sociólogo português Joaquim Costa, para um contexto diferente da temática desta obra, anota que alguns movimentos eclesiais atuariam em uma espécie de "refundação da Igreja na Igreja, sendo esta uma via obrigatória e um obstáculo"[121]. Tomo a liberdade de lançar mão desta ideia para dizer que, de alguma forma, Maria, aqui neste dado específico dos avisos sobre a degradação no interior da Igreja (mas não só), mostraria uma relação com a Igreja em que esta – entendida em suas instâncias

---

questões começam a ser resolvidas na base mais elementar (eu e o outro); depois, poderá ir a um grupo maior, mas ainda pequeno; e, somente em última instância, poderá chegar à Igreja como assembleia dos fiéis (Mt 18,15-19). Refere-se, Mateus, apenas à reconciliação? Talvez sim. Mas não é justamente a necessidade de reconciliação o drama maior da humanidade, que provocou – para sua realização – a encarnação e morte de Deus? Não é este o assunto mais sério e mais essencial, e a própria razão da Igreja existir? Mas, enfim, o que quero sinalizar – para além desta digressão – é o paradoxo de que a Igreja é o bispo e o povo (ou com o povo), e nenhum sozinho sem o outro, e ambos em Jesus Cristo. Afinal, sem o povo o bispo perde sua razão de ser, isto é, o pastorear. E o bispo, claro, é também ele parte do povo de Deus. E, por fim, o que sustém a Igreja, para ambos, é a Graça e a fé. E trata-se da fé como confiança em Deus – ainda que cega, como a fé de Abraão, já tão bem sublinhada por Kierkegaard –, e não simplesmente como assentimento racional às rubricas das doutrinas. Afinal, a fé de Abraão – seu crer incondicional – foi o passo fértil para gerar um povo, e, por fim, justificou-o diante de Deus (Rm 4,3). A fé é o contrário da esterilidade. Só a fé é capaz de gerar, de arrancar da infertilidade um filho – e um povo – e, depois, fazê-lo (re)viver novamente após sua "morte" já crida através da faca pronta para o sacrifício. Esta é a fé que, em última instância, conta. Mas a Virgem, a se dar crédito aos relatos de mensagens testemunhadas por videntes do século XX, parece estar mais preocupada com a fé das rubricas, dos catecismos, das lutas pela ortodoxia do crer enquanto doutrina (e, nisto, não foge ela ao espírito deste tempo em alguns ambientes eclesiais). Mas, se esta é a fé que fundamentalmente importa, então está tudo perdido desde sempre. Duvido que alguém – uminha pessoa que seja – tenha tido a fé plenamente correta (caso isto exista, do ponto de vista da doutrina) – em todos os séculos que a vetusta Igreja já viu passar. Contudo, vá lá: é compreensível o zelo excessivo das mães, e Maria não foge à regra.

[120] José Narino de Campos, *O lugar de Maria na fé*, p. 144.

[121] Joaquim Costa, *Sociologia dos novos movimentos eclesiais*: focolares, carismáticos e neocatecumenais em Braga, p. 106.

oficiais –, sendo absolutamente legítima e necessária para a mensagem cristã, é, entretanto, também, um obstáculo.

Mais prosaicamente, contudo, podemos achegar-nos ao Brasil de 1936, no interior de Pernambuco, em Cimbres, distrito de Pesqueira, onde duas meninas, de 15 e 14 anos, ao sair, no Sítio da Guarda, para coletarem mamonas, relataram que, ao voltar do trabalho, sentiram medo, pois estando sozinhas temeram encontrar Virgulino Ferreira, o Lampião, e seus cangaceiros, que atuavam, na altura, naquela região. Chorando, pediram a ajuda de Nossa Senhora, quando afirmam ter visto uma Senhora, com um menino ao colo, no alto de um penhasco. A Senhora terá dito: "Eu sou a Graça. Vim para avisar que hão de vir três castigos mandados por Deus. Diga ao povo que reze muito e faça penitência"[122]. Seria Lampião um flagelo de Deus enviado ao povo? Importa, porém, perceber que se antes Maria impedia a cólera de Deus (detendo suas flechas lançadas ao povo, por exemplo), agora anuncia seus castigos.

No interior de Taquari, Rio Grande do Sul, catorze crianças dizem ter visto, em 1988, a Virgem. Disseram, ainda, ter visto sinais extraordinários, como o sol a dançar, uma árvore chorando, perfume de rosas e forte odor de enxofre, a sinalizar a presença, também, do demônio[123]. Aliás, nas aparições recentes relatadas no Brasil, por diversas vezes o Diabo surge junto a Maria, como que em uma batalha contra o divino e sua manifestação[124]. E é bom lembrar que, em Fátima, a visão do inferno também se fez presente. Assim, junto à figura de Maria, enquanto mensageira do divino, a figura do Diabo, do inferno, do castigo, aparece manifestando que, cada vez mais está em jogo uma luta entre tais forças que,

---

[122] Severino Vicente da Silva, *Nossa Senhora das Graças da Vila de Cimbres*, p. 74.

[123] Carlos Alberto Steil, Daniel Alves, *"Eu sou Nossa Senhora da Assunção". A aparição de Maria em Taquari*, p. 177.

[124] Carlos Alberto Steil, Daniel Alves, *"Eu sou Nossa Senhora da Assunção". A aparição de Maria em Taquari*, p. 190.

entrementes, tem seu principal teatro de batalha neste mundo em que vivemos, numa disputa renhida pelas almas, e Maria, misericordiosamente, vem alertar-nos sobre as consequências do nosso desleixo para com o sagrado e sobre a necessidade de um esforço nosso cada vez maior para que a fé e a salvação prevaleçam.

Quanto a este drama histórico, em que Maria, a mulher apocalíptica, aparece vencendo o antigo dragão ou serpente (Ap 12, 1-17), a teologia da Igreja Ortodoxa dá importante testemunho, como anota De Fiores[125]:

> La teologia ortodoxa (...) concibe la historia como una tragédia espiritual, en la que se oponen dos fuerzas antitéticas: la mujer vestida de sol y La gran prostituta de babilonia. (...) Por lo que se refieree a la parusía, Bulgakov está convencido de que estará caracterizada por la presencia de María, tal como o documenta no sólo la escritura sino también la tradición iconográfica oriental: la madre de Dios está siempre representada en el juicio final, como obra perfecta del Espíritu Santo y como signo de misericórdia maternal.

Contudo, de forma a diferenciar-se das aparições e legendas pretéritas, aparece um fato novo nas aparições contemporâneas: Maria como mensageira da doutrina, do dogma e, nisto, também de si mesma. Lourdes marca de forma significativa esta nova era, em que Maria terá surgido a Bernadette Soubirous (1844-1879) logo após o Papa Pio IX proclamar – não sem resistências internas no seio da Igreja – o dogma da Imaculada Conceição. Conforme o relato da vidente, a própria Virgem terá confirmado, de viva voz, ser ela a Imaculada Conceição. Fátima dá seguimento a esta face doutrinária da Virgem, em que a mesma mostra o Inferno e revela seu Imaculado Coração. Contudo podemos, a respeito deste tema, vasculhar aparições menos globais.

---

[125] Stefano De Fiores, *Maria en la teologia contemporânea*, p. 554.

A uma vidente que lhe perguntara o nome, Maria, em Beauraing, terá dito ser a "Virgem Imaculada". Nas visões marianas que teve a menina húngara Maria Natalina Kovacsics, em 1936, a Virgem terá manifestado o desejo de ser invocada como Mãe Imaculada e Rainha do Mundo. Em Heede, Alemanha, Maria terá aparecido a quatro meninas, em 1936, e, portando um globo em suas mãos, terá também manifestado a vontade de ser reconhecida como rainha do universo.

Em plena época das discussões mariológicas sobre a mediação de Maria para a salvação da humanidade, e de sua corredenção, Maria terá aparecido em Pfaffenhafen, Alemanha, no ano de 1946, pedindo a oração do Rosário e apresentando-se como medianeira de todas as graças. Em 1993, Maria terá começado suas aparições à romana Marisa Rossi. O cerne da mensagem é a importância da eucaristia. É invocada, nestas aparições, como Nossa Senhora Mãe da Eucaristia[126].

No Brasil Maria também tem reforçado a fé e a ortodoxia católica em suas aparições e mensagens. Em Taquari, interior do Rio Grande do Sul, Maria terá se revelado a uma criança deste modo: "Eu sou Nossa Senhora da Assunção"[127].

É, portanto, interessante observar que à medida que a cidade secular avança e a cidade celeste vai perdendo espaço, a Virgem acompanha a Igreja no reforço da fé e da doutrina, confirmando os católicos no caminho da ortodoxia. Mas agora, mais do que nunca, ela é o símbolo da fé ortodoxa católica, ela é meio e mensagem, fazendo de si um tema não só relativo a outros – à misericórdia para com os pecadores, ao leite de Jesus, às necessidades das várias camadas sociais –, mas um tema autorreferente, isto é,

---

[126] Dados retirados do livro de Darlei Zanon, *Nossa Senhora de todos os nomes*, respectivamente às páginas 48, 165, 174, 209, 228.

[127] Carlos Alberto Steil, Daniel Alves, *"Eu sou Nossa Senhora da Assunção"*. A aparição de Maria em Taquari, p. 187.

proclamando-se a si mesma a partir de seus atributos dogmáticos, em sintonia com as proclamações ou discussões mariológicas da Igreja.

6. E a Igreja?

Aqui, é forçoso esclarecer, refiro-me à Igreja enquanto instituição burocrática, isto é, enquanto representada por seus órgãos oficiais internos.

Na antiguidade cristã as aparições de Maria, devidamente documentadas e consideradas, pela Igreja, como não passíveis de heresia, são limitadas. Destacam-se as aparições a Gregório Taumaturgo (morto em 270), a Teófilo, a Maria Egípcia, a João Damasceno (século VIII), dentre outras. Segundo Steil[128] um dos relatos mais antigos da aparição da Virgem se deu no século VIII, em que Maria terá aparecido a Ildefonso, bispo de Toledo, Espanha, e lhe ofertado uma casula. Portanto aparição a um importante bispo, representante do estamento clerical, e sem dar mensagem verbalizada ou racionalizada, mas simbólica. A Idade Média, por sua vez, conheceu uma miríade de aparições marianas, embora mais localizadas – isto é, sem expressão global –, e envoltas nas deliciosas histórias fantásticas das legendas.

Entre os dogmas de 1854 (Imaculada Conceição de Maria) e 1950 (Assunção de Maria ao Céu), entretanto, as aparições conhecem um *boom* na Europa. Geralmente acontecidas em locais isolados, e manifestadas a pessoas simples, quase sempre crianças, e raramente a clérigos, a Virgem costuma estar de branco, às vezes com um Rosário em mãos, bela, jovem, sozinha, mãos juntas e olhos baixos[129]. Só em 1848 – em plena efervescência daquele período revolucionário – contaram-se 47 aparições marianas; entre 1917

---
[128] Carlos Alberto Steil, *As aparições marianas na história recente do catolicismo*, p. 24.
[129] Marie-France Boyer, *Culto e imagem da Virgem*, p. 104.

e 1939 (período entre guerras), relatam-se 65 aparições; enquanto entre 1945 e 1955 foram 140; entre 1970 e 1995 contaram-se 102 aparições[130]. São, mais ou menos, as estatísticas oficiais. Penso que, principalmente nos últimos decênios, houve muitas mais. Resumindo: os séculos XIX e XX podem ser caracterizados como os séculos das epifanias de Maria, e Ratzinger admite que houve, com o início das grandes aparições marianas – nomeadamente La Salette, Lourdes e Fátima –, e até o pontificado de Pio XII, um grande e renovado movimento mariano na Igreja[131].

Enquanto na Idade Média as aparições marianas eram "aceitas" pela Igreja sem muito tardar ou complicações de ordem teológica[132], na época moderna as mesmas devem passar pelo crivo de longas suspeitas e inquéritos eclesiásticos[133], o que demonstra, para além da crescente burocratização da Igreja, que, em antanho, havia certa naturalidade da Igreja em reconhecer a interação e simbiose entre o mundo do além e do aquém, o que a época moderna, com sua racionalidade burocratizante (Max Weber) que também invade a Igreja, já não permite. Basta lembrar que até o século X era o povo que fazia o santo, tarefa esta que, aos poucos, foi ficando a cargo da Igreja hierárquica, e só dela, e cada vez com procedimentos mais complexos. Parece que ser santo, outrora, era mais fácil em muitos sentidos[134].

Existe a compreensão teológica, na Igreja, de que as aparições seriam fenômenos relativos ao elemento profético e carismático,

---

[130] Clodovis Boff, *Mariologia social. O significado da Virgem para a sociedade*, p. 596s.

[131] Joseph Ratzinger, Hans Urs von Balthasar, *Maria, primeira Igreja*, p. 13.

[132] Eram aceitas, digamos, naturalmente, ou seja, não havia a preocupação *sistemática* de averiguações de autenticidade por parte de representantes eclesiásticos. A Idade Média, assim, conheceu uma inigualável coincidência e convivência entre as esferas naturais e sobrenaturais.

[133] Isidro-Juan Palacios, *Aparições de Maria*. Lenda e realidade sobre o mistério mariano, p. 210.

[134] O Papa Francisco, por sua vez, deu mostras de uma desburocratização de tais procedimentos canônicos, dando celeridade a processos que envolvem figuras eclesiais ícones para certos povos.

atuantes na Igreja enquanto revelações privadas. Contudo, tais fenômenos excepcionais devem sujeitar-se à ordinariedade cristã e ao dogma, e não exige dos católicos o assentimento de fé divina, ou seja, não obrigam a fé. Ademais, a aprovação eclesiástica de aparições e revelações particulares não é tida como afirmação infalível a respeito da historicidade e autenticidade das aparições[135]. Portanto, quando a Igreja constrói basílicas – mesmo atendendo aos pedidos feitos nas aparições –; institui festa litúrgica e aprova devoção à aparição (inclusive o culto iconográfico), julga, a Igreja, que o deve fazer por ser tal devoção *boa em si*, não implicando com isto, nem mesmo indiretamente, o reconhecimento oficial da historicidade – ou melhor, empiricidade – da revelação privada, e, mesmo a possível canonização dos videntes não se torna garantia da autenticidade histórica das aparições[136]. Assim,

> convém todavia recordar que, embora recomendadas pelo Magistério da Igreja, as devoções marianas não são obrigatórias para nenhum dos cristãos e das cristãs. Ninguém deixará de se salvar por não ter rezado o terço ou outro ato de piedade. Isso precisa ser dito com determinação e firmeza, uma vez que grupos fundamentalistas liderados por fanáticos e desequilibrados andam espalhando terror entre as pessoas simples, associando a salvação à reza do terço ou a outras práticas marianas como, por exemplo, a visita a lugares de supostas aparições[137].

---

[135] Edward Schillebeeckx, *Maria, Mãe da redenção*. Linhas mestras religiosas do mistério mariano, p. 104-107.

[136] Edward Schillebeeckx, *Maria, Mãe da redenção*. Linhas mestras religiosas do mistério mariano, p. 108-109, com citação do decreto do Santo Ofício, datado de oito de setembro de 1904.

[137] José Lisboa Moreira de Oliveira, *A devoção a Maria*: desvios, desafios e propostas pastorais, p. 408. Mas e as promessas referentes às práticas do uso do escapulário e da oração do Rosário, presentes em tantas aparições? O povo, que assim crê, pode ser considerado "fanático" e "desequilibrado", assim como os que promovem tais devoções? Também para a Igreja valem as advertências de Jesus (Lc 12,53 e, principalmente, Mc 9,38-42).

Como sempre a postura da Igreja, também em relação a tais fenômenos, é de prudência, sem pressas[138]. Importa que a mensagem das aparições não contrarie a fé e a moral da Igreja, e tanto melhor se, explícita ou implicitamente, as afirmarem. Estes são os critérios primários para que a Igreja autorize determinada devoção e não coloque obstáculos à piedade que se liga a determinada aparição[139].

Entrementes, algumas das grandes aparições dos últimos dois séculos, ao contrário das mais antigas, têm tido a participação ativa da hierarquia em suas promoções e guarda[140], e "a partir de 1830 el magistério de la iglesia ha reconocido o permitido varias mariofanías (Rua Du Bac, Lourdes, Pontmain, Fátima, Benneux, Beauraing, Siracusa...). Se presenta com los caracteres de la autenticidad (...)"[141].

Segundo informa Arnold Guillet[142], o eminente teólogo jesuíta Karl Rahner especificou, durante o Concílio Vaticano II, que "as revelações privadas não são para a Igreja um luxo, mas um imperativo que indica como a Igreja deve agir em determinada situação histórica". E Rahner vai mais longe ao argumentar que revelações privadas poderiam ser aceitas, enquanto fé teológica, por aqueles que estão certos de que elas provêm de Deus[143].

---

[138] A Igreja, enquanto instituição é, em linguagem weberiana, a portadora da racionalidade burocrática em relação à fé, e tal racionalidade burocrática, por sua vez, lida dificilmente com fenômenos que lhe escapam na natureza.

[139] Conforme Clodovis Boff (*Mariologia social. O significado da Virgem para a sociedade*, p. 605), ainda que a Igreja não garanta a verdade factual ou empírica das aparições, a partir de prisma diverso reconhece o sentido religioso delas, do qual derivam "frutos espirituais", ou por outras palavras, os fatos são relativos (enquanto meios que são), mas a referência ao mistério e à sua mensagem é, nas aparições, o fim, portanto de caráter absoluto.

[140] Juan Martín Velasco, *Devoção mariana*, p. 399.

[141] Stefano De Fiores, *Maria en la teologia contemporánea*, p. 551.

[142] Arnold Guillet, em prefácio ao livro de Maria Simma, *As almas do Purgatório disseram-me...*, p. 13.

[143] *Apud* René Laurentin, *Aparições*, p. 121s.

O jesuíta alemão, contudo, não está só. O teólogo beneditino Roy chega a afirmar que Lourdes tem caráter de fato dogmático não incluído na revelação ordinária, e que assentir a ela é ato de obediência à Igreja[144]. De Fiores[145], mariólogo de renome internacional, sustenta que o fenômeno do sol ocorrido em Fátima, a 13 de maio, é objetivo e que "não se explica por sugestão coletiva (...). É claro sinal do céu a favor dos fatos". Tal afirmação, em um importante dicionário acadêmico de mariologia, é assaz significativa. E, embora não se referindo a nenhuma aparição em particular, o Papa Pio XII, na carta encíclica *Fulgens Corona*, afirmava que a devoção a Maria não é facultativa na Igreja[146].

Quereria a Igreja garantir a vitória, ao mesmo tempo, a dois times? Pretenderia ela não perder nenhuma oportunidade, nenhum argumento, nenhuma alma?

Vejamos por outro prisma. Mostra-se aqui, a Igreja, em sua verve já conhecida, isto é, atuando através de uma complexa dialética – ou seria paradoxo? – do *e e*, isto é, é isto *e* aquilo (ver nota 147, adiante). Esta forma de lidar com seus assuntos religiosos e de fé pode dar azo a várias interpretações, conforme as tendências que tiver o intérprete. Não vou entrar na polêmica que, aqui, não teria a justiça de um espaço alargado para reflexão sobre ela. Basta dizer que a Igreja entende tal dialética – se assim é possível a definição – como algo perfeitamente natural, isto é, que atende às exigências da complexidade da vida e das realidades inerentes a ela.

Portanto, é natural, para a Igreja, afirmar que a imagem de um santo é apenas a sua representação em função de sua memória,

---

[144] *Apud* René Laurentin, *Aparições*, p. 121.
[145] Stefano De Fiores, *Figura bíblica de Maria e sua inculturação popular*, p. 536.
[146] *Apud* Edward Schillebeeckx,. *Maria, Mãe da redenção*. Linhas mestras religiosas do mistério mariano, p. 96.

de seu testemunho cristão que deve ser exemplo inspirador para a comunidade de fé. E que, outrossim, a imagem não passa absolutamente disso. Contudo, também é a Igreja que deixa – sem muita ou nenhuma advertência – o povo, em sua piedade, tocar as imagens desses mesmos santos de forma a receber, por meio deste toque, o *mana*, suas forças e, assim, não basta ao povo, para a eficácia da oração, o ver, mas é necessário o toque de São Tomé – ou por vezes a carícia carinhosa – para que de fato se complete com eficácia o ciclo da fé e da oração. E é a mesma Igreja que também fomenta esta atitude, ao fazer procissões com imagens que passeiam entre o povo, e, no caso da imagem de Fátima, que viaja para visitar outros países e suas comunidades cristãs; e, no dia 13 de outubro de cada ano, multidões se reúnem em Fátima para, após o passeio da Virgem, dar literalmente adeus a ela – à sua imagem –, ao abano de milhares de lenços.

Para o racional protestante – mas também para o iluminado moderno secular – é a contradição em corpo e alma[147]. Mas

---

[147] Miguel de Unamuno fala da realidade agônica do cristianismo – particularmente no catolicismo –, na luta que todo paradoxo concentra e exprime. Assim, vive o cristianismo na luta ou agonia entre judaísmo (ressurreição do corpo) e helenismo ou platonismo (imortalidade da alma); entre o verbo, a palavra dinâmica, e a letra, a palavra que se encarna na escrita; entre a paz e o fogo, comunhão e divisão em um mesmo Cristo (Lc 12,49-54); entre o social e o espiritual, o secular e o eterno. Ou, em uma frase lapidar de Teresa de Ávila (1515-1582) – citada por Unamuno na epígrafe de seu *A agonia do cristianismo* –, "morro porque não morro". A própria liturgia eucarística, como no Prefácio III de Páscoa, assume o paradoxo ao tratar do Deus morto e ressurreto: "Jesus é '*agnus qui vivit semper occisus*', o Cordeiro que vive para sempre morto" (*Apud* Timothy Radcliffe, *Ser cristão para quê?*, p. 113). Tertuliano, por sua vez, cunhou bem o paradoxo cristão: *et sepultus ressurrexit, certum est quia impossibile est* (e sepultado ressuscitou; isto é certo, porque é impossível). Afinal, *credo quia absurdum*! Jesus, por fim, é o mestre do paradoxo: quem perde a vida, a salva; quem salva a vida, a perde (Mc 8, 35). Portanto, o cristianismo – e, nele, particularmente o catolicismo –, não lida tanto com oposições, como "ressurreição do corpo x imortalidade da alma", mas com justaposições, ou, talvez melhor, com sínteses que, em muito, geram paradoxos. Assim também podemos compreender a epígrafe deste capítulo, da lavra de Unamuno, na qual se diz que o povo "acredita sem querer, por hábito, por tradição" e que é bom que seja assim, sem as "torturas de luxo" de questionamentos ou reflexões mais críticas. Crer por hábito ou tradição, aqui, não é o mesmo que crer falsamente, falaciosamente, mas é a fé não reflexiva, algo atávica, enraizada numa naturalidade que simplesmente confia e que não põe maiores obstáculos a este hábito de confiar, ou que mesmo recusa qualquer obstáculo. A fé dos "pobres de espírito", da criança que confia integralmente em seu pai e não conhece, ainda, a adolescência do questionamento e da autoafirmação (e, por isso,

a Igreja Católica não pretende que as luzes se deem apenas na razão, mas em todo o corpo. E o corpo, o ser humano, é mais que razão. Eu diria que a verdadeira inauguradora da antropologia social foi a Igreja Católica. Muito antes de haver uma sistematicidade acadêmica para o que se convencionou chamar antropologia social, a Igreja já era mestre na arte de olhar o ser humano não idealmente, mas sob o seu peso histórico. Ou holisticamente. Holismo que não deita fora as pulsões mais recônditas, as contradições, os paradoxos, as idiossincrasias, mas que os assume. Assim a Igreja foi, para o bem e para o mal, a primeira psicóloga, psicanalista, antropóloga, socióloga da história ocidental após o fim da antiguidade.

Portanto, vistas tais questões relativas ao modo pastoral de proceder da Igreja[148], não é de estranhar que, a um tempo, as aparições não sejam e, também, sejam consideradas como fundamentais ou autênticas, em que sentido for. Alguém poderá

Jesus convida os cristãos a ser como crianças). Só esta infância espiritual, ou pobreza do espírito, pode assentir plenamente aos paradoxos *sem dar-se conta deles*. Não será isto a fé pura? Contudo não pretendo, com isto, dizer que o povo – esta entidade que sempre nomeamos na terceira pessoa, não nos incluindo – tem uma fé desinteressada, ou em outros termos, não tenciono canonizar a fé do povo ou ele próprio (como algumas teologias já o fizeram). É preciso desencantar a palavra *povo*. O povo – você e eu inclusos – também conhece, e muito, interesses, impulsos e volições pouco louváveis em suas atitudes de fé e crença. O que destaco, entretanto, é a fé como confiança, como alienação de si, como colocar vida, sonhos, dramas e esperanças na mão de Deus (ou da Virgem). A pobreza de espírito é justamente o não reter para si a força e o mérito – em termos mais conceituais, viver *a partir* da tal autonomia de que já falamos –, mas expropriar-se, a si mesmo, do *auto-nomos*, e deixar-se descansar sobre as mãos de Deus. Isto é a fé que só os pobres em espírito podem expressar, e que coincide com tudo o que o capítulo 6 do Evangelho segundo Mateus (particularmente os versos 25-34) expressam, em resumo, libertar-se da autossuficiência, do *hominem incurvatus in se* (Lutero). Para tanto é possível citar a frase que, já muito conhecida, foi atribuída a muitas pessoas (Lutero, Teresa de Lisieux...), e que, apesar de já ser quase um lugar-comum, guarda o essencial desta fé dos pobres em espírito: "fazer tudo *como se* tudo dependesse de nós, sabendo que tudo depende de Deus".

[148] Lembro, para o bem da verdade, que a Igreja também sempre foi juíza, e, tantas vezes, nada pastoral, pedagoga ou sensível antropologicamente. Penso que é escusado citar fatos e instituições que, na história da Igreja, mostraram, em larga escala, sua pouca compreensão, manifestando, outrossim, certa insensibilidade humana. Mas como a discussão aqui é sobre a Virgem, e o exemplo sobre o culto às imagens, abordo, com mais gosto, a face mais sábia – digamos assim – da Igreja.

perguntar: não seria isto algum tipo de política, estultice ou velhacaria? Já o ditado alemão previne-nos: *fragen ist frei* (perguntar é livre). E interpretar também. Eu, no caso, vejo assim: nada do que é humano é (ou deveria ser) indiferente à Igreja. Há um *feeling* cultivado e amadurecido nos séculos que dá à Igreja condições de mestria sobre a vida[149].

Quero, contudo, sugerir algo do seguinte caminho de compreensão de tais fenômenos das aparições e da piedade popular que se liga a elas, trilhado mais ou menos assim:

> As aparições são fenômenos que mostram como a fé religiosa e a sua prática têm um papel extremamente poderoso na padronização da vida emocional, do pensamento e do comportamento das pessoas. A sua força explica por que razão a patologia mental e a religião se cruzam tão frequentemente. Na maioria dos casos, essa influência é estabilizadora[150].

Há quem diga o contrário, ou seja, que tal cruzamento é desestabilizador. Eu prefiro, entretanto, ficar com Guimarães Rosa:

> Hem? Hem? O que mais penso, testo e explico: todo mundo é louco. O senhor, eu, nós, as pessoas todas. Por isso é que se carece principalmente de religião: para se desendoidecer, desdoidar. Reza é que sara loucura. No geral. Isso é que é a salvação da alma... Muita religião, seu moço! Eu cá não perco ocasião de religião. Aproveito de todas. Bebo água de todo rio... Uma só, para mim é pouca, talvez não me chegue. (...) Tudo me quieta, me suspende. Qualquer sombrinha me refresca. Estremeço. Como não ter Deus?! Com Deus existindo, tudo dá esperança: sempre um milagre é possível,

---

[149] Infelizmente nem sempre bem aproveitado por ela própria, o que é muito humano, como também humana é a Igreja.

[150] Peter Stilwell, Cristina Sá Carvalho, *Aparições*, p. 40.

o mundo se resolve. Mas, se não tem Deus, há-de a gente perdidos no vai-vem, e a vida é burra. (...) Tendo Deus, é menos grave se descuidar um pouquinho, pois, no fim dá certo. Mas, se não tem Deus, então, a gente não tem licença de coisa nenhuma![151].

---

[151] João Guimarães Rosa, *Grande Sertão: Veredas*, p. 32.

PARTE III
Mater brasiliensis

Dir-se-ia quase que o povo é 'religiosamente materialista'. Segue uma religião 'integral', no sentido de que não separa a vida da religião, o corpo da alma, o profano do sagrado. Não há nele uma religião puramente espiritual e abstrata.

Clodovis Boff

Não podemos ver a nossa face senão num espelho, mas dele ficamos prisioneiros para nos vermos, e vemo-nos nele tal como ele nos deforma.

Miguel de Unamuno

Após percorrer um caminho mais geral e global, mostra-nos, o Brasil, que a Virgem, em tais plagas tropicais, ganha contornos específicos, mas que, em geral, ligam-se historicamente aos modelos tradicionais que a história da piedade cristã cultivou. Esta breve e insuficiente empreitada, aqui ensaiada, não pretende recuar aos tempos antigos da piedade mariana no Brasil porque, se assim fosse, em muito repisaria temas e ícones que já foram evidenciados em páginas já folheadas nesta obra. Claro que tais devoções de antanho, no Brasil, também ganharam singularidades nos tempos coloniais, do Império e da República. Contudo, para os fins aqui pretendidos, marco por iniciar a partir da década de 1970 a abordagem sobre a Virgem. Nomeadamente quero apresentar, arrancando desde este ponto histórico até os dias atuais[1], a Maria brasileira em duas de suas faces mais conhecidas: a da teologia da libertação e a da renovação carismática católica[2].

---

[1] A chamada religiosidade popular tradicional não será analisada aqui, ou pelo menos não será analisada como já o foi em várias obras pretéritas e abundantes de teólogos, sociólogos e antropólogos. Ou seja, compreendo que tal religiosidade popular, hoje, se amalgama, se confunde e está presente transversalmente tanto nas formas da piedade mariana assentes à teologia da libertação, como nas formas eletivas da renovação carismática católica, isto é, as formas de piedade encontradas em ambos os movimentos podem ser, ao seu modo cada, representadas como de traço da religiosidade popular.

[2] A teologia da libertação e a renovação carismática católica, como se sabe, não são movimentos monolíticos, contendo, sob a aba destas siglas, diferentes formas de constituição e ação. Evidentemente que, nesta breve incursão, de modo algum é pretendido seccionar tais movimentos. Portanto é forçoso que a visão, aqui contida, seja larga e generalista, sem entrar nos detalhes e rostos específicos que Maria expressa nos vários desdobramentos de tais movimentos teológicos e eclesiais. Em tempo, contudo, é possível também classificar – embora toda classificação seja, de certo modo, uma deturpação – os movimentos citados a partir da visão de sua relação e reação religiosa diante do mundo | sociedade, em que "no quadro desta nova ordem mundial, há dois papéis possíveis para ela [a teologia | religião]: *terapêutico* ou *crítico* – ou ajuda os indivíduos a funcionarem cada vez melhor na ordem existente, ou procura afirmar-se como uma instância crítica a dizer que o mundo está errado nessa ordem como tal" (Slajov Zizek, *A marioneta e o anão. O cristianismo entre perversão e subversão*, p. 9-10).

1. A Virgem libertadora

Se há uma Mãe de Jesus, no Brasil, que de certa forma liga a todos, desde a esquerda teológica e eclesiástica mais extrema, até a direita "mais católica do que o Papa"[3], esta é Maria de Aparecida[4].

A Virgem de Aparecida media e reconcilia – como boa mãe de família – os vários catolicismos brasileiros, isto é, o romanizador, o tradicional português, o devocional do povo, entre outros que

---

[3] É o ditado popular, quando se diz que alguém, por ser muitíssimo católico – o que é ser "muitíssimo católico"? – é "mais católico que o Papa", como pode, também, alguém ser "mais realista que o rei", como diz a boca do povo. Claro que o citado ditado parte do pressuposto de que ser muito católico, ou ser como o Papa, ou mais, é estar à direita no que diz respeito a certos elementos da teologia, do dogma e da pastoral. Mas, com a devida licença jocosa, não sei se o ditado ainda vale após a revista norte-americana *Newsweek*, de 10 de setembro de 2015, perguntar, em sua capa, a respeito de Francisco: *"Is the Pope Catholic?"*.

[4] Em tempo: é verdade que tais estereótipos – direita e esquerda – sofrem de graves limitações epistemológicas e práticas, e também são muito matizados e usados, tantas vezes, de forma preconceituosa (para um lado ou para outro). Contudo, sendo a linguagem limitada também aqui, e não podendo me furtar a dizer que existem posições opostas que, uma vez constatadas, tanto em nível ideal como prático, fazem relevante diferença na vida cotidiana e nas burocracias institucionais, é necessário pontuar, ainda que de forma extremamente imperfeita e suscetível de enganos e injustiças, as tendências que se extremam, mais ou menos, para lados opostos na Igreja. Portanto, embora reconhecendo a limitação destes conceitos e da linguagem assente a eles, ainda sim é forçoso expressá-los, dado que, por exemplo, um membro da *Opus Dei* dificilmente concordaria com a ordenação feminina ao ministério presbiteral, assim como um membro da organização *Nós Somos Igreja* provavelmente não concorda com a exclusão das mulheres da ordenação ao sacerdócio. Os exemplos, aliás, poderiam se multiplicar, embora, claro, com as imperfeições conceituais que os termos *direita* e *esquerda* comportam num universo extremamente complexo e variado como o existente na Igreja. A questão é que é possível ser de "direita" ou "conservador" em alguns assuntos (como a bioética e os direitos reprodutivos, por exemplo), e, ao mesmo tempo, ser de "esquerda" ou "progressista" em outros assuntos (como a política e a economia, por exemplo). E vice-versa. Contudo, que fique claro: aqui não faço juízo de valor sobre se é mais positivo ou correto estar à "esquerda" ou à "direita", ou, se preferirem as alcunhas, ser "progressista" ou "conservador". Como vimos, tais termos podem ser muito relativos e complexos, além de azeitados nos óleos de preconceitos vários, ou de estereótipos e hermenêuticas sobre a vida e a realidade ancoradas em interesses pessoais ou de grupos (afinal, costumamos ver o mundo a partir do nosso lugar e da nossa história). Aliás, quanto à relatividade dos conceitos, basta-nos a experiência de possuirmos um casaco (grosso ou fino? Já veremos): digamos que em um calor de quarenta graus será ele insuportavelmente quente; e no frio de zero grau será ele extremamente insuficiente, e parecerá fino e leve para nós, embora antes tenha parecido grosso e pesado. Que tal? É ele quente ou não? Neste caso, o que o define como quente, ou não, é fato exterior a ele, isto é, o contexto em que se encontra seu usuário. As nossas avaliações e percepções da realidade dependem sempre dos contextos em que nos encontramos e, com isto, não apelo a relativismos do tipo pós-moderno, mas reconheço as complexidades da vida, em que elas, mais do que o branco ou o preto, apresentam-se a nós em cinquenta – ou mais – tons de cinza (com o perdão da metáfora!). Para a questão acima, ver a excelente reflexão de Timothy Radcliffe, *Ser cristão para quê?*, capítulos 9 e 10.

passam sob seu olhar no vale paulista[5]. Aliás, creio que o mesmo se pode dizer de muitos outros santuários e oragos marianos, surgidos ali e acolá entre os séculos. De qualquer forma, não de todos, como, por exemplo, de Fátima, em que esta mãe portuguesa tem sido, historicamente, mais bem vista pelos que são mais católicos que Francisco (com o perdão da indiscrição, caso queiramos lançar mão do dito popular já citado). Lourdes também, pelo que me consta, não chega a ser a queridinha de meios eclesiásticos mais à esquerda. Quanto a La Salette, mesmo mal existe para tais meios.

Contudo, e apesar da grande Mãe mediadora que é Aparecida, Clodovis Boff[6] destaca, quanto a ela, a teluridade e horizontalidade na qual surge e se desenvolve o seu culto: o ambiente de tensão social, aparecendo a pobres pescadores e tomando a cor negra, dos escravos; sua devoção se inicia entre os humildes (sem o clero); o primeiro milagre foi feito a um escravo. Aqui já estamos, portanto, no centro de uma leitura que faz de Aparecida um ícone da Igreja nos meios populares ou em seu discurso libertador, *a la* teologia da libertação. Porém, esta leitura, penso, poderia valer, também, para tantas outras devoções na história que estão, definitivamente, mais ligadas ao povo – em sua origem e desenvolvimento – do que ao clero. Quanto à *teluridade*, portanto, penso que quase todas as devo-

Figuras 1. Nossa Senhora Aparecida, por Andreza Katsani.

---

[5] Clodovis Boff, *Maria na cultura brasileira*. Aparecida, Iemanjá, Nossa Senhora da Libertação, p. 36.

[6] Clodovis Boff, *Maria na cultura brasileira*. Aparecida, Iemanjá, Nossa Senhora da Libertação, p. 39.

ções marianas apresentam esta marca, ou seja, surgem da terra, do local, da aldeia, do povo, das necessidades humanas. Contudo, a horizontalidade que nelas há também é sempre verticalidade, ou seja, é sempre ela *A Senhora*. E de tal verticalidade, talvez, a teologia da libertação se distancie um pouco quando lê o sagrado – e seus agentes – através de suas lentes já influenciadas por um horizontalismo que tem mais de fundo socialista do que, propriamente, da compreensão antropológica da relação entre o elemento humano e o sagrado. Vemos isto nos hinos marianos ligados à teologia da libertação em que a Virgem, mais que Senhora, se torna "irmã e companheira de luta".

Os hinos à Virgem gestados sob os auspícios da teologia da libertação (por exemplo, nas Comunidades Eclesiais de Base, as CEBs) são inspirados, em sua maior parte, no *Magnificat*, ou em seus temas conexos, conforme afirma Boff[7]. Também Azevedo[8] concorda, ao afirmar que "o *Magnificat* constitui o *locus theologicus* por excelência, o texto central da mariologia da libertação". Nele Maria celebra a vitória dos pobres e a derrota dos ricos; nele as preces dos pobres são ouvidas.

Já este primeiro dado é interessante. Muitas outras devoções marianas do passado apoiavam-se ora em passagens bíblicas – natividade, Maria aos pés da cruz (Piedade), Maria em fuga para o Egito (Desterro) –, ora em aspectos que, aparentemente, não tinham nenhuma ligação com a Maria histórica, isto é, aquela retratada pelos evangelistas. Mas aqui Maria surge falando, ou seja, com a referência ao *Magnificat*, a teologia da libertação granjeia sua piedade mariana a partir do próprio discurso de Maria. Seria a tal referência à linguagem bíblica, para a qual chamou a atenção o Cardeal Martini – como já referido anteriormente –, e que, segundo o mesmo prelado, faltaria à voz mensageira das aparições?

---

[7] Clodovis Boff, *Maria na cultura brasileira*. Aparecida, Iemanjá, Nossa Senhora da Libertação, p. 77.
[8] Manuel Quitério de Azevedo, *O culto a Maria no Brasil*: História e Teologia, p. 137.

Estes hinos não enfatizam a cruz, a *virgo dolorosa* enquanto passiva em sua dor, mas Maria atenta às necessidades do povo e partilhando suas dores e projetos através da luta e da tomada de partido – contra e a favor. E aqui Maria, novamente, toma posição. Em Fátima terá tomado posição contra o comunismo (ou, ao menos, contra os "erros da Rússia"), a julgar pelas memórias de Irmã Lúcia, e, em outras tantas aparições, terá tomado posição a favor da penitência e da oração que deveriam ser incrementadas pelos católicos. Aqui, contudo, a posição que toma é mesmo contrária, talvez, às anteriores. Prefere tomar partido da ação político-social, da resistência e luta contra os opressores político-econômicos, e, suspeito, tem alguma simpatia por regimes à esquerda. Há, portanto, duas Marias: a do *Magnificat* bíblico, na esteira da interpretação da teologia da libertação; e a das grandes aparições dos séculos XIX e XX. Como outrora as Marias lutavam, entre si, a partir de diferentes reinos a que davam sua predileção e proteção, aqui também Maria luta novamente, não mais por territórios geográficos, mas por territórios ideais, simbólicos, teológicos, mesmo político-ideológicos.

Na teologia da libertação Maria é a "porta-voz da revolução", companheira do povo, caminhante, e seu rosto e identidade são marcados por tons conflitivos[9], em que a mulher doce dá lugar à mulher forte. Maria é identificada com as mulheres pobres em suas lutas sociais, com a operária, a sertaneja e, mesmo, com a prostituta (enquanto vítima da exploração sexual)[10]. Maria anuncia e traz o Reino de Deus (assim como a teologia da libertação

---

[9] João Aroldo Campanha, *Maria na América Latina antes e depois do Concílio Vaticano II. Devoção-Teologia-Magistério Episcopal*, p. 128.

[10] Conforme relata Afonso Murad (*Quem é esta mulher? Maria na Bíblia*, p. 20) muitas mulheres que exercem a prostituição têm grande devoção a Nossa Senhora Aparecida e, quando a noite cai, rezam para que Maria as proteja da violência e dos riscos a que estão expostas. Inclusive, ainda segundo Murad, algumas dessas mulheres homenageiam Nossa Senhora Aparecida, a 12 de outubro, levando suas filhas à festa da coroação da Virgem.

o compreende) e encarna temas como caminhada, companheirismo, povo, sociedade, história, mas também agonia, aflição, eucaristia. Clodovis Boff[11] recolhe alguns hinos que, aqui, cito em fragmentos:

> "Escolhida dentre os pequenos | Mãe-profeta da libertação"; "És a imagem da nova cidade | sem domínio dos grandes ou nobres"; "Vai também ao nosso lado, nesta santa Eucaristia | a companheira de luta, a Santa Virgem Maria | Guardará no coração, de seu povo a agonia"; "Vem caminhar com teu povo | de quem provaste a dor"; "Vem, Maria mulher | teu canto novo nos ensinar"; "Eu te saúdo na Mãe nordestina, mulher do sertão | Mãe campesina, operária, rosário de dor e aflição"; "Senhora de Guadalupe | Ó Virgem da Conceição | Negrinha do meu Brasil \ Mãe Santa da libertação".

Figura 2. Nossa Senhora dos Alagados, do bairro periférico de Alagados, Salvador | BA.

De certa forma – ou de toda forma? – vejo a Maria da teologia da libertação mais perto das Virgens antigas do medievo do que das Virgens aparecidas nos dois últimos séculos, ou seja, o que as une, a da teologia da libertação e a das devoções mais antigas, é o pé na terra, a presença na vida e nas necessidades das pessoas que ambas as Virgens encarnam, conquanto, nas das aparições dos últimos dois séculos, parece estar, a Virgem, literalmente sem os pés na terra, a flutuar pouco acima do chão.

---

[11] Clodovis Boff, *Maria na cultura brasileira*. Aparecida, Iemanjá, Nossa Senhora da Libertação, p. 78-90.

Analisando alguns elementos dos citados hinos, percebemos que Maria é tida como "profeta". Ora, nas aparições ela também profetiza. Mas o teor das profecias é imensamente diferente. Nas aparições as profecias são sobre o fim dos tempos, a luta contra o demônio, contra os erros da Rússia, contra a lassidão religiosa, contra os erros do século liberal e racionalista. A Maria libertadora, por sua vez, traz a profecia de "uma nova cidade sem domínio dos grandes ou nobres". Mas, enfim, ambas, sempre, profecias, portanto, teleológicas, da ordem da escatologia, referentes ao fim da história, ao mundo novo, seja ele qual for. E assim caminha a religião: entre a saudade do paraíso e a esperança da nova Jerusalém, sejam tais esperanças referentes ao jardim romântico de uma piedade desencarnada, ou ao paraíso do proletariado.

Maria, na teologia da libertação, não chora mais, mas luta; não se faz de serva ou de senhora, mas de companheira, de mulher que se mostra igual aos seus devotos na luta. Aliás, é interessante que esta palavra definidora, mulher, apareça em um dos hinos citados: "Maria mulher". Não a "Nossa Senhora", ou a "Virgem Maria", mas a mulher Maria. Claro, em todas as devoções Maria é mulher, e isto não é um detalhe, como já evidenciei em outra parte: é, tal definição, uma característica simbólica que, como já escrevi, fez e faz enorme diferença para as mulheres. Mas, como é corrente dizer, a palavra tem poder. E pudor. Maria, dantes, raramente é nomeada *mulher* – ao menos no espaço das devoções que, neste estudo, pude abranger –, mas aqui se diz, sem pudor, a palavra que tem poder: mulher. Antes era somente mãe, e Mãe virgem. Agora é mulher, termo eivado de sentidos referentes à sexualidade, a um modo de ser no mundo. No pudor medieval a mulher poderia ser, no máximo, mãe, e pela maternidade Maria redimia as mulheres do pecado de Eva. Agora Maria é mulher, e redime as mulheres enquanto mulheres, ou, se preferir, anuncia a chamada questão de gênero (ou é um passo para isto).

A Virgem, como dantes, continua sofrendo, mas não é mais a Virgem da piedade por Jesus – e, através dele, por todo o povo. Agora é a Virgem que guarda no seu coração a "agonia do povo". Antes a agonia de Jesus era a mediadora para Maria ser a Mãe do povo agonizante. Agora Maria encarna diretamente a dor do povo, "prova" sua dor diretamente, sem que Jesus suba à cena (da cruz). O povo é o meio, não mais Jesus. Isto, certamente, faz lembrar certas teorias sociais que partem do povo, não de Deus. É a crítica que Clodovis Boff fez, não sem grandes terremotos, ao método da teologia da libertação[12].

Maria já não vai acima, como Senhora, mas "ao lado". Evidentemente que, conforme penso já ter demonstrado anteriormente, o povo sempre pôs Maria ao seu lado, ao lado de suas necessidades. Mas não era de forma a que Maria fosse interpretada como "uma igual", "companheira de luta", porém como uma Mãe celeste que, efetivamente, tem poder sobre Jesus (Deus) a ponto de detê-lo, de mudar o rumo da história – pessoal ou social – a partir dos Céus. Se Maria, em priscas Eras, se encarna na vida do povo, é porque está mais além, é quase uma deusa (ou o é, de fato). A sua "encarnação" não a faz "uma igual", e o assumir as dores do povo se faz a partir de sua relação privilegiada de Mãe de Deus, de quem está diante de seu trono. Na teologia da libertação, entretanto, Maria está tão embaixo, tão feito carne, que pode ser saudada na "mãe nordestina, mulher do sertão | mãe campesina, operária, rosário de dor e aflição". Sem dúvida que, do ponto de vista bíblico, parece ser plausível tal interpretação (Mt 25,31-46). Embora que, no citado texto bíblico de Mateus, é Jesus, é Deus que se encontra nas pessoas sofredoras. Mas vá lá: onde está o Filho, está também sua Mãe judia.

---

[12] Clodovis Boff, Teologia da Libertação e volta ao fundamento, In: *Revista Eclesiástica Brasileira*, (n. 268), Petrópolis, Vozes, 2007.

Também certa intimidade marca a piedade mariana na teologia da libertação. O que hoje, talvez, soasse como politicamente incorreto (racista), foi mote de hino dos idos anos 1980: "negrinha do meu Brasil". A questão da afirmação da negritude é enfatizada, particularmente associada à Senhora Aparecida. Contudo, mais que uma questão racial ou étnica, é também resgatada, na teologia da libertação, a questão cultural-religiosa ligada aos povos oprimidos negros e, assim, Maria assume rostos explicitamente sincréticos: "Senhora negra Yá querida | Senhora quilombana, Mãe de Deus Aparecida | Preta pobre Maria Mãe Yayá (...) | na partilha do amor e do Axé | companheira, guerreira, Mãe mulher"[13]. Elementos das culturas religiosas africanas são assumidos de forma consciente, não mais de forma subliminar. Se Maria, em antanho, sempre encarnou o sincretismo em meio ao povo, agora "sai do armário", assume seu lado pancultural, seu hibridismo simbólico-cultural. O que antes era subterrâneo, agora se mostra inteiro.

Guadalupe, de certa forma, terá sido um primeiro ensaio de sincretismo assumido (e, não por acaso, Guadalupe é outro símbolo mariano da teologia da libertação). Em Guadalupe estava em questão o início de uma nova cristandade, que necessitava da renovação de seus paradigmas quando do encontro entre culturas[14]. Neste sentido Guadalupe torna-se clara mensagem: não impor uma cultura, mas, de forma dialética, construir nova cultura a partir do encontro, de modo tal que ambas se reconheçam na síntese.

Apesar de algumas arestas que acima procurei explicitar, compreendo, contudo, que entre a Maria da teologia da libertação e a Virgem dos rogos de tempos passados, em alhures, há mais continuidades do que cisões. Claro que continuidades contextualizadas.

---

[13] *Apud* João Aroldo Campanha, *Maria na América Latina antes e depois do Concílio Vaticano II. Devoção-Teologia-Magistério Episcopal*, p. 128.

[14] Clodovis Boff, *Mariologia social. O significado da Virgem para a sociedade*, p. 598.

Neste sentido remeto a partes da canção – ou ladainha – cuja beleza total só pode ser percebida quando se ouve a música: a *Ladainha dos empobrecidos*, de Paulo Roberto.

> (...) Mãe do criador – rogai | Mãe do salvador – rogai | Do libertador – rogai por nós | Mãe dos oprimidos – rogai | Mãe dos perseguidos – rogai | Dos desvalidos – rogai por nós | (...) Mãe dos despejados – rogai | Dos abandonados – rogai | Dos desempregados – rogai por nós | Mãe dos pescadores – rogai | Dos agricultores – rogai | Santos e doutores – rogai por nós | Mãe do céu clemente – rogai | (...) Mãe dos operários – rogai | Dos presidiários – rogai | Dos sem salários – rogai por nós.

Aqui está, a meu ver, a mais pura liga entre a boa teologia da libertação e a tradição mariana pretérita da Igreja. Não se evidencia, no hino, o mesmo recorte devocional – em continuidade – da fé medieval em Maria, Mãe sobre as necessidades diárias? Não é a mesma Virgem que, hoje como ontem, em tão distantes terras e datas, rogava e roga pelos marinheiros, viajantes, parturientes, pescadores, soldados, agricultores, enfim, por multidão?

Aqui novamente Maria é, sobretudo, Mãe. Primeiramente Mãe de Deus, de Jesus e, assim, Mãe do povo, preferencialmente dos oprimidos, como também canta no seu *Magnificat*. E, de repente, desfila toda uma série de gente que, se talvez necessite de uma mulher revolucionária e lutadora ao seu lado (e eu não quero entrar no mérito de questionar a possível urgência de uma figura assim), vê, sobretudo, a necessidade de uma Mãe celeste que vele sobre ela. Aqui está a Senhora da misericórdia medieval – a "Mãe do céu clemente", a *mater dolorosa*, a que intercede e move céus e terras pelos seus. A "Mãe das mães, Maria". Aqui o ícone, o símbolo que atravessa os tempos e lugares. A Mãe que pode ser chamada tanto de Nossa Senhora dos Navegantes, como de Nossa Senhora dos Seringueiros, como na imagem abaixo.

Figura 3. Nossa Senhora do Seringueiro, Guajará-Mirim | RO.

E, é de se notar, esta Mãe dos trabalhadores da floresta é a Imaculada Conceição, a pisar a serpente, e a estender o Rosário – ou seria preferível a foice e o martelo? – ao homem do seringal. É a Maria das tradições eclesiásticas (Imaculada Conceição), associada à Virgem da piedade popular tradicional (o Rosário) e, finalmente, unida à Mãe dos trabalhadores, dos pobres e esquecidos.

Talvez, contudo, a maior diferença entre a Mãe dos pobres, mulheres e trabalhadores de antanho, com a da teologia da libertação, é a que se refere à questão de consciência de classe. Antes Maria também era identificada como protetora de algum segmento social específico, ou de alguma causa particular. Contudo, foi o século XIX, com a revolução industrial e com o surgimento dos movimentos socialistas modernos, que viu emergir o ser humano reflexivo quanto ao seu lugar social e laboral (falo aqui a partir do conceito de "consciência de classe" forjado pelo marxismo). Neste caso, Maria não é só a Mãe dos agricultores, pescadores, desempregados, operários e boias-frias, mas também é alguém que assume *o lugar* destes segmentos humanos e sociais[15], ou seja, não só que roga por eles, mas que se identifica com eles, que, numa palavra,

---

[15] E aqui lembro o título-programa de um dos livros de Leonardo Boff, *Do lugar do pobre*.

toma consciência de classe. Conforme assinala Barnay[16], Maria aparece, também no século XIX, como apoiadora das "massas laboriosas como pano de fundo da chegada dos socialismos". Cita, para tanto, as devoções a Nossa Senhora das Graças, da Caridade, da Piedade ou do Bom Socorro. Também no ápice da revolução industrial Maria manifesta-se como bom porto contra as injustiças, segundo a autora. Mas isto não em aparições ou em *bricolagens* criativas e arbitrárias, e sim em devoções já consagradas.

Também para Boff[17] Maria exerceu e exerce, na história, a figura de resistência cultural para com os pobres. E cita, entrementes, a "Carmen en la Tirana", no Chile, invocada contra o capitalismo mineiro do local; Nossa Senhora do Loreto, ou "La Negrita", em Quito, como referência de dignidade dos negros; a Virgem de Czestochowa, na Polônia comunista e do *Solidarnosc*, enquanto paradigma de resistência em favor das liberdades civis e políticas. E, quanto à Virgem na Polônia, era a Mãe dos operários, dos pobres, mas... contra o comunismo! Lá, libertação era algo bem diferente do que os promotores da teologia da libertação latino-americana proclamam – ou proclamavam – e sonham – ou sonhavam. Mas se lá a Virgem estava do lado certo da história, é outro assunto, que não cabe a este opúsculo interrogar.

Com o desenvolvimento da teologia da libertação, Maria ganha uma amplitude de consciências que transcende o aspecto social-econômico. Já referi sobre a questão cultural, da negritude, dos povos indígenas... Mas, como de novos brotos de uma árvore já formada, foram surgindo outros ramos outrora esquecidos: a questão de gênero, a questão das chamadas minorias sexuais, a questão ecológica, entre outras. E a Virgem, assim, foi sendo teci-

---
[16] Sylvie Barnay, *Aparições da Virgem*, p. 264.
[17] Clodovis Boff, *Mariologia social*. O significado da Virgem para a sociedade, p. 574.

da em malhas que, embora embrionárias na história das piedades marianas, só tiveram campo mais fecundo para desabrocharem nos contextos sociais contemporâneos.

Hoje muito mudou. No capitalismo de economia financeira global, na sociedade tecnológica e regida pelo consumo, o oprimido e explorado já não é, somente, o operário ou o trabalhador precariamente assalariado de ontem. O que também se desenha como dramática é a exclusão[18]. Ter um mísero emprego, de mísero salário, torna-se, por mais trágico, absurdo e injusto que isto possa soar, um "privilégio" (e, entretanto, friso as aspas). A exclusão é o fantasma mais assustador e cruel; a invisibilidade, o sofrimento pela indiferença, a completa falta de perspectivas em que a palavra "luta" já pouco significa: sobreviver já é lucro, embora com *déficit*. O excluído, mais que o "pobre econômico e social" antigo, é aquele que de tão miserável, por vezes já não mais tem o pão essencial, o último dos pães que torna a vida suportável e digna: a esperança, ainda que residual. Antes se podia perder o emprego, o salário, mesmo o lar. Mas perder a dignidade é a inumanidade, cujo retrato talvez mais dramático seja o do "cracudo" dos esgotos urbanos de cidades como Rio de Janeiro e São Paulo. Pessoas cujo rosto já é desfigurado de humanidade, pois nem entre os excluídos já encontram abrigo. Ainda será preciso inventar um novo e triste conceito para falar destes pós-excluídos. Mas, se é verdade que Deus tudo vê, também a estes vê e, com Ele, sua Mãe também os vê.

---

[18] Entretanto a transformação dos conceitos-palavras, neste caso, poderá correr o perigo de retirar o foco das causas da injustiça social: a exploração. Assim, se "excluído" substitui "explorado", isto não é inocente, antes sendo a remoção de uma teoria política, pois o explorado invoca uma teoria da exploração, ou seja, uma ligação entre o explorador e o explorado, entre a afluência de um e a escassez do outro. Portanto, ao se dizer excluídos, não se pretende, aqui, olvidar as relações sociais que causam a exclusão, mas, ao contrário, mais evidenciá-las.

Parte III – *Mater brasiliensis*

Figura 4. Nossa Senhora do Crack, cracolândia de São Paulo. Arte de Jorge Zarella Neto e fotografia de Rodrigo Roseiro dos Santos.

2. A Virgem carismática

A renovação carismática católica, por sua vez, é tão revolucionária como a teologia da libertação. A grande diferença, entretanto, é que a teologia da libertação propugna a "revolução" empírica, social, e a renovação carismática católica enfatiza a "revolução" no Espírito Santo[19]. Na renovação carismática católica a figura de Maria é enfatizada como aquela que tem, em plenitude, o Espírito Santo sobre si[20] e, portanto, sendo a toda plena, ícone do ser humano completamente harmônico com Deus, sua identidade é gerida como inspiração para a perfeição cristã compreendida num viés mais espiritua-

---

[19] A teologia da libertação também parte de "revoluções" interiores, isto é, reconhece o valor fundamental da espiritualidade; mas a enfatizando como *ora-ação* com consequências para as mudanças das estruturas econômicas, políticas e sociais, a espiritualidade ganhou um rosto mais ligado à intervenção empírica na sociedade.

[20] Afonso Murad, *Quem é esta mulher? Maria na Bíblia*, p. 24.

lizado e de moral interior. Ao menos este é o *tipo ideal* – no sentido weberiano do termo - de Maria na renovação carismática católica.

Mas a renovação carismática católica não é só seu rosto institucional e burocrático. É "povo", substantivo tão dinâmico que mais parece ser verbo e que nenhum conceito consegue capturar o que seja ao certo. A teologia da libertação diz "povo"; a renovação carismática católica diz "povo"; a hierarquia diz "povo"; os políticos dizem "povo"[21]. E, como já demonstrou com excelência Michel de Certeau, o "povo" escapa a todos eles. Afinal,

> Eles [o povo] metaforizavam a ordem dominante: faziam-na funcionar em outro registro. Permaneciam outros no interior do sistema que assimilavam e que os assimilava exteriormente. Modificavam-no sem deixá-lo[22].

Assim, a Virgem, também na renovação carismática católica, vai tomando rostos novos que, contudo, também têm ligação com seu passado.

De forma geral, na renovação carismática católica – assim como em grupos tradicionalistas, contraponto dos carismáticos –, a devoção mariana é ligada a temas e formas de matriz e matiz, por vezes, pré-conciliares (refiro-me, aqui, ao Concílio Vaticano II) ou pouco enfatizadas após o Concílio, tal como o tema da escravidão a Maria, propugnado por Luís Grignon de Monfort (1673-1716), ou como a compreensão de Maria como esposa do Espírito Santo, em acordo com Maximiliano Maria Kolbe (1894-1941)[23]. São temas devocionais mais individualizados, psicológicos, intimistas, que procuram

---

[21] "O povo": sempre que nos referimos a *ele*, é na terceira pessoa. É sempre o outro e, raramente, nos incluímos nesta pequena e poderosa palavra, tanto usada e abusada. Não é caso único nas taxonomias de classe. Com "pequeno-burguês" acontece o mesmo ou ainda pior. Neste caso mais depressa alguém se diz como sendo "povo" do que "pequeno-burguês".

[22] Michel de Certeau, *A invenção do cotidiano*. Artes de fazer, p. 95.

[23] João Aroldo Campanha, *Maria na América Latina antes e depois do Concílio Vaticano II*, p. 150.

efetuar um laço de aliança entre o devoto e a Virgem. Entrementes, na renovação carismática católica a Virgem também está a serviço do reforço de temas ligados à moral, mas não, prioritariamente, à moral econômica ou social, mas à moral pessoal e, sobretudo, à moral referente a temas que resvalam na sexualidade[24].

Mas a moral original do povo é o pão de cada dia, seja este o de trigo, ou o emprego, a saúde, a prosperidade. Esta moral, que a teologia da libertação procurou alcançar com seu discurso e prática, o povo a tem entendido, hoje, conforme o espírito da época (que, não necessariamente, é o Espírito Santo). E nossa época é a do consumo, da felicidade a qualquer custo, do individualismo, e, mais ainda do que no passado missionário, do "salva a tua alma", ainda que sob novas formas. A sociedade espatifou-se, os sentidos, os valores, a comunidade humana se liquefez (Zygmunt Bauman). A modernidade, que forjou o indivíduo individual (com o perdão do pleonasmo), chegou ao seu ápice, ao seu pós: agora é o salve--se quem puder. E as devoções marianas que surgem a partir da renovação carismática católica[25], mas não necessariamente sempre

---

[24] Por vezes, quando se fala de "moral sexual", ou da "moral da sexualidade", na Igreja, pensamos imediatamente em "moralismos" – termo pejorativo – de repressão à libido, aos sentidos e aos impulsos do corpo. Contudo, é preciso dizer que, para uma visão da moral sexual que seja correta, é preciso renunciar aos dois extremos – como sempre! –, isto é, o da suspeita do corpo e o da indulgência para com ele. Conforme Timothy Radcliffe (*Ser cristão para quê?*, p. 141), citando a Suma Teológica do doutor angélico, "pensar que o sexo é repugnante é uma negação da verdadeira castidade e, segundo nada menos do que São Tomás de Aquino, uma imperfeição moral!". Prossegue o dominicano: "numa ocasião em que estava a pregar sobre sexualidade, São João Crisóstomo notou que algumas pessoas coravam e ficou indignado: 'Por que coram? Não é puro? Comportai-vos como hereticos'" (*Apud* Timothy Radcliffe, *Ser cristão para quê?*, p. 140). O tema é vasto e complexo, e, sem dúvida, prevaleceu (e ainda prevalece), na Igreja, o extremo da suspeita do corpo. Portanto, parece-me que a renovação carismática católica, embora com uma linguagem em moldura mais *soft* e *clean*, ainda carrega, também, esta herança histórica da suspeita. Fato é que mesmo fora do âmbito referenciado pela Igreja, ou seja, na sociedade secular, a questão da sexualidade também é eivada de complexidade e, geralmente, vista a partir dos extremos, prevalecendo, aqui, entretanto, o extremo da indulgência, ou mesmo da banalização do corpo e do tema da sexualidade.

[25] E que, para o bem da justiça, nem sempre representam a ortodoxia – caso haja alguma – do pensamento oficial dos estratos institucionais e burocráticos da renovação carismática católica. Pois é, o povo...

através de indivíduos conscientemente ou oficialmente ligados a ela²⁶, são de tal ordem que poderiam assustar a tradição devocional de uma congregada mariana, como também, já afirmei antes, poderia assustá-la o leite da Virgem jorrado para a boca de Bernardo de Claraval.

Antes das conclusões, vamos aos fatos. Talvez uma das devoções marianas, vincadas no Brasil à renovação carismática católica, que mais tenha se robustecido – para além da sempre *hors--concours* Fátima – seja a de Nossa Senhora Desatadora de Nós. Tal devoção, deve--se dizer, é antiga, surgida no século XVIII, na Alemanha, e tinha, originalmente, o significado de que Maria, carregando uma corda com nós – dada por um anjo –, desfazia os nós que significavam... o pecado original e os pecados de toda a gente²⁷. Hoje, os pecados cederam aos problemas.

Figura 5. Nossa Senhora Desatadora de Nós
(estampa popular)

No livro *A poderosa Nossa Senhora desatadora dos nós*,

---

[26] Este é outro elemento importante: se é verdade que o Espírito sopra onde quer e como quer (Jo 3,8), a renovação carismática católica, enquanto movimento institucional organizado, não o controla. Afinal, "enquanto a gramática vigia pela 'propriedade' dos termos, as alterações retóricas (...) indicam o uso da língua por locutores nas situações particulares de combates linguísticos rituais ou efetivos. São indicadores de consumo ou de jogos de forças" (Michel de Certeau, *A invenção do cotidiano*. Artes de fazer, p. 103), que não podem ser controlados. Portanto, o carismatismo, para usar esta palavra, não é mais propriedade da renovação carismática católica institucional, e suas significações e usos circulam de tal forma, e com tal liberdade, que as transmutações da piedade mariana inspiradas pelo movimento carismático parecem infinitas.

[27] Darlei Zanon, *Nossa Senhora de todos os nomes*, p. 99.

Suzel e Denis Bourgerie elencam uma série de nós e de suas respectivas orações de desatamentos, tais como o nó do estupro, nós sentimentais, nó do desemprego, nó da mágoa, nó do descontrole da língua, nó da cobiça por mulheres mais jovens, entre outros. A ênfase, portanto, é no pecado individual, e, quanto a estes, privilegia os pecados morais[28]. Esta é a tônica, *grosso modo*, das devoções marianas, cujo esteio é ou foi a renovação carismática católica. Digo ênfase, mas não exclusividade, pois o leitor atento terá reparado, acima, o nó do desemprego. Mas ao contrário da teologia da libertação que, quando fala(va) de pecado – quando falava! –, referia-se, sobretudo, ao pecado estrutural, ao pecado (do) capital, a *Mamon*, às relações sociais e econômicas injustas como sendo o vetor do mal – e, portanto, uma abordagem coletivista, o que, claro, não é errado em teologia, *pero...* –, a renovação carismática católica fala do pecado da casa individual, dos sentidos desordenados, do distanciamento para com Deus, e, por vezes, de moralidades que levam a uma nova casuística revisitada, em linguagem mais *pop*[29], mas, ainda sim, remendo novo em roupa velha.

Não se iluda, portanto, nobre ou plebeu leitor, sobre o "desemprego" que surge na citada oração da ladainha. É o *meu* desemprego, o *meu* desespero, o *meu* problema, e, *last but not least*, o desemprego enquanto fenômeno social. Isto se prova quando se encontra, nas várias manifestações cúlticas carismáticas, o povo – olhe ele aqui outra vez! – brandindo carteiras de trabalho, tentando-as encostar à custódia que o padre faz passear pela igreja (ou galpão, ou praça,

---

[28] Talvez também fosse interessante acrescentar a seguinte súplica: "desatai o nó que somos nós". Se a Senhora é desatadora de *nós*, o principal nó, penso, é justamente *nós* (com o perdão do trocadilho).

[29] Os exemplos são muitos mas, para ilustração, penso aqui num famoso programa televisivo da Rede Canção Nova, cujo nome é PHN (*Por Hoje Não* vou mais pecar). Este programa, dirigido, em seu formato, preferencialmente aos jovens, também tem licenciado vários produtos comerciais e promove diversas atividades lúdico-evangelizadoras.

ou casa de eventos, enfim...), ou, ainda, recolhendo, à carteira, a água benta aspergida pelo sacerdote.

Há, como se evidencia, íntima continuidade entre a piedade mariana na renovação carismática católica e as devoções marianas dos séculos idos. Novamente Maria é aquela que estende um braço ao devoto em suas necessidades mais prementes – sejam de ordem laboral, familiar ou sentimental – e, com o outro braço, segura a fúria divina predisposta contra o pecador. É, mais uma vez e sempre, a Mãe da misericórdia, e, sob seu manto – cada vez mais largo – cabem novas formas de desamparo, desta feita às de ordem mais psicológica. Já a "moral superior" tradicional, o anseio por santidade ligado à moral do controle dos sentimentos e instintos – particularmente aqueles do baixo ventre – ainda estão reservados, como de costume, às castas mais doutrinadas da renovação carismática católica. Para Deus o que é de Deus: a santidade; ao povo o que é do povo: o dia de hoje, que urge redimir.

Portanto, as devoções mais em moda (sic) à Virgem – que revelam tintas carismáticas, mas que estão para além delas – são aquelas que apelam à batalha e à vitória – *minha*, ou para *os meus*, – diante dos *meus* demônios que fecham os *meus* caminhos. Como se percebe, o tema da batalha e da vitória é recuperado da piedade mariana belicosa do passado. Mas, dantes, era um povo a lutar, uma nação, um projeto político e social que se confiava à Virgem, um ideal coletivo. Agora é a minha luta particular, a minha pequena – mas fundamental – vitória, dado que, para este mundo, que jaz sob o maligno (1Jo 5,19), já não há remédio, esperanças ou utopias. O Reino de Deus passa a ser um reino individual, ou, no máximo, que termina nos limites de meu grupo, de minha família, ou quando termina o programa de fé televisivo e o aparelho televisor se apaga.

Como na teologia da libertação, aqui também se luta, e Maria luta junto. Mas comigo! Não é mais a procissão da aldeia, da comunidade, que vai até a Virgem pedir – com festa, convívios, socializações, oferendas – pela necessidade a que aquele orago mariano representa. Sou eu – ou, no máximo meu eu alargado, a família – que vou a um local massificado do mundo urbano, em que não conheço quem está ao meu lado, fazer a *minha* oração pela *minha* necessidade. É um ato individual perdido em meio à multidão. Assim, Maria já não vela pelo povo, pela comunidade, pela aldeia, pelo grupo laboral, pelas mulheres. Ela vela por mim.

Figura 6. Nossa Senhora da Defesa (releitura da clássica imagem | tema Maria, exterminadora das heresias). Estampa popular.

Ao lado contemplamos a imagem de Nossa Senhora da Defesa, outro *hit* devocional contemporâneo no Brasil. Protege o menino Jesus e outro jovem desconhecido (que pode ser você ou eu) do ataque infernal. A pergunta que faço é: por que foi reapropriada a Maria da guerra, bélica do medievo, e não a do parto ou a do leite?

A linguagem da batalha espiritual, da derrota do inimigo, do amarrar Satanás, do libertar-se das maldições – temas retóricos afeitos ao universo carismático – parece sobrepor-se a um mundo simbólico mais cordial. No mundo de violência generalizada em que vivemos – mas alguma vez, na história, foi diferente? – é preciso lutar para sobreviver.

Mas aqui, novamente, não é a luta de um povo ou comunidade; não é a luta dos cristãos contra os mouros, ou dos católicos contra os hereges (ou dos pobres contra os poderes opressores). A individualização das lutas mostra-nos que também a piedade mariana fica mais intimista e subjetiva. Partilham-se símbolos, iconografias e gramáticas em torno de tal piedade, mas dentro de subjetivações cada vez menos partilhadas ou assentes ao coletivo.

Com isto não quero afirmar – e nem tenho autoridade ou interesse para tanto – que tais devoções, na forma em que se apresentam, estejam em desacordo com teologia mais ortodoxa. Não! Como se pode ver na Ladainha a Nossa Senhora da Defesa[30], não há nada – julgo eu – que atente contra algum ponto da doutrina de fé. É, inclusive, ladainha bela e, a crer que a Virgem protegerá o devoto de tudo quanto ali é arrolado – talvez com uma ou outra exceção que, particularmente, eu dispensaria –, é ela muitíssimo útil e urgentemente necessária. Aliás, começa a pedir que a Senhora proteja-nos de nós mesmos, de nossos sentimentos pouco saudáveis (ou será que li com certa ingenuidade, e tudo a que a oração se refere é em relação a outrem)? Enfim...

Deixo aos teólogos versados na ortodoxia da fé católica a tarefa de avaliarem se pedidos de defesa contra "fracasso, objetos contaminados e superstição, frustração, heranças negativas de antepassados" podem se alinhar ao que se crê catolicamente. Fato é que, na ladainha, surgem particularmente – como se percebe –, temas do universo *psi* e da moral tradicional (e casuística?) da Igreja e, ambas, recaem principalmente sobre a vida atômica do indivíduo.

---

[30] Quem tiver interesse poderá consultá-la em http://www.arcanjomiguel.net/senhora_defesa.html (Acesso em 09 de setembro de 2015).

Figura 7. Oração a Maria Passa à Frente. Estampa popular.

Maria passa na frente! Não há iconografia específica para esta devoção, sendo usadas, na maior parte das vezes, as figuras da Senhora de Fátima ou das Graças. Aqui, como outrora, continua o ser humano a pedir a proteção divina à Mãe de Deus, concedendo a ela "poder para isso" e, como para o sujeito medieval que, como vimos, bradava "se teu Filho não te ouvir, mostra-lhe os seios que o aleitaram e os braços que o carregaram", o ser humano contemporâneo continua a dizer "ninguém foi decepcionado, depois de ter invocado a tua proteção"! Ora bem, não foi também a própria Virgem que em tantas aparições nos últimos duzentos anos não se cansou de dizer isto, ou seja, não decepcionar quem se coloca sob sua proteção? Ela é porteira, tem a chave do coração de Jesus, seu Filho.

Maria, aqui, é associada a elementos da cultura e religiosidade popular que fazem referência aos caminhos e portas[31]. Abrir caminhos...! Isto não lembra traços da cultura religiosa africana no Brasil, ou mágica? Já o fato de nomear a novena de "Poderosa novena" diz muito sobre expectativas, concepções de eficácia – algo que concerne, *ma non troppo*, ao domínio da magia – e da visão que se tenha sobre outras novenas, à mesma Mãe, que talvez

---

[31] A associação de Maria com a porta é antiga e já consta na Ladainha Lauretana.

a não convença demasiado. Nada muito diferente, creio, do que a piedade popular, no longo tempo de sua existência, já concedeu a Maria. Como já afirmei, o contexto é outro, mas o ser humano é o mesmo.

Não sendo o objetivo desta obra a análise do discurso, não é preciso demorar-se em dissertar sobre orações e textos ligados à piedade mariana, o que, como se percebe, aqui se faz com parcimoniosa economia. Apenas anoto, portanto, algumas poucas palavras sobre a "poderosa" novena de *Maria Passa na Frente*[32]. Em nove dias clama-se, a Maria, para que passe na frente da "minha vida", da "minha saúde", "do meu trabalho", "das minhas finanças", "da minha casa", "da minha família", "dos meus afetos e relacionamentos", "da minha fé" e "dos meus impossíveis". É a religião do pronome possessivo.

É evidente que, mesmo que não me caiba julgar sobre a ortodoxia da fé em tal oração, demonstra, a novena, fidelidade ao que há de mais santo e, mesmo, altruísta. Começa por pedir que Maria ajude a pessoa a ser um indivíduo melhor em vários quesitos, inclusive em sua vida de fé. E, quando se refere à casa e à família, pede inclusive pelos animais domésticos. Também roga por luz aos inimigos (muitos salmos bíblicos e orações pretéritas não tinham a mesma caridade para com os inimigos).

É importante referir que as orações, ladainhas, novenas que deitam suas raízes na renovação carismática católica e, mesmo, que a ultrapassam, tendem a ser holísticas, a ver integralmente o sujeito e a rogar por suas várias dimensões, seja na vida afetiva, relacional, psíquica, social, comunitária, eclesial, econômica... E, assim, não só não distam da sensibilidade mariana de tempos idos, que envolvia as necessidades de grupos humanos e

---

[32] A novena pode ser consultada em http://www.teologiacatolicainterativa.com.br/maria-m%C3%A3e-da-igreja-a-imaculada/maria-passa-na-frente/ (Acesso em 09 de setembro de 2015).

sociedades, mas, inclusive, a alarga. Mas, se a alarga, o faz a partir do "eu", e não do "nós". Já não é mais o mundo, a sociedade, a pátria, o trabalho, a família que estão na ponta, e o indivíduo, por sua vez, subsumido em tais realidades. Agora as realidades, todas elas, estão subsumidas ao indivíduo, são "rezadas" a partir e para o bem-estar do indivíduo. As sociedades antigas não conheciam o indivíduo atômico. O senso coletivo de comunidade, de clã, de aldeia preponderava sobre o indivíduo em suas subjetividades. O indivíduo, como ser individual (com o perdão do pleonasmo), é fruto da modernidade, e tal sintoma se "agrava" na hipermodernidade. Agora o *eu* é o centro, e tudo o mais orbita à sua volta[33].

É, contudo, muito interessante reparar que a sexualidade, na novena, é trazida à tona, nomeada, esta palavra que tanto rubor causou e causa – historicamente – na Igreja, ao menos dita assim, à luz do dia e em prece à Virgem. Se dantes, para ser piedoso, era preciso calá-la, agora a dita cuja faz parte da própria piedade. Claro, não pensem os mais apressados que isto queira dizer maior flexibilidade em se abordar temas ligados a este conceito. O conteúdo sobre a sexualidade continua, *grosso modo*, o mesmo. O que muda é que se nomeia a antiga serpente, proscrita das pias orações e conversações religiosas. A sexualidade é assumida como um dom de Deus a ser corretamente preservado e que, para tanto, vale a pena rezar. Também a linguagem sobre ela torna-se menos pesada, ou, ao menos, matizada com tintas menos fortes.

Enfim, muito do que outrora era visto com suspeita por certas piedades é agora redimido, como o lazer. Também uma ajuda dos Céus à forma física ("Para que meus ossos e minha musculatura ganhem o sopro da vida") pode se unir às atividades na academia

---

[33] Já não se roga por uma sociedade mais justa, mas pelas minhas finanças.

de ginástica. O corpo redimido! E por que não alguma ajuda para passar em um concurso público ("Dos meus concursos, testes e entrevista que fiz e farei"). Não, não ajude a todos, mas os "meus" concursos, testes e entrevistas. Afinal, muitos são os chamados, e poucos os escolhidos! Por fim, é claro, estão os "impossíveis". Afinal, não foi o anjo que declarou à Virgem que para Deus não há impossíveis (Lc 1,37)?

Veja bem, caro leitor: eu considero mui linda a citada novena e, certamente, mui útil se a Senhora em tudo nos, digo, *me* abrir as portas requeridas e estiver à frente de tudo que sou e que me envolve. Não pretendo julgar a novena por um suposto lado psicológico, talvez até patológico, de uma extrema dependência mariana em tudo, em que minhas responsabilidades e decisões pessoais tendem a ficar mitigadas. Afinal, para boa teologia e mística, o importante é "que seja feita a Tua vontade, na terra como no Céu" e que "Cristo seja tudo em todos", a ponto de se dizer, em união mística, "já não sou eu quem vive, mas Cristo vive em mim" (Gl 2, 20). Mas isto tudo se refere a Deus e a Jesus Cristo, por suposto. Mas vá lá: mãe judia não larga o Filho. Também não imputo – como já disse este não é meu papel aqui, nem tenho competência e moral para tanto – algum fumo de heresia a esta ou aquela palavra ou parte da novena (creio, mesmo, que, além de bela, é de todo ortodoxa, com a vênia de, talvez, algum pormenor). O que apenas ouso afirmar é quem está no centro desta oração: o indivíduo pós, ou hiper, moderno. Um mundo que, cada vez mais, responde pela palavra *eu*. E Maria, claro, é também chamada a dar o seu *fiat voluntas tua* a esse admirável mundo novo.

3. A Virgem pop (à guisa de digressão e devaneio...)

Neste cenário atual, tão afeito ao espírito pós-moderno, Maria se torna, a um tempo, grande e banal, devido à massificação de seu culto e do consumo que se faz dele, a ponto de alguns pesquisadores se perguntarem se, em um santuário como o de Aparecida, as mercadorias foram criadas para Maria ou se Maria foi feita para vender mercadorias[34]. Penso que aqui, de fato, está a mão dupla paradoxal da grandiosidade e da banalidade, muitas vezes intrincada naquilo que cresce demasiado. Mas, se Maria justifica o consumo e é consumo, ainda que banalizado, é porque sua significação também se inscreve na trivialidade do dia a dia. E, assim, não foge ela aos padrões de antanho, em que se encarnava na vida, necessidades e esperanças das pessoas, com a diferença de que não havia, em épocas remotas, produção em série e sociedades de consumo como as que conhecemos hoje. Entretanto não é verdade que, em certos períodos de antanho, o comércio de relíquias – como o do leite de Maria, de suas lágrimas, de fios de seus cabelos – era abundante? Cada época com aquilo que é seu! Só o que, no íntimo, parece não mudar são – se quisermos dar crédito a Carl Gustav Jung – os arquétipos humanos. Apenas se contextualizam.

Entrementes Maria, hoje, já não é propriedade dos cristãos, da Igreja ou dos católicos. Na pós-modernidade as religiões passam a ser, também, como que *"caixas de ferramentas simbólicas"* disponíveis a todos, que tomam por empréstimo elementos das tradições religiosas já existentes e os ressignificam conforme as várias subjetividades ou experiências que se queira produzir com eles[35]. Maria, portanto, sai do circuito estritamente religioso e devoto e passa a figurar – literalmente – em experimentos da arte *pop* que fazem releituras

---

[34] Lourival dos Santos, *A família Jesus e a Mãe Aparecida: história oral de devotos negros da Padroeira do Brasil (1951-2005)*, p. 250.

[35] Danièle Hervieu-Léger, *Representam os surtos emocionais contemporâneos o fim da secularização ou o fim da religião?*, p. 44.

Figura 8. A doce Mãe de Deus ("doçura nossa, salve!"). Montagem sobre estampa popular.

criativas do evento Virgem Maria. Para Menezes[36] "os santos são, ou melhor, estão *fashion*", e Maria não foge à regra.

É verdade, porém, que este desenraizamento de Maria em relação aos vínculos especificamente religiosos não é novo e, ao seu modo, existiu em diferentes épocas. E, frise-se também, ainda que tais imagens não explicitamente ligadas à Igreja existissem e existam, estão elas ligadas às diversas formas de pessoas e grupos vivenciarem, fora dos certames eclesiásticos, a sua fé – ou a simpatia, a empatia, a sensibilidade – mariana.

No Brasil, como reza o ditado popular, tudo acaba em samba e, portanto, Maria também entrou na avenida. Talvez a apropriação dos elementos sagrados por instâncias de uma festa tão telúrica como a do carnaval brasileiro seja um ícone destas "estreias" contemporâneas de Maria longe dos altares. Nos enredos de carnaval, bem como em adereços e carros alegóricos de escolas de samba, Maria costuma aparecer como destaque. Assim a Unidos do Peruche, Unidos de Vila Maria, Leandro de Itaquera, Águia de Ouro, todas de São Paulo, já fizeram referência a Maria em seus carnavais, bem como, no Rio de Janeiro, a Beija-Flor, Unidos de Vila Isabel e Unidos da Tijuca, sendo que, no caso do Rio de Janeiro, imagens da Virgem conseguiram ser vetadas, total ou parcialmen-

---

[36] Renata de Castro Menezes, *Uma visita ao catolicismo brasileiro contemporâneo*: a bênção de Santo Antonio num convento carioca, p. 26.

te, por intervenção da Arquidiocese[37]. Vale destacar, ainda, o samba imortalizado na voz de Clara Nunes, "Portela na Avenida" (composição de Mauro Duarte e Paulo César Pinheiro)[38], uma verdadeira pérola, pois que comporta poética simbiose entre a religião e a vida do povo.

Mas, finalmente, chamo atenção, aqui, para os ícones de Maria que ultrapassam – embora nelas se assentem – as tradicionais piedades marianas ocorridas entre os séculos. As imagens da artista francesa Soasig Chamaillard, falam por si, mas merecem uma ou outra palavra.

Figura 9. Maria como supermulher, por Soasig Chamaillard.

Não terá a arte *pop* razão? Não é, Maria, uma supermulher?[39]

---

[37] José Cordeiro, João Rangel, Denílson Luís, *Aparecida*. Devoção mariana e a imagem padroeira do Brasil, p. 220s.

[38] Letra do samba disponível em: http://letras.com/clara-nunes/82991/ (Acesso em 01 de outubro de 2015).

[39] Remeto, aqui, à premiada tese de Iuri Andréas Reblin, *A superaventura:* da narratividade e sua expressividade à sua potencialidade teológica, São Leopoldo, EST, 2012. 261 fls, em que o autor explora teologicamente o mundo dos *comics*, histórias em quadrinhos e banda desenhada.

Alça do sutiã aparecendo e, ao invés do Rosário, a guitarra estampada com o sagrado coração. Maria é *fashion*, demonstra *sex appeal* e fala a linguagem cultural das novas gerações, em que a performance reina absoluta. Afinal, não é verdade que as bandas católicas de rock se multiplicam? E que o tempo das anáguas e véus sequer existe na lembrança das novas gerações?

Figura 10. Maria rockstar, por Soasig Chamaillard.

Nossa Senhora da Vitória, ou da Batalha, revisitada? Aqui a arma do Rosário é traduzida *à vera*. Ainda está a proteger certas nações (e seus patrimônios, representados pela nota que, piedosamente, reza *in God we trust*). Veste-se com o pavilhão que defende. Nossa Senhora da Atalaia!! Em um país que cultua as armas, como Maria poderia ficar indiferente a esta índole civilizacional?

Figura 11. Nossa Senhora da Batalha (?). One, por Soasig Chamaillard.

Parte III – *Mater brasiliensis*

Figura 12. Barbie como Nossa Senhora de Fátima (e pastorinhos), dos artistas argentinos Pool e Marianela.

Você já entrou em uma destas lojas que vendem objetos religiosos? Maria está nas camisetas, nos brincos, nos vestidos... Por que não estaria entre as bonecas? Uma imagem de gesso não é, de certo modo, um boneco? Mas note: é a Barbie, a mulher símbolo do mundo infanto-juvenil de tantas meninas modernas. A mulher bem-sucedida, branca, magra, rica, poderosa, enfim, bela para os padrões vigentes na maior parte das sociedades. A religião passa, também, ao mundo do lúdico: brinca-se de religião. Se, na pós-modernidade, experimenta-se religião, para perceber qual a melhor *para mim*, neste momento por que não brincar de religião, brincar de Deus (ou de Virgem Maria)? Eu sou Francisco, minha melhor amiga será a Lúcia e minha vizinha a Jacinta. Vou chamar minha mãe para que faça o papel de Maria. Assim experimentamos a história e a recriamos. E a recriaremos, claro, a partir dos padrões da indústria do belo, do lúdico e do socialmente bem aceito.

Figura 13: Imagem "gótica" da Virgem? Qual sua "tribo"?

Ao olhar para esta Maria ao lado, o que – ou quem – você vê? O que transmite seu olhar, sua performance, seu gesto, sua veste? Em que difere, e em que converge, em relação às antigas pinturas, afrescos e estatuárias da Virgem? Releitura? Heresia? Arte? Decifre-me!

E, assim, Maria continua a refletir seus rostos em novos espelhos. Mas...

As imagens anteriores parecem iconoclastas, isto é, não pretendem ser a representação da Virgem a partir de seus contextos primários e originais, da teologia, piedade e devoção cristãs, mas, justamente, pretendem a quebra dos modelos de tais contextos[40], no espírito do desconstrucionismo. Portanto, mais que obras artísticas – que também são – ou de apelo comercial, seriam representações que se alimentam de símbolos de uma fé para a construção de performances artísticas que se encontram descompromissadas com a fé, ao menos aquela referenciada pela Igreja e pela piedade popular. Buscam-se nas tradições e instituições religiosas elementos de crença e símbolos que tenham ou deem algum sentido, porém,

---

[40] *Eikon* (ícone) + *klastein* (quebrar), quebrar imagens.

> a partir da subjetividade de experiências, sem fidelidades a identidades fixas, ultrapassando fronteiras antes bem delimitadas e borrando-as. Cada vez mais estes (micro) cosmos – de sínteses ou fragmentos – (...) [tomam] por empréstimo elementos das tradições religiosas já existentes, numa seletiva escolha daquilo que funciona e faz sentido[41].

Como Maria faz sentido para pessoas desenraizadas da religião cristã institucional? Sim, pois é possível não estar ligado, em fé e prática, a uma determinada religião e, ainda assim, seus símbolos mostrarem-se significativos a partir de outros significados que não os originários de suas matrizes tradicionais religiosas. A cultura *pop* pós-moderna, portanto, que se quer, em boa medida, liberta e livre de compromissos éticos, estéticos e normativos, religiosos ou não, elabora os elementos religiosos – que carecem de patente formal – a seu modo e gosto criativo, fazendo-os coincidir com formas de sociabilidade e de imaginação que não pedem o *nihil obstat* da Igreja ou das tradições religiosas em geral[42].

O cenário acima descrito, entrementes, parece-me não estar muito longe da piedade popular, que sempre soube ver e "usar" – e (re)criar – os símbolos religiosos a partir de seus contextos e necessidades específicas, fazendo-os operar, muitas vezes, em chaves distintas das cridas e "usadas" pela Igreja institucional. Contudo é preciso apontar, nesta comparação, uma diferença fundamental: a piedade popular sempre interpretou e vivenciou os símbolos religiosos a partir da fé – e das matrizes da fé católica – ainda que tal fé nem sempre coincidisse, em ortodoxia e prática, com a preconizada pela instituição Igreja. Enfim, a piedade popular vivencia e reinterpreta os símbolos cristãos *a*

---

[41] Rodrigo Portella, *A religião na sociedade secularizada*: urdindo as tramas de um debate, p. 38.
[42] O que muitas vezes, evidentemente, é fonte de conflitos com a Igreja que, com ou sem razão, considera-se a legítima depositária de certos símbolos e de sua gestão.

partir de dentro da fé cristã. É o povo, neste sentido, o legítimo depositário de tais símbolos. E isto faz uma diferença enorme, ou seja, a legitimidade e o valor da arte não podem ser banalizados pelo interesse comercial ou pela subjetividade que, em sua liberdade, tudo submete a si. Mirar Maria é mais do que um ato que pode ser subsumido, simplesmente, a tais critérios externos à fé. Mirar Maria é professar a fé![43] Sem fé é impossível ver Maria *tota pulchra*. A arte sobre os símbolos da fé, certamente, existe e pode existir sem a fé, mas perde, assim, seu fundamento original: *re-velar* o sagrado!

---

[43] Para a pintura dos ícones bizantinos, nas Igrejas Ortodoxas, o artista, via de regra, deve – ou devia – passar por um processo de preparação espiritual e técnica, isto é, purificação do coração e dos sentidos, já que é – ou era – crido que os anjos, ou o próprio Deus, podiam pintar por meio da mão do artista. Neste sentido os ícones ortodoxos não são apenas imagens, mas imagens *literalmente* sagradas, isto é, habitadas pelo poder sagrado, revelando-o aos que as contemplam.

Miragens

> *O elemento popular sente, mas nem sempre compreende e sabe; o elemento intelectual sabe, mas nem sempre compreende e, sobretudo, sente.*
> Antonio Gramsci

> *O reflexo também carrega a sua verdade. Com essa verdade, aquele que reflete é refletido e, no mesmo instante, também o refletido reflete. Assim somos nós, mãe. Pelo amor, eu a refletir-te e tu a refletires-me, eu a ser reflexo de ti e tu a seres reflexo de mim. Recebi o amor que me deste e com ele te fiz. Recebeste o amor que te dei e com ele me fizeste.*
> José Luís Peixoto, Em teu ventre

> *A promessa do Shabat é de um outro tipo de olhar. Olharemos para Deus e repousaremos no olhar de Deus.*
> Timothy Radcliffe

A Virgem amamenta o menino Jesus, mas, num gesto generoso, parece oferecer o outro seio para aqueles que anseiam por seu leite, que dá vida ao divino, o leite da "plena de graça", como a traduzir, para a Virgem, o tema da *Caritas Romana*.

Conforme a interpretação do historiador de arte Jean-Yves Cordier, o dourado solar contrasta com o fundo estelar noturno, símbo-

Figura 1. Nossa Senhora de Tréguron, c. 654, Gouézec, Bretanha, França.

los harmonizados pela Virgem com o menino. Na glória da maternidade, Maria é coroada por dois anjos, e o menino suporta o pesado seio direito de sua Mãe, com a palma da mão. Jesus está nu, pênis ao ar, evidenciando que, de acordo com os evangelhos, foi ele circuncidado.

O nicho foi fechado, durante muito tempo, por duas abas, que desapareceram. Foi limitada sua exposição? A tradição relatada por alguns autores é a de que as mulheres em dificuldade de amamentação estariam furando pinos na parte inferior do vestido da Virgem. Certo é que a imagem foi modestamente coberta até 1950.

A pujança, cor, luz e simbolismos presentes na imagem mostram a Virgem em toda a sua grandeza arquetípica.

1. *Specere*

Specere[1].

A viagem mariana realizada até aqui revelou, creio, um pouco sobre o tema da iconografia mariana na história da arte e das

---

[1] Do étimo *specere* deriva uma série de palavras que poderiam, à exaustão, ser atribuídas à religião, em geral, e à mariologia, em particular, como espectro, expectativa, perspectiva, inspeção, prospecção, introspecção, especulação, espetáculo, além de, é claro, espelho. Nas páginas seguintes, ainda que tais palavras não sejam explicitadas, o leitor atento poderá descobri-las, em seus signos e significados, em meio às reflexões oferecidas.

devoções cristãs, trazendo à tona as relações entre as expressões iconográficas e devocionais marianas e as mentalidades, teologias e ambiências das épocas em que, respectivamente, surgiram.

Na antiguidade, Maria é, basicamente, a *Theotokos* e o *Typos* da Igreja, sendo que, no Oriente, é também adornada com os títulos de *Basílissa* (Imperatriz) e *Skope* (Palácio)[2]. Maria é, portanto, mais que figura individualizada, pois que um símbolo da Igreja, ligada ao mistério da encarnação e à ordem político-eclesial. Somente a partir do século IX começa ela a ganhar contornos individualizados para a fé e devoção católicas. Clodovis Boff[3] dá-nos breve esquema sobre a evolução da percepção sobre Maria. Resumindo: Alta Idade Média (VI-XI): Maria é nobre, protetora de imperadores e modelo para imperatrizes; Baixa Idade Média (XII-XIII): Maria torna-se a Nossa Senhora, Dama da cavalaria cristã, inspiração das grandes catedrais; é também a Senhora da Misericórdia com seu grande manto, protegendo nobres e plebeus; mas também é a conquistadora nas cruzadas e na reconquista; fim da Idade Média (XIV – XV): Maria, sobretudo, reina em majestade; Renascimento e Luzes (XVI-XVIII): Maria torna-se cada vez mais auxílio dos cristãos, nas batalhas contra mouros, hereges ou protestantes; capitã nas conquistas das Américas; Modernidade tardia (XIX-XX): Maria torna-se baluarte do papado e das novas nações; auxiliadora da Igreja diante dos desafios da modernidade (materialismo, racionalismo, anticlericalismo); apresenta-se como rainha da paz diante dos conflitos.

A partir deste breve *zoom* é possível dizer que,

> a evolução da iconografia mariana demonstra de forma exemplar a íntima relação entre a evolução da linguagem da arte e a evo-

---

[2] Clodovis Boff, *Mariologia social. O significado da Virgem para a sociedade*, p. 272.

[3] Clodovis Boff, *Mariologia social. O significado da Virgem para a sociedade*, p. 273ss.

lução de pensamento teológico e da fé da Igreja acerca da mãe de Cristo no mistério da Igreja e na história da humanidade[4].

Emília Nadal ainda complementa tal argumento ao verificar que,

> os pormenores de significação como símbolos específicos, vestuário, posição das mãos da Senhora e o estilo da arte, conferem a cada invocação uma identidade geralmente conotada com a respectiva época histórica. É o caso das Senhoras do Carmo, da vitória, das necessidades, da lapa, dos remédios, etc.[5].

Portanto, "as visões de todas e cada época concreta da história da Igreja formam um livro ilustrado que traduz as concepções dogmáticas específicas do período em questão"[6]. Entretanto é importante frisar que tal "evolução" não se faz de cima para baixo; arrisco mesmo a dizer que é o contrário, vai de baixo para cima, pois, conforme Nadal[7], a arte cristã é, essencialmente, uma linguagem de testemunho, devendo ser uma consequência da experiência de fé[8]. Portanto, detenhamo-nos neste ponto: as faces de Maria refletem – basicamente – os rostos da fé do povo em cada época e lugar. Não que a teologia mariológica simplesmente vá a reboque destes rostos da piedade geral; interage com eles, os vê, percebe e tenta fazê-los visíveis em uma estética mais doutrinal[9]. Mas nem

---

[4] Emília Nadal, *Maria na iconografia cristã*, p. 124.
[5] Emília Nadal, *Maria na iconografia cristã*, p. 130.
[6] Benz *Apud* Peter Stilwell, Cristina Sá Carvalho, *Aparições*, p. 41.
[7] Emília Nadal, *Arte e mundividências. A comunidade, o homem e o religioso*, p. 56.
[8] Em Éfeso a vontade do povo cristão dobrou alguns teólogos e clérigos. A proclamação de Maria como sendo a Mãe de Deus, se não foi uma concessão da Igreja hierárquica ao povo, não foi feita, entretanto, sem o estreito vínculo da fé popular, ou mesmo sob pressão desta.
[9] Lembremo-nos que também o teólogo e o bispo foram, antes de adquirirem o saber teológico acadêmico e a responsabilidade do episcopado, leigos marcados por devoção e afeição mariana geracional, cultural e pessoal específicas, tantas vezes bastante popular. Portanto se as fronteiras entre o popular e o oficial se delimitam, também são elas "borradas", intercambiáveis. E, de todo modo, teologia também é, e muito, (auto) biografia.

sempre. E justamente nos pontos de intersecção, nos movediços das fronteiras entre as sensibilidades piedosas populares e o saber oficial eclesiástico, nas tensões naturais de todo processo dialético é que, julgo, reside o maior encanto, pois que aí encontramos o desafio do diálogo, sempre inconcluso como o viver[10]. Refletidos nos espelhos de Maria quem aparece, de fato, é o povo, inclusive você e eu, tenhamos fé que remove montanhas ou montanhas de fé removidas.

Mas seremos, nós, figuras sempre tão embaçadas nos espelhos marianos? É o que me pergunto ao ler, por exemplo, esta pia explanação – muito lógica e politicamente (eclesialmente) correta – num livro fruto do diálogo ecumênico sobre Maria: "deve-se reconhecer, também, o esforço pastoral que se desenvolve em alguns grandes lugares de peregrinação (Lourdes, La Salette...), para permitir aos peregrinos uma experiência de fé autêntica e formadora"[11]. Contudo, pergunto: sem tal "esforço pastoral" (por parte do clero, pressuposto) não seria possível, aos peregrinos, uma "experiência de fé autêntica e formadora"? Sem este balizamento, esforço e apoio, a experiência seria inautêntica? O que é experiência? Fazer a experiência do sagrado, de forma "autêntica", depende do esforço pastoral da Igreja? Quem se arroga a perscrutar as almas e definir o que elas sentem e experimentam, e se tais sentidos e experiências são autênticos?[12] Trago aqui, mais uma vez,

---

[10] É verdade que a morte conclui a vida. Mas a memória dos mortos, feita por diversos modos, e mesmo a insistente presença dos mortos na vida dos vivos, através das mais variadas formas de solidariedade e interação, provam que mesmo a morte é incapaz de colocar ponto final à vida (talvez, quem sabe, coloque reticências...).

[11] Grupo de Dombes, *Maria no desígnio de Deus e na comunhão dos santos*, p. 65s.

[12] Pierre Bourdieu (*A Economia das trocas simbólicas*) lança mão da noção de "discurso de instituição" ou "discurso de autoridade", legítimo e legitimador, proferido pelas pessoas legítimas, em contextos legítimos, para os receptores legítimos (reconhecedores dos emissores legítimos), nas formas legítimas. Daí ele concluir que a força das palavras (e de outros signos) não é intrinsecamente linguística, mas social (podem nem ser compreendidas, mas terem força). A respeito desta questão: Rodrigo Portella, *Discurso religioso, legitimidade e poder: algumas considerações a partir de Bourdieu, Foucault e Heller*, p. 567-576.

Renato Teixeira, em seus icônicos versos da canção *Romaria* que traduzem, com sensibilidade, a condição do devoto diante de tão grande e misericordiosa Mãe: *Como eu não sei rezar, só queria mostrar meu olhar, meu olhar, meu olhar*. O eloquente silêncio do olhar: símbolo da condição humana que, diante do sagrado, não se reduz a teologias e tratados de sociologia, mas só encontra tradução na *miragem*[13].

A partir deste conceito – miragem – é possível dizer que a "experiência do espelho coloca em cena uma fenomenologia na qual o olhar é central: o espelho e o olhar não são apenas indissociáveis, eles derivam um do outro"[14]. E segue o autor, referindo-se à experi-

---

[13] Do ponto de vista da etimologia da palavra, *miragem* tem origem no latim *mirare* (admirar-se, ver, olhar), que passou ao francês como *mirer* (olhar atentamente) (*Dicionário Houaiss da Língua Portuguesa-Tomo XII*, Lisboa: Temas e Debates, 2005, p. 5527). A expressão francesa *se mirer* significa, por sua vez, ver-se no espelho (*miroir* = espelho). Já do ponto de vista da física e da óptica, miragem é "uma imagem causada pelo desvio da luz refletida pelo objeto, ou seja, é um fenômeno físico real (ilusão de óptica) e não deve ser confundida com uma alucinação" (Disponível em: https://pt.wikipedia.org/wiki/Miragem. Acesso em 02 de outubro de 2015). Miragem é, portanto, "um fenômeno óptico real que ocorre na atmosfera e que pode inclusive ser fotografado" (Disponível em: http://www.sofisica.com.br/. Acesso em 02 de outubro de 2015). Continua a informar, ainda, o citado sítio de física: "nós só podemos ver porque os objetos refletem ou emitem luz. É justamente essa luz, que chega aos nossos olhos, que é enviada por meio de sinais elétricos ao cérebro. Interpretando os sinais, o cérebro dá forma aos objetos e assim nós enxergamos as coisas. O problema (se é que podemos considerar isso um problema) é que o nosso cérebro entende que os raios de luz se propagam sempre em linha reta. Isso até seria verdade, se os raios nunca sofressem nenhum desvio pelo caminho. O desvio da luz pode ocorrer quando os raios atravessam meios com diferentes densidades, como da água para o ar, ou ainda de um ar mais frio para um ar mais quente, ou passam através de lentes" (Disponível em: http://www.sofisica.com.br/. Acesso em 02 de outubro de 2015). A questão, portanto – se me permitem a metáfora –, é que a percepção das ciências (sejam elas teológicas, sociológicas ou outras) tende a ser sempre a que vê a luz (ou a realidade, sociedade ou Deus) em "linha reta", isto é, na racionalidade própria aderente a cada ciência em sua interpretação do mundo. Contudo, a vida – a experiência da existência – sofre, também, "desvios de luz (...) pelo caminho", pois as existências – individuais e coletivas – apresentam "diferentes densidades". Neste sentido é que tenciono ver a experiência do sujeito – particular ou coletivo – como sendo sempre "autêntica", ainda que não seja "autêntica" ao modo das linhas retas das ciências que, forçosamente, devem "explicar" a realidade e não costumam fazerem-se parceiras tolerantes de paradoxos, uma vez que os paradoxos, justamente, representam certo tipo de antirracionalidade, ou melhor, de negação das linhas retas lógicas. A miragem (como realidade óptica ou como metáfora), brotando da experiência, tende a ser, assim, realidade mais complexa, e profunda, do que pode ser captado pelo modelo cartesiano de ciência moderna, inclusive aquele a que a teologia se rendeu.

[14] Antônio Quinet, *Um olhar a mais. Ver e ser visto na psicanálise*, p. 130.

ência do olhar da criança diante da mãe: "o Outro é, na verdade, o espelho no qual a criança se vê e se admira, ajustando sua imagem enquanto eu ideal às reações de Outro que vem no lugar do ideal do eu"[15]. É desta fusão indissociável entre espelho e olhar, entre o outro e eu, ou do eu que se reconhece no outro e nele se projeta, que também é feita, julgo, a experiência religiosa mariana (e não só ela)[16].

Mas estou longe – por falta de competência e por não fazer destes os meus caminhos epistemológicos – de querer explicar – nesta digressão – a experiência do devoto pela física ou psicanálise. Talvez mesmo a teologia e a sociologia não sejam *loci* puros para as divagações aqui contidas. O testemunho aqui tomado – de forma um tanto aleatória – de algumas teorias ou categorias provenientes a partir de fora da religião (sob minha interpretação), tem lugar apenas para ilustrar que a compreensão da autenticidade de algo – como a da experiência do sujeito, particularmente quando este sujeito não sou eu e tal experiência está longe de ser a minha – não deve ser refém de preconceitos meus, sejam ou não eles atestados ou fundamentados em meus saberes sempre tão certos e verdadeiros de minhas crenças científicas, acadêmicas ou da fé que me evolve. Sem querer remeter a questão a algum tipo de relativismo, forçoso é dizer que devemos, sim, relativizar nossa visão quando no deparamos com a visão de outrem. Portanto, não relativismo, mas reconhecimento da alteridade e de seu direito em afirmas-se como autêntica em suas experiências[17].

---

[15] Antônio Quinet, *Um olhar a mais. Ver e ser visto na psicanálise*, p. 131.

[16] Não me aproximo de Ludwig Feuerbach (1804-1872), pois não interpreto esta "projeção" como ilusória ou como alienação; ao contrário, penso que é uma (re)apropriação, uma união que, claro, envolve algum tipo de alienação que, entretanto, aqui não é lida em chave negativa, mas dialética, ou seja, a projeção não visa, ao fim, uma perda e uma ilusão, mas a garantia da identidade fundada na experiência relacional do ser humano com o sagrado intuído, justamente, por meio da experiência.

[17] Para esta questão remeto o leitor a Emmanuel Lévinas (1906-1995).

Talvez seja mais adequado, nesta empreitada, recorrer a teólogos que, sensíveis, sabem observar nos rostos do povo os rostos de Maria, e os dela nestes: "Maria não aparece tanto acima do povo de Deus, mas junto com ele, no meio dele (...). Sentem a Virgem não atuando no seu lugar, mas junto delas"[18]. Assim a espiritualidade mariana, no povo, é visceral, no sentido de ser regida mais pela afetividade, como se pode ver no tratamento carinhoso dos devotos a Maria: "Santinha", "Minha Nossa Senhora", "Mãezinha querida", "Virgencita", "Morenita", dentre outros apelos afetivos[19]. Conforme Brandão[20]: "o povo brasileiro tem um modo original de invocar a Virgem Santíssima (...). Minha Nossa Senhora! (...). Os gramáticos acharão errada a expressão, mas se meditassem, veriam que nada é mais acertado e belo, significativo e profundo na linguagem popular". Assim como na ordem da gramática "Minha Nossa Senhora" surge como possível contradição, também no campo da teologia – e mesmo em outras searas – a devoção mariana poderá entrar em conflito com "sã e ortodoxa" teologia. Mas, quanto à língua e à gramática, é preciso lembrar que o que a constitui, em última instância, é o uso que faz dela o povo em sua experiência diária, o que faz com que as línguas, sejam quais forem, transformem-se com o tempo, a dar ganha-pão a linguistas e gramáticos, e também aos editores de sempre renovadas edições de dicionários. No campo da teologia se dá algo semelhante, ou seja, se é verdade que Jesus é sempre o mesmo, ontem, hoje e amanhã (Hb 13,8), também é verdade que a experiência e a compreensão do numênico não são estáticas, mas dinâmicas, dado que tal experiência é relacional, viva, animada (com alma). Com isto não entro na discussão sinuosa e sutil sobre a evolução *da compreensão* do dogma e da

---

[18] Clodovis Boff, *Maria na cultura brasileira*. Aparecida, Iemanjá, Nossa Senhora da Libertação, p. 82.
[19] Clodovis Boff, *Mariologia social*. O significado da Virgem para a sociedade, p. 554.
[20] Ascânio Brandão, *Maria no descobrimento e na independência da América*, p. 19.

verdade. Não é a isto que me refiro, e nem mesmo é de meu interesse tal questão. Aqui falo de experiência religiosa. Assim,

> a religiosidade popular permanecerá sempre como a 'religiosidade do coração', 'o sentimento de dependência', o lugar onde se experimenta 'o sentido e o gosto pelo infinito' (Schleiermacher), a 'força da vida que se dilata' (Van der Leeuw), o 'bom senso de viver', como aspiração de quem tem ainda esperança e a invocação daqueles que, não podendo alcançar a plenitude que desejam, enveredam pela estrada da invocação, da oração e da súplica[21].

Clodovis Boff[22] cita John H. Newman ao destacar que "as expressões exageradas do afeto religioso só são ridículas para os de fora, não para quem as vivencia". Portanto,

> é preciso desculpar os de fora que (...) creem poder definir o vigor ou a debilidade da fé pelas manifestações mais visíveis da devoção: estas acomodam-se tão bem aos processos da psiquiatria, da sociologia, da estatística! As coisas da devoção ficarão sempre ambíguas, como tudo que é de origem vital: quem dirá se a venda dos terços prova o progresso da crença em Deus, ou da superstição? A devoção pertence a esse gênero de essências mistas, envolventes, ambivalentes[23].

O leitor menos devoto, o católico iluminado (a modo do *Aufklärung*)[24] e o protestante mais seco talvez olhem para a

---

[21] Aldo Natale Terrin *Apud* Stefano De Fiores, *Figura bíblica de Maria e sua inculturação popular*, p. 322.

[22] Clodovis Boff, *Mariologia social*. O significado da Virgem para a sociedade, p. 555.

[23] Jean Guitton, *A Virgem Maria*: Nossa Senhora, p. 19.

[24] Houve tempo em que iluminação, no catolicismo, era a arte de traduzir pelo desenho, pintura, figuras e cores as belezas da mensagem bíblica e da liturgia, trazendo à luz da arte e do símbolo o espírito intangível da religião. Tal iluminação, ou iluminura, deveria, também, iluminar o leitor, levá-lo a despertar sua compreensão para além da letra, afinal, a letra mata, mas o espírito, da qual ela é grávida, vivifica (2Cor 3,6b). Mas, aqui, já não me refiro a estes.

Virgem, nesta história da piedade cristã, de forma desconfiada. Estaria o recurso que se faz à afetividade das experiências religiosas a justificar absurdos do ponto de vista da teologia que se quer imaculada? Como exemplo cito Fonseca[25], para quem alguns hinos tomam Maria por uma deusa, como por exemplo este – na verdade a tradicionalíssima consagração a Maria – por ele citado:

> Ó minha Senhora e também minha mãe | Eu me ofereço, inteiramente todo a vós | E em prova de minha devoção | Eu hoje vos dou meu coração | Consagro a vós meus olhos, meus ouvidos, minha boca | tudo que sou desejo que a vós pertença | incomparável mãe, guarda-me e defende-me | como filho e propriedade vossa. Amém.

Julgando ser um "maximalismo mariano", o autor critica, também, a consagração a Maria como tal (e não só a forma que aqui adquire a consagração). Aqui, penso, está o olhar de um liturgista afinado com as reformas litúrgicas e teológicas pós-conciliares, preocupado com os excessos devocionais, cioso da centralidade de Jesus, tanto na liturgia como na teologia. Contudo, parece ignorar serem muito comuns, no batismo de crianças e em várias práticas devocionais ordinárias na Igreja – inclusive incentivadas por parte do clero – as consagrações a Maria. Penso que tal purismo teológico-litúrgico, porquanto tenha seu lugar autêntico na lógica eclesial, não compreende, sensivelmente, o que de fato é religião. Ou seja, que religião é, antes que uma racionalização teológica, uma manifestação vital e cordial. Assim,

> tratar da devoção mariana ou da piedade mariana popular fora do contexto da cultura popular significa colocar-se numa posição

---

[25] Joaquim Fonseca, *Educar a piedade mariana*, p. 90.

defensiva, malévola e mortificante, que não compreende como a cultura implica concepções antropológicas que comandam as expressões e conferem a elas sentidos[26].

Ora, foi a partir do *sensus fidelium* que a Igreja definiu os dogmas da Imaculada Conceição e da Assunção de Maria. Ou seja, a piedade popular não pode ser vista como algo menor ou acessório, mas como manifestação que contém verdades significativas que, quando não propriamente de fé divina, ao menos são de fé humana, ou dizendo de outro modo, verdades profundas a respeito do ser humano em suas relações verticais (com Deus) e horizontais. Afinal, "o povo não parte de conceitualizações, mas de situações; não investiga, mas vive; não define, mas 'sente'"[27]. Ademais,

> o magistério da Igreja avalia de modo substancialmente positivo as manifestações marianas da devoção popular. Isto deve levar a excluir toda a atitude de recusa, menosprezo ou desconsideração desta profunda realidade religiosa que constitui uma particular experiência cristã, sentida e expressa em códigos linguísticos e comportamentos próprios e até originais[28].

Portanto, "expressa em códigos linguísticos e comportamentos próprios e até originais". Aqui o bispo de Leiria-Fátima – que certamente conhece de perto a realidade da piedade popular – sugere que há uma *episteme* ou gramática própria desta experiência que, por vezes, passa ao largo dos discursos normativos da teologia e do magistério oficial da Igreja. Autêntica, portanto, nos seus termos

---

[26] Stefano De Fiores, *Figura bíblica de Maria e sua inculturação popular*, p. 328.

[27] Giuseppe Agostino, *Piedade popular*, p. 1069, ou conforme Gregório de Nissa (335-394): "os conceitos criam ídolos de Deus, apenas a comoção deixa pressentir algo" (*Apud* Arnaldo de Pinho, *Para uma pastoral da religiosidade popular*, p. 36).

[28] António dos Santos Marto, *A devoção mariana e a nova evangelização*, p. 85.

próprios. E Clodovis Boff[29] chama a atenção para o fato de que, justamente por ser a piedade popular, de fato, popular – isto é, ser plural e não se restringir a uma tendência determinada – é ela católica. Aliás, é a este mariólogo, frade servita que viveu com o "pé no chão"[30] junto ao povo, desde as florestas do Acre até as favelas cariocas, que chamo para, com sensibilidade poética, definir que,

> o que, na verdade, se passa no mais profundo da relação entre o peregrino e a Virgem é algo de impenetrável e que pertence ao pudor do mistério e ao segredo dos dramas mais pessoais. Acontecem aí confidências que não se confessam senão à própria mãe. Pode-se apenas adivinhar o que sente o peregrino no mais íntimo do coração quando chega diante da imagem da Virgem, fecha os olhos em silêncio, balbucia sua prece, toca, acaricia e beija a 'santinha'. Por outro lado, o que percebe a testemunha externa, seja ela um curioso, um antropólogo ou um padre, são apenas as frases banais que o devoto, quando interrogado, repete, ou os pedidos-clichês que registra nos 'cadernos de orações' ou de 'intenções', ou ainda os ex-votos estereotipados que pendura nas paredes dos santuários. Afinal, a dor, como a vida, é sempre igual e, contudo, sempre personalíssima! A custo se pode entrever o sentido íntimo de uma oferenda, do gesto de juntar as mãos, de abrir os braços, de ficar prostrado, ou ainda de se arrastar de joelhos diante da Santa Virgem. Esses segredos só os sabe Aquela à qual são sussurrados[31].

Por fim, Edward Schillebeeckx, ao descrever as idiossincrasias da religião, não teme em dizer que "a religião não é somente referência a um terreno interior, nem um fenômeno puramente racional. Que Bernadette tenha de se arrastar por terra e comer lama e capim a pedido da 'Senhora' da aparição, é um desafio a quanto for puramente racional"[32].

---

[29] Clodovis Boff, *Mariologia social. O significado da Virgem para a sociedade*, p. 551.
[30] Um de seus livros, não por acaso, tem o sugestivo título de *Teologia pé no chão*.
[31] Clodovis Boff, *Mariologia social. O significado da Virgem para a sociedade*, p. 609.
[32] Edward Schillebeeckx, *Maria, Mãe da redenção. Linhas mestras religiosas do mistério mariano*, p. 101.

2. Speculatio

Speculatio[33].

Mas as imagens de Maria, erigidas durante os séculos, passam a transcender a experiência de indivíduos e grupos sociais e, como a poesia, colocada por escrito, passam à apropriação de todos aqueles que a elas se vinculam.

A variedade de imagens de Maria – mesmo sob um mesmo orago – aponta para sua humanização, no sentido afetivo do termo, ou seja, Maria é vestida, penteado, adornada de joias, de gestos, de olhares, de atitudes em reflexos da afetividade dos grupos humanos em seus tempos históricos e ambientes sociais. Neste sentido Maria pode ser uma rica senhora da nobreza ou uma simples e pobre camponesa, espelhando o sentido humano e social de cada grupo. Portanto, Maria também conhece sua encarnação – nas imagens – sob a égide da inculturação, assumindo as carnes e os espíritos presentes nos povos e em suas sensibilidades e interesses. Michel Meslin[34] fala da sacramentalização afetiva da imagem sagrada, ao que assente Palacios[35]: "os pés, as mãos ou o rosto da Virgem são vitais para quem os tem beijado; suas lágrimas, também, para quem as tocou; são pedras preciosas suas joias, e boas sedas coloridas os panos de seus vestidos". Vitais em duplo sentido: vivos através da imagem, e imprescindíveis para dar vida à gente de fé.

Contudo, com as luzes da racionalidade acendidas a partir dos séculos XVIII e XIX, parece-me que, aos poucos, a Virgem, ao menos nas suas iconografias, vai perdendo as fartas carnes que adquiriu – e, também, de certo modo, o amplo espírito – e vai se tornando mais diáfana, etérea. Assim, desde La Salette vão se

---

[33] Quando os reflexos de Maria nos espelhos da História ganham ares de especulação, inspeção, considerações. E, ao se especular, define-se mais, dá-se forma e racionaliza-se o ver.

[34] Ver a obra de Michel Meslin, *A experiência humana do divino*. Fundamentos de uma antropologia religiosa.

[35] Isidro-Juan Palacios, *Aparições de Maria*. Lenda e realidade sobre o mistério mariano, p. 31.

padronizando, cada vez mais, os modelos de aparição e mensagens, com poucas variações[36]. Estaria a experiência que o povo tem da Virgem ficado mais racional, mais adequada aos cânones oficiais? Ou tal experiência estaria sendo mais enquadrada, limada, adonada pelos cânones da fé em sua face oficial na Igreja? Para referir-me a Max Weber, estaria acontecendo uma "burocratização" das imagens e imaginários sobre a Virgem, a despeito da miríade e variedade de aparições nos últimos dois séculos? É para o que parece apontar Moisés Espírito Santo:

> As Senhoras camponesas saídas da terra são mulheres sorridentes, de traços fisiológicos eróticos (seios desenvolvidos ou descobertos, ancas largas) e seguram um menino; o seu rosto irradia orgulho ou arrogância, traços que são sublinhados pelas joias com que é costume ornamentá-las: é a mulher saciada e independente (...). A Imaculada Conceição, de que as de Lourdes ou de Fátima são versões recentes, não traz consigo o filho – na sociedade burguesa ele pertence ao pai –, e é uma mulher rígida e rectilínea, que transpira ascetismo, assexuada, símbolo da filha ou 'esposa fiel do marido'. A Imaculada Conceição é uma norma da moral burguesa. A ideologia que veicula este culto tende a reduzir o papel da mulher ao de objecto decorativo ou de criada[37].

A despeito desta padronização do imaginário ou burocratização da encarnação criativa da Virgem nas experiências do povo – de que, segundo Espírito Santo, a figura (não necessariamente o dogma) da Imaculada Conceição é modelo –, o que mais causa estranheza – e, inclusive, deveria causar estranheza para a teologia ciosa da ortodoxia dogmática – é a ausência, em tantas devoções modernas, do menino Jesus junto à Virgem. Mas, também, ao contrário das Senhoras de longes tempos, parece ter faltado,

---

[36] Carlos Alberto Steil, *As aparições marianas na história recente do catolicismo*, p. 29.
[37] Moisés Espírito Santo, *A religião popular portuguesa*, p. 111.

às Virgens do cenário mais recente, a teluridade, a encarnação, mesmo o papel de Mãe tão destacado em antanho, pois,

> a Virgem de Lourdes não está grávida como a de Guadalupe, não tem a ternura da Virgem de Kazan nem o desespero da de Macarena: abstrata, ela é a encarnação sobrenatural de um princípio feminino desencarnado. Enquanto 'pureza original', ela não pode ser suspeita de nenhuma paixão humana[38].

Já o jornalista, historiador, poeta e político português Tomaz da Fonseca (1877-1968), em sua coletânea de cartas denominada *Fátima: cartas ao Cardeal Cerejeira* – em que, com sua verve crítica à Igreja, faz uma ácida crítica à devoção à Senhora de Fátima –, oferece-nos num tom literário – e, por que não, teológico, pastoral e espiritual[39] – reflexão sobre o assunto, ao comparar a estatutária mariana das antigas igrejas com as das novas. Ei-lo:

> Resultado de todo este espetáculo? Que o digam os párocos de norte a sul de Portugal, em cujas igrejas e capelas dormem hoje, no olvido e cobertas de pó, além da velha Padroeira, todas as santas mães, desde a que velava no presépio, assistia aos partos, socorria os navegantes, amparava os inválidos, acarinhava os órfãos, até a própria Mater-Dolorosa, que nunca mais deixaram vir à rua, para se não saber que foi mulher e teve filhos. Hoje, a santa que o pobre Zé-pagante é obrigado a transportar aos ombros, de paróquia em paróquia, de santuário em santuário, é diversa das outras que, dando à luz, se tornaram matronas veneráveis. A da Cova da Iria é, unicamente,

---

[38] Marie-France Boyer, *Culto e imagem da Virgem*, p. 108.

[39] O texto, ainda que longe de ser teológico (o autor era mesmo anticlerical, apesar de ter sido – ou por ter sido – seminarista), parece-me, contudo, eivado de certos contornos pastorais importantes, isto é, a opção teológico-pastoral em favorecer a devoção a Maria (e sua iconografia) em que ela surge humana e solidária, a partilhar os sentimentos das pessoas.

virgem. Lá dizia aquela nobre dama de Cascais, ao receber, no guichê dos correios, o selo com a Padroeira: 'O quê? A Senhora de Fátima com um filho?' – Não, alma piedosa, aquela santa não tem filhos[40].

Se Maria, por um lado, continua solidária à vida do povo, encarnada em suas ânsias e esperanças, iconograficamente, porém, assume presença mais esguia, com menos "cara de povo", se me permitem a expressão. Temo dizer ser presença mais burguesa, pois o termo não tem, aqui, encaixe certo. Certo mesmo é que já não é a mesma Senhora farta de arraiais e festas, das capelas de província, da piedade mais rude, e, portanto, mais telúrica.

As devoções modernas, geralmente mais ligadas às aparições dos dois últimos séculos, têm tornado a Senhora mais padronizada, mais "item de série" – com o perdão da má comparação –, isto é, igual em todos os cantos. Dantes Maria era a Virgem específica da aldeia, da vila, da região, dos ofícios e das necessidades. Ainda que os títulos e funções se repetissem – Misericórdia, Saúde, Dores, Piedade, Remédios, Navegantes, Parto, Leite, Livramento –, a iconografia não costumava, via de regra, seguir padrões unificados, pois a Senhora encarnava-se na cultura do lugar, nos seus costumes, nos seus humores e caráter. A Virgem da Saúde de uma aldeia diferia da Virgem da Saúde de outro sítio; a Senhora da Piedade no norte era diferente da do sul; a Senhora do Leite catalã não era a mesma Senhora do Leite beirã. E tantas eram as diferenças que, entrementes, não eram somente icônicas, mas também na especialidade da cura. Como já foi referido, a Virgem não era a mesma em todo lugar – ainda que, por vezes, invocada sob o mesmo orago – e, assim, rezar a uma não era o mesmo que rezar à outra. Maria era mais plural, mais católica em sua diversidade.

---

[40] Tomaz da Fonseca, *Fátima:* cartas ao Cardeal Cerejeira, p. 24s.

Contudo, agora, Fátima é a mesma em todo lugar. Também Lourdes. E La Salette. E tantas outras que apresentam-se do mesmo modo e, também, com mensagens muito próximas, semelhantes. La Salette ainda terá o álibi de ter se apresentado como camponesa dos Alpes franceses e, portanto, é assim que se mostra naqueles Alpes, mas também no Rio de Janeiro ou em Bruxelas. Também é preciso frisar que boa parte da mensagem de La Salette faz referência aos problemas de colheita dos camponeses dos Alpes franceses. Assim, ainda não é uma devoção global e padronizada, mas pontual, particular, encarnada no cotidiano da sobrevivência da economia agrícola da região[41]. Em La Salette Maria enfatiza "meu povo... meu povo". Maria tem um papel ativo, pois "não comunica algo que lhe seja estranho, e sim, de que é plenamente participante"[42]. Mas Fátima e Lourdes, só para citar as duas expoentes máximas dos ícones marianos modernos, são as mesmas em todo lugar, globalizadas em termos culturais e artísticos, globalizando, assim, a fé que se padroniza. Talvez não seja coincidência atestar que os dois últimos séculos, ao menos até os anos 1950, foram os tempos de romanização da Igreja, do ultramontanismo, da centralização da fé e de suas expressões, no intuito de fazer o ser católico ser tal e qual em toda parte, isto é, romano no modelo.

Dentre todas as Virgens modernas, entretanto, a que parece mais globalizada, meio (figura) e mensagem, é Fátima. E talvez isto por uma questão bastante singular: sua mensagem – conforme atestada por Lúcia – referente ao comunismo e ao sofrimento da Igreja tiveram e têm dimensões globais, são mensagens para um mundo unificado, em que os acontecimentos num determinado país podem afetar as demais nações e a vida dos povos. É sinto-

---

[41] Leomar Antônio Brustolin, *Maria, símbolo do cuidado de Deus*. Aparição de Nossa Senhora em Caravaggio, p. 125.
[42] Franco Brovelli, *Entre Deus e seu povo com o coração transpassado*, p. 27.

mático, neste sentido, que Fátima surja em plena 1ª guerra mundial, isto é, no tempo em que as guerras já não eram problemas de algumas regiões e povos, mas, direta ou indiretamente, envolviam a todos em todos os lugares. O mundo passava, aos poucos, a ser aldeia global, e Fátima, neste sentido, surge como o ícone máximo do marianismo moderno.

Faço presente este cenário sem querer, necessariamente, realizar um juízo de valor sobre ele. Ou seja, não pretendo, aqui, afirmar – como poderá, à primeira impressão, parecer – que as Virgens pretéritas eram mais Maria do que as atuais, ou que a piedade de antanho fosse mais bela ou autêntica do que as dos dias que correm. É o leitor que deve, se assim lhe aprouver, tirar suas conclusões, caso as haja a tirar. Também não quero incorrer, aqui, em possíveis generalizações e anacronismos, pois também os tempos idos conheceram Virgens que apresentavam-se iguais, e os tempos modernos conhecem Senhoras que são mesmo únicas. Mas, parece-me, as proporções, num caso e noutro, não se equivalem. A Virgem de Montserrat e a de Czestochowa, por exemplo, são "padronizadas" iconograficamente, porém estão indelevelmente ligadas a um povo, seja o catalão ou o polonês, e suas imagens produzidas "em série", iguais, não vão muito além fronteiras, não são da massa global. Também seus significados simbólicos mais profundos permanecem ligados às culturas que as viram nascer. Tanto assim que, como já referido, uma Senhora podia virar-se contra outra em determinada refrega, e as Marias portuguesas estavam longe de simpatizar com as Marias castelhanas.

Contudo, voltando mais especificamente aos dissabores de Espírito Santo e Barnay, o que mais chama a atenção na iconografia das Senhoras dos últimos séculos – particularmente nas aparecidas – é a ausência do menino. Foi revelado que na Igreja antiga e, quase sempre também na medieval, Maria sem a criança era fato raro[43]. Afinal, é por causa da criança que Maria é Senhora, e é o menino o maior presente que a Virgem pode apresentar e ofertar ao seu povo. Agora, mais que nunca, Maria vem só.

Antes a Senhora não precisava dizer nada: mostrava a criança em seus braços, em seu colo, sugando o leite de seu peito ou, já adulto, mostrava o filho morto em seu regaço e... pronto, já estava ali toda a mensagem, todo o significado, toda a irradiação do sagrado. A Virgem que vem sem o menino, no entanto, necessita falar. Precisa racionalizar a mensagem por meio das palavras, dos segredos, das profecias. Já não é a Mãe que vem, mas a mensageira, a porta-voz. Também Maria conheceu a racionalização da religião.

Alguém, porém, dirá: mas é a iconografia da Imaculada Conceição a base de muitas dessas Marias aparecidas, e a tal é também muita antiga, e sem o menino. Sim e não! A primeira representação da Imaculada Conceição "na arte do Ocidente é envolta em simbolismo; representa o abraço de Ana e Joaquim diante da Porta Dourada de Jerusalém, e sugere Maria ter sido concebida de maneira natural, apenas com um beijo nos lábios"[44]. Portanto, nem mesmo Maria estará visível em tais representações, pois o que se quer representar é mesmo anterior ao seu nascimento, ou se preferir, o ato de sua concepção (na esteira do pensamento agostiniano que afirmava ser o pecado original transmitido pelo ato sexual; daí a sugestão do beijo).

A atual figuração da Imaculada Conceição surge, entrementes, no fim da Idade Média, e nem sempre sem a criança. Mas, claro, é já o desenvolvimento da mentalidade teológica de que a Virgem, em assunto dogmático que diz respeito primeiramente a ela – em-

---

[43] Contudo é a partir do medievo que a Virgem vai perdendo a criança e, assim, tornando-se ela a referência central, como no caso da Senhora da Saúde, por exemplo, dentre outras que também se fizeram visitar nesta obra.

[44] Magaly Oberlaender, *Mãe Maria*, p. 528.

bora por causa de Jesus –, não necessita figurar com o infante. É o início, portanto, de uma mariologia oficial em que, de certo modo, Maria torna-se a personagem principal no que diz respeito a ela própria[45].

Maria, entretanto, ao encarnar-se na era moderna, também perde sua intimidade. As cenas do leite, do parto, das dores, entre outras, eram cenas da intimidade. E era na intimidade de um povo, de uma cultura, de chãos inconfundíveis que ela se fazia presente. Também as grandes aparições conheceram, de certa forma, este aspecto íntimo da mariofania. A Virgem aparecia em lugares ermos, retirados, e de forma particular a alguns escolhidos, e só eles a podiam ver e ouvir e, se necessário, em seus dialetos locais.

A experiência do sagrado, se, por um lado, é um fato social e estruturante da sociedade – como o queria Émile Durkheim –, também é, e, penso, essencialmente é, um encontro de intimidade. É sozinho que Moisés vai encontrar-se com Javé; os profetas são extremamente solitários nas suas incompreendidas experiências de Deus e mensagens daí decorrentes; Jesus sobe aos montes para orar, sozinho, e, não obstante revelar que o Pai é nosso,

---

[45] Quanto à imagem de Fátima, por exemplo, é difícil dizer que tenha sido concebida, fielmente, a partir dos relatos dos videntes. Inclusive poderia, a imagem, ter o menino Jesus representado nela, já que em uma das aparições Ele surgiu junto à Virgem. Segundo Moisés Espírito Santo, a imagem oficial de Fátima é um "protótipo da incriatividade e a peça mais ingênua que a arte portuguesa criou até hoje. Foi concebida por Thadim, santeiro de Braga, em 1920, segundo indicações de Lúcia" (Moisés Espírito Santo, *Os mouros fatimidas e as aparições de Fátima*, p. 188). Mas quais foram as indicações de Lúcia? O autor as cita, retiradas dos depoimentos constantes da Documentação Crítica de Fátima: "o trajo era: um manto branco que chegava da cabeça até ao fundo da saia; era dourado da cintura para baixo, cordões a atravessar e de alto a baixo e nas orlas ouro mais fino. A saia era branca toda e dourada em cordões ao comprido e a atravessar, mas só chegava ao joelho. Casaco branco sem ser dourado tendo nos punhos só dois ou três cordões; não tinha sapatos, tinha meias brancas sem serem douradas; ao pescoço tinha um cordão d'ouro com medalha aos bicos; tinha as mãos erguidas; tinha nas orelhas uns botões muito pequeninos e muito chegado às orelhas; separava as mãos quando falava; tinha os olhos pretos; era de meia estatura" (*Apud* Moisés Espírito Santo, *Os mouros fatimidas e as aparições de Fátima*, p. 188). Agora compare, prezado leitor, a imagem de Fátima feita por Thadim (cujo modelo se encontra em todo sítio) e a da descrição de Lúcia, e tire suas próprias conclusões.

recomenda a solidão do quarto trancado para a nossa – a de cada um – apresentação diante d'Ele. A experiência do sagrado – ainda que possa dar-se comunitariamente – é sempre algo de íntimo e intransferível. Também foi assim que a judia holandesa Etty Hillesum passou a conhecer esta experiência:

> Como essa foi uma história estranha da minha parte: essa da rapariga que não conseguia ajoelhar-se. Ou, com uma variante: a da rapariga que aprendeu a rezar. É o meu gesto mais íntimo, mais íntimo do que os que tenho ao estar junta com um homem. (...) A rapariga que não conseguia ajoelhar-se e que afinal aprendeu a fazê-lo no tapete áspero de fibra de coco de uma casa de banho desarrumada. Mas estas coisas são quase mais íntimas do que as de teor sexual[46].

Entretanto as aparições, que também são fenômenos íntimos – em sítios isolados, ermos, a poucas pessoas, confidenciais – se tornaram eventos espetaculosos. Na última aparição da Virgem em Fátima, em outubro de 1917, o jornalista Avelino de Almeida, testemunha ocular do evento, calculou em cerca de quarenta mil pessoas os presentes na Cova da Iria[47]. E isto num Portugal que não devia contar com mais de seis milhões de habitantes na altura dos fatos; em que não havia os meios de comunicação e divulgação de massa, e rápidos, como os que temos hoje, e em que o local das aparições era extremamente afastado de qualquer viço de civilização, ainda que minúsculo, sendo, assim, de difícil acesso. E o que dizer de Medjugorje, em que os videntes se ofereciam – ainda se oferecem? – às câmaras aquando das aparições, midiaticamente? Mesmo Garabandal já tinha inaugurado, décadas antes, a falta de intimidade entre o que vê e a que se dá a ver, inclusive com eloquentes manifestações de êxtase por parte dos videntes.

---

[46] Etty Hillesum, *Diário*: 1941-1943, p. 137.

[47] *Apud* Documentação Crítica de Fátima [DCF], p. 75.

Mas são os tempos. Os limites do mundo mudaram, e se o deserto, em antanho, era o símbolo para aquele que queria intimidade com Deus – e luta contra o demônio –, agora não há mais lugares em que Deus esteja oculto. É na modernidade avançada que Deus – e os seus – Se torna, de fato, onipresente. Mas talvez seja justamente esta abundância de presença que O faz, cada vez mais, invisível e oculto aos nossos sentidos. O excesso é também falta, obesidade não é saúde e fartura não é plenitude.

3. Speculum

Speculum[48].

A partir de uma perspectiva conferida pela modernidade utilitarista e pragmática, ou, para ser mais evangélico, a partir da perspectiva que se pergunta pelos frutos (Mt 7,18-20), chega-se, aqui, à questão final – embora também possa não ser, necessariamente, uma questão –: o que mudou com tudo isto? No que as pessoas, e o mundo, se tornaram e se tornam melhores a partir destas devoções e, também, das aparições? Em que tais fenômenos da piedade e da fé ajudam àqueles que os vivenciam e ao mundo ao seu redor, ainda que seja o mundo da sua vizinhança? Quais os frutos práticos de todas estas jornadas da piedade? Como a Virgem, em toda esta jornada, ajudou e tem ajudado o povo, as famílias, os devotos, a Igreja? Enfim, o que os fenômenos da piedade mariana e das mariofanias trouxeram de bom para que este mundo fosse mais humano, mais justo, mais feliz?

---

[48] Aqui o espelho no sentido do que reflete o olhar de quem vê, ou como em *Branca de Neve*, "espelho, espelho meu...". E nunca é demasiado lembrar: os contos de fada são, como os mitos, espelhos a refletirem nossa alma abissal. Traduzem-nos na gramática do fantástico, de tal forma que revelam-nos velando-nos e velam-nos revelando-nos.

Esta reflexão, talvez, mereça uma provocação. E ninguém mais apto a fazê-la que o nosso já conhecido Tomaz da Fonseca. Para o inquieto jornalista, enquanto que em passado distante – particularmente no medievo – as formas de aparições e milagres, operados pela Virgem e pelas legiões celestes, e relatados nas legendas, são da ordem do fantástico; os milagres e prodígios da Virgem, a partir do século XX, tendem mais à discrição. Ao menos é isto que nos aponta sua crítica mordaz, já em 18 de novembro de 1917 – portanto, no rescaldo dos acontecimentos de Fátima –, em artigo do jornal *O Mundo*, que, pelo original e sedutor humor e competência literária, caio na tentação de aqui citar quase por inteiro:

> Nunca houve tempos mais sáfaros para a divina seara do Senhor dos exércitos, do que os que vão correndo. Nunca pobreza celeste foi mais franciscana do que hoje, nem a providencia manifestou em época alguma de sua sempiternidade, maior fraqueza ou desleixo, ou indiferença. (...) Compare-se, pois, esta desolação, esta miséria divina, com a prodigiosa abundancia de outros tempos. Ah! Nessas idades, que ainda não vão longe, as aparições divinas eram tantas que ninguém poderia dizer, ao sair de casa para ir ali à horta, se encontraria uma ou quatro aparecidas, com resplendores e tudo. Os anjos e os santos voando nas alturas eram tantos que muitas vezes os nossos estupefactos antepassados se viam na dura contingência de oferecer ao santíssimo talhas de azeite e pés de porco para que o céu fosse desimpedido a fim de vir o sol fazer crescer a novidade. (...). A comichão divina era tamanha que muita gente não saía de casa por causa da maçada de cumprimentar, de falar e de ouvir recados de tantos mensageiros que logo de manhã começavam descendo pendurados das nuvens como cachos nas latadas ou chouriços no fumeiro. (...) Relendo nós as velhas crónicas, lá vemos que, quando as freiras dormiam, no silêncio tumular das suas celas, tinham que despertar, para atender o anjo que entrara pela janela ou surgia debaixo do catre... e

os próprios cenobitas contam que, alta noite, eram, com freqüência, assaltados nos seus leitos de penitência por enviados do Senhor, sucedendo até, a maior parte das vezes, passarem toda a noite, a conversar, num *dize tu direi eu* tão religioso e tão íntimo, que até dá vontade de tornar a erguer esses conventos arruinados e ir de novo para lá, com cilícios e tudo... [mas] não eram só visões e conversas, como acontece agora. Tenho aqui à mão a obra monumental do padre Guerin, *Vies des Santes*, em 17 volumes compactos, de 700 páginas cada um e posso afirmar que em nenhuma delas, e são, pelo menos, 12.000, em nenhuma delas deixa de haver um santo ou uma santa, que ali não tenha presa a sua divina imortalidade por menos de 3 ou 4 milagres espantosos, destes que fazem subir a cor ao rosto, quando não é a lividez e os cabelos em pé![49] (...). Pois onde viram os senhores, nesta ocasião de subsistências caras, alguma coisa parecida com o que fez Santa Genoveva, conseguindo que certa lâmpada ardesse sempre sem ser preciso renovar-se o azeite, podendo ainda tirar-se dela todo o que fosse necessário? E São Marcelo não transformava água em leite-creme? E São Camilo de Lels não fez com que um barril de vinho fornecesse uma numerosa comunidade anos e anos, e bebendo todos os seus membros a plena gorja, sem que ninguém deitasse para lá uma gota sequer? E São Gerlac? Este, por exemplo, bastava chegar junto de um poço ou de uma fonte, fazer uma cruz, e logo aquela água passava a ser vinho puríssimo. Não falo já nos frutos que São João da Cruz, São Francisco de Assis e o bem-aventurado Sancté de Urbino conseguiram distribuir à multidões, colhidos não importava de que árvore, nem em que época do ano. E que bons e que maduros! Ora é a isto que eu chamo fazer milagres. Milagres que se vejam, que se apalpem, que se comam! Milagres que nos dêem azeite, que já está a 80 ou 90 centavos o litro. Milagres que nos encanem o vinho para casa, mas sem mixórdia como esses que os taberneiros arrancam do fundo das cisternas e dos poços de despejo. Milagres que nos dêem pão

---

[49] Quanto a isto é interessante constatar que mesmo um autor como Eça de Queiroz – que, como se sabe, não era um exemplo de homem religioso –, tão impressionado ficara com tais milagres de antanho que chegou a escrever, compilando atas e martirológios, um livro chamado *Dicionário de Milagres* que relata, com pequenas histórias, os milagres mais espantosos.

> barato (...). Com os diabos, nós até já nos contentávamos com um milagre que barateasse o açúcar, porque depois nós cá faríamos o manjar. Mas nem isso. Todo o poder dos céus se resume na aparição em Portugal de duas damas, vestidas de branco, ao pé de uma Silveira: a de Fátima, há dias, e há meses a de Lindoso, o que, diga-se de passagem, são suspeitas para muita gente séria. Mas eu não quero abusar para que se não diga depois que foi devido a mim que os milagres findaram nesta laboriosa e boa terra portuguesa[50].

Claro está que os tempos eram outros, em que,

> andava tudo um pouco regulado pelo calendário eclesiástico. Pelo São Miguel, a 29 de setembro, pagavam-se as rendas e fechavam-se os negócios importantes. Pelo São Martinho, a 11 de novembro, matava-se o porco e provava-se o vinho novo, a ver que tal. E o povo sabia na perfeição que a festa a Assunção era a 15 de agosto. Bastava dizer por Nossa Senhora de agosto, para marcar uma data conhecida de meio mundo[51].

Mas, todavia, fica a questão: em que tais piedades marianas – particularmente as modernas das aparições, em que mira o jornalista – ajudaram a multiplicar o pão, a fazer o comércio mais honesto, a dar lar ao sem abrigo e, ao devoto e a seu vizinho, tornaram-nos mais cordiais e pacíficos?

A pergunta por trás destas perguntas, entrementes, é se tais questões fazem sentido. Para um moderno como eu e como, provavelmente, o caridoso leitor que acompanhou-me até agora, fazem todo o sentido e são fundamentais, talvez mesmo a ponto de, conforme as respostas dadas às perguntas, fundamentar-se ou não a legitimidade de tais exercícios da piedade mariana. Afinal,

---

[50] Tomaz da Fonseca *Apud* Luís Filipe Torgal, *O sol bailou ao meio-dia*: a criação de Fátima, p. 279s.
[51] Mário Martins, *Nossa Senhora nos romances do Santo Graal e nas ladainhas medievais e quinhentistas*, p. 23.

religiosos ou não, somos filhos do nosso tempo em que "a secularização, na verdade, como ressaltaram Heidegger e Adorno, foi se afirmando também como fechamento a qualquer dimensão que não seja redutível ao cálculo utilitarista"[52].

Contudo, é preciso perguntar: para quem vive tais experiências do sagrado mariano, tais questões são relevantes? E para o sujeito antigo e medieval? E para o devoto que vai ao santuário da Senhora desatadora de nós, ou para aquele que pede a Maria que passe à frente no exame de seu concurso público?

O que toda piedade opera nas pessoas e no mundo não é possível mensurar. Penso mesmo que parece esta ser uma pergunta equivocada, porque fora de lugar, fora de contexto. Um devoto de Fátima talvez replique, em resposta a tais indagações: a Senhora deitou por terra o comunismo ateu; o piedoso e aflito senhor que se fez presente na *Marcha da Família com Deus pela Liberdade*, em 1964, não terá dúvidas em dizer que a Virgem livrou o Brasil dos comunistas, e o agricultor sem-terra do MST e da CPT, com fé fecundada nas CEBs, será eternamente grato à Senhora do *Magnificat* que ajudou a forçar as porteiras da Fazenda Annoni e garantiu-lhe, e aos companheiros, a terra e o pão; a piedade do cavaleiro medieval conferirá à Virgem a vitória na batalha e o alargamento de seu reino (às vezes, à custa da derrota da Virgem que estava de atalaia no outro lado da fronteira); o camponês conferirá à Virgem o bom tempo para o boa colheita, e a mãe dará a ela graças pela saúde recuperada a seu filho; a noiva acenderá a candeia pelo milagre do retorno, da guerra, de seu amado, e a mulher do pescador saberá que, com certeza, foi a Senhora dos Navegantes, ou da Piedade, que acalmou as vagas do mar e encheu de peixes o barco de seu homem; a esposa dantes angustiada agradecerá por toda a vida

---

[52] Franco Crespi, *A experiência religiosa na pós-modernidade*, p. 62.

a Senhora que, pelejando por seu marido, passou na frente do bar e desatou os nós do vício do álcool e da violência doméstica tantas vezes sofrida por ela quando chegava ele, à casa, embriagado e demoníaco.

Ou sejamos menos "práticos" e comunitários, mas a tocar o fundamento, a questão derradeira que só poderá, ao fim e ao cabo, ser vivida em solidão completa, mas...:

> Não sabemos, mas conforta-nos acreditar que teremos por companheira, no momento supremo, a Senhora da Boa Morte, a Mãe de Jesus. Quando cai a tarde da nossa existência e as sombras da noite se avizinham, quando o outono da vida se aproxima do fim, é consolador escutar a oração dos humildes, fortes na fé, que, nos bancos de uma Igreja ou dentro de suas casas, acompanham a reza do Terço pela rádio e invocam cinqüenta vezes a proteção de Maria para a hora da sua morte[53].

O que e quem mudou? Não, não é a revolução ou mesmo uma reforma mais modesta. Nenhuma panaceia! Mas pergunte a cada devoto de Rosário em mãos e com a Ave-Maria na boca; a cada mãe sozinha e desempregada que, em seu barraco ou casebre sertanejo, acende sua vela à Virgem dolorosa e *vai em frente*, fazendo o milagre de cada dia que *tem* que acontecer; pergunte às pessoas que, após uma jaculatória para Nossa Senhora da Visitação – ou depois de um estudo bíblico sobre a visita da mãe de Jesus, grávida, à sua prima Isabel –, sentem-se tocadas a visitar uma vizinha doente, a dar tempo a um idoso solitário ou a alinhavar um enxoval para o bebê daquela adolescente grávida rejeitada pela família e ignorante do paradeiro do pai da criança; indague ao que, órfão, encontrou em Maria a mãe ausente, a por ele velar nos desalentos da vida; indague finalmente – se puder – o olhar do romeiro de

---
[53] Teodoro de Faria, *Maria, Mãe de Jesus*, p. 117.

Aparecida, tão bem retratado pela poesia de Renato Teixeira, ou o olhar dos milhares que acorreram a Fátima em 1917, e que Judah Ruah eternizou através de suas lentes.

Figura 2: O olhar da fé (Cova da Iria, 13 de outubro de 1917).

Enfim, não importa. A perspectiva poderia ser a acima exposta e, portanto, a avizinhar-se ao que o filósofo esloveno Slavoj Zizek nomeia por reação terapêutica da religião diante do mundo[54]. E, assim, seria ilegítima? Mais uma alienação entre outras? Penso que não. O que resulta é mais do que algo útil ou inútil, subjetivo ou objetivo. O que resulta da arte, da dança, da escultura? Para que pintar um quadro? Para que vê-lo, contemplá-lo? E a música? O que resulta do ouvir os sons em harmonia dos instrumentos musicais?

---

[54] Ver a obra de Slavoj Zizek, *A marioneta e o anão*. O cristianismo entre perversão e subversão.

Para que serve uma sonata de Mozart? Ou mesmo o tocar, meio *naïf*, uma melodia em minha tosca flauta doce? Também o Papa pede a paz: ela está aí? Mas pede! Pediu em 2015, no congresso norte-americano, a abolição da pena de morte. E que tal? Já não há?

O que quero destacar é a dimensão simbólica de todos estes atos *humanos*. Sim, pois somente nós, humanos – e tão mais humanos quanto mais à semelhança de Deus, e eis o paradoxo, – somos capazes de fazê-los. E se o fazemos é porque eles tornam-nos humanos e, humanizando-nos, cumprimos a semelhança com Deus, que a tudo cria e dá sentido. O sentido racional de uma música, para nós, pode não ser claro, mas sentimo-la, experimentamos o seu sentido. E assim em toda arte. E também na religião, arte que sente o Artista. Arte que, como outras, transborda em palavras, sinais, gestos, horizontes. E sob os tais reside a possibilidade da vida, do encontrar-se, do encontrarmo-nos e do encontrar o Artista primeiro, e último.

O Papa pedir paz não faz, necessariamente, que a paz surja e que os inimigos se abracem. Mas é preciso pedir paz e, não pedi-la, é já ser conivente com o ódio. O efeito, portanto, é de outra ordem e dimensão. E, enquanto houver quem clame por paz, a guerra nunca poderá ser plenamente justificada. Pouco efeito prático? Mas não é disto que se trata (embora também disto se queira tratar). Um abraço solidário dado ao enlutado não restitui a vida do ente querido, mas comunica algo diferente e igualmente importante. Mesmo uma palavra iluminada, ou a recitação de um tratado sobre a ressurreição dos mortos, ficaria muito aquém da "inutilidade" do abraço.

A filósofa francesa Simone Weil, refletindo a respeito da morte de Jesus, afirma que,

> não existe nenhuma razão para supormos que após um crime tão atroz como o homicídio de um ser humano perfeito, a hu-

manidade se tenha tornado melhor; e de facto, globalmente, ela não parece ter se tornado melhor. A redenção posiciona-se num outro plano: um plano eterno. De uma forma geral, não há razão para se estabelecer uma ligação entre o grau de perfeição e a cronologia. (...) É preciso desfazer a superstição da cronologia para encontrar a Eternidade[55].

Talvez o maior milagre de Maria tenha sido o de ela ter se tornado o símbolo que é!!

4. Specularium

Specularium[56].

Finalmente, quero chamar a atenção para os olhares dos que buscam a Senhora, estes olhares que, como o leitor já pôde contemplar nas várias fotos que constam desta obra, parecem irredutíveis a qualquer definição[57].

Aliás, o ledor atento já deve ter percebido que busco a metáfora que conjugue olhar, visão, imagem e espelho, fazendo desta busca o eixo hermenêutico para estas devotas e pobres linhas alinhavadas neste

---

[55] Simone Weil, *Carta a um homem religioso*, p. 50. Com sabor místico diverso, outro filósofo judeu, George Steiner, pôde dizer que "Hegel – de maneira nenhuma um amigo dos judeus, dizia: 'O Todo-Poderoso chega e diz a um judeu. Aqui tens. Podes escolher: ou a salvação eterna, ou o jornal da manhã. E o judeu escolhe o jornal da manhã'. É uma *boutade* muito profunda. Somos um povo fascinado pela História (...). Que tédio enorme, se deixasse de haver História!" (George Steiner, Aintoine Spire, *Barbárie da Ignorância*, p. 39s).

[56] O vidro, a janela, o que permite ver através de si. Eis o paradoxo dos paradoxos: Deus, e Maria, "vê-se" em espelhos, mas, por meio deles, é que também vê-se através deles, espelhos e Deus | Maria.

[57] Reproduzi, no caso, os olhares que a lente de Judah Bento Ruah captaram em 13 de outubro de 1917, dia da derradeira aparição da Senhora na Cova da Iria. Além da busca da presença da Senhora nos céus, o fotógrafo retrata, em tais olhares, a visão | olhar do povo relativamente ao sol que terá rodado, ou "bailado", após a torrencial chuva daquele dia, movimento solar este interpretado pela multidão, à época, como tendo sido um sinal milagroso. Senhora, sol ou anjos, importa a busca expressa pelos olhares, bem como as expressões dos rostos que, por sua vez, traduzem a alma das pessoas.

opúsculo. Penso que a ideia central é esta: o espelho reflete-nos, mas de tal forma que nele nos encontramos invertidos; igualmente, a imagem refletida somos nós, mas nós não somos a imagem (a refletimos a partir de fora do espelho)! Portanto, o espelho nos manifesta, mas o nós que ele manifesta numa miragem não somos nós... e somos nós. Eis o paradoxo! A física | óptica, por sua vez, conceitua o espelho como uma superfície com alto índice de reflexão da luz, o que nos gera outra metáfora! Enfim, também útil é lembrar a etimologia da palavra, pois espelho deriva do latim *especulum* que, por sua vez, reflete a raiz *species, specio*, isto é, vista, olhar.

As imagens de Maria, surgidas da fé e de suas tradições ou da vidência miraculosa traduziriam, pois, a nós mesmos em nossa fé, em espelhos da história; contudo, o nosso reflexo – ou, mais, reflexão – neste espelho donde surge a Virgem é, por outro lado, a manifestação da luz que a própria Virgem, ou Deus, manifesta, já que a fé é, do ponto de vista da teologia, um dom de Deus, uma doação, criação divina em nós. Contudo, não podemos ver a Deus (Jo 1,18; 1Jo 4,12) e, portanto, só podemos *vê-lo* através da fé (ou de Jesus, conforme Jo 1,18, pois o reconhecimento de Deus em Jesus pressupõe a fé). E *vê-lo* sem aspas, pois a fé é a condição natural do ver a Deus, a única visão possível de Deus e, portanto, *a visão* de Deus. Mas, como já explanado, é visão por espelho – a fé é a mediação especular, isto é, é *speculum* – que reflete a luz, e só nesta luz (da fé) é possível a vidência do sagrado.

Mas a imagem que vemos no espelho da fé é, também, a nossa imagem, e ela invertida. Ou seja, a mediação que a fé (o espelho) impõe para ver a Deus é olharmo-nos a nós mesmos, pois somos nós a imagem e semelhança de Deus (Gn 1,26a). Portanto, pela fé, vemos a Deus, mas através de nós e dos nossos semelhantes, dos outros, também eles imagem e semelhança de Deus. E, mais importante, o sagrado, visto e sentido através de nosso reflexo, se nos mostra invertido, isto é, Deus vem-nos – e vemo-lo – invertido, *sub specie contrario*. E somente mediante a própria fé, que é o meio do reflexo, é possível ler, ou reler, os signos que o espelho se nos mostra, pois que a gramática desta leitura é a própria luz da fé refletida e que possibilita tal reflexão.

Isto é religião, ou *relegere* (reler) a nós, mundo e Deus. É a leitura ao avesso[58]. Portanto, nada mais distante da religião do que o conceito moderno de ciência, pois o conceito moderno de ciência lida com o lugar-comum mais simplista possível sobre a realidade, isto é, propugna que nos olhemos – e que olhemos o mundo – sem espelhos, empiricamente, e que façamos a leitura da realidade de forma racionalmente linear, sem lugar para paradoxos ou inversões. Por isso que Albert Einstein (1879-1955), ao elaborar a teoria da relatividade na física, quebrou um importante paradigma das ciências modernas, introduzindo nelas uma crise – isto é, purificação – ainda em curso.

Há de ser dito que a inversão que o espelho possibilita sugere que Deus vem a nós pelo verso, ou pela *Kenosis*, e só assim O podemos receber e perceber. Paradoxalmente é nesta fraqueza da imagem refletida que habita a revelação, ou o poder, de Deus, como em "vaso de barro" (2Cor 4,7). Portanto a questão é: a percepção da Virgem, nos espelhos da história, ao refletir-nos, revela-nos o próprio Deus (neste caso através de sua Mãe), *ainda que invertido* neste exílio do paraíso, inversão só traduzível pela fé. Ou, se preferirem, reflete a própria ordem do sagrado, o *numen*. E assim o sagrado se faz presente, encarna-se, tem sua realidade a nós manifestada através dos espelhos da cultura (Paul Tillich).

Talvez nos ajude aqui – embora através de outra perspectiva – o teólogo português João Manuel Duque. Ao trilhar as sen-

[58] O teólogo Hans-Ruedi Weber publicou um livro, tempos atrás, com um título muito significativo: *Bíblia: o livro que me lê*. Manual para estudos bíblicos. São Leopoldo: Cebi, Sinodal, 1998. Não é tanto para o conteúdo do livro, propriamente, mas para o título é que chamo a atenção, isto é, ao ler a Bíblia vemo-nos refletidos nela, em suas histórias, e ela, por conseguinte, lê a nós, decifra-nos, interpreta nossa vida. A imagem da capa do livro, que evoca um espelho em que nos vemos refletidos, é também bastante eloquente.

das fenomenológicas de Jean-Luc Marion, Duque nos oferece o seguinte quadro, ao comentar a noção de fenômenos pobres, comuns e saturados:

> os primeiros possuem simplesmente uma intuição formal ou categorial, como na matemática e na lógica, limitando-se ao campo das idealidades; os segundos são definidos pela sua objectividade, na medida em que a intuição corresponde – positiva ou negativamente – a uma intenção, no acordo ou desacordo entre o que se dá e o seu conceito prévio. É o caso dos 'objectos da física e das ciências da natureza'. Por último os fenómenos saturados são aqueles em que a intuição submerge, sempre, a expectativa da intenção, onde a doação não apenas investe completamente a manifestação, mas a ultrapassa, modificando-lhe as características comuns.

E prossegue:

> esses fenômenos [saturados] serão, quanto à quantidade, imprevisíveis; quanto à qualidade, insuportáveis; quanto à relação, absolutos, isto é, sem analogia com outro qualquer fenómeno; quanto à modalidade, incontempláveis[59].

As imagens (no sentido amplo do termo) de Maria – brotadas do povo ou vindas do Céu – se enquadrariam, conforme interpreto, no paradigma dos fenômenos saturados, da ordem da,

> experiência religiosa [que] promete mais inteligibilidade quando é vista como dádiva, sendo apreciada sob a perspectiva de uma fenomenologia da doação. Uma vez que a doação divina é fundamentalmente 'excesso', não só se sobrepõe a qualquer tentativa de a circunscrever conceptualmente, como também se revela como sendo que nos sustém, o invisível que nos vê, mesmo se não o podemos ver[60].

---

[59] João Manuel Duque, *Experiência religiosa e metafísica*: breve leitura de Jean-Luc Marion, p. 59s.
[60] Manuel Sumares, na apresentação do livro *Religiosidade*: o seu carácter irreprimível. Perspectivas contemporâneas, p. 10.

Aqui se inverte a questão: não é o devoto, ou o vidente, que vê a Virgem, mas a Virgem – ou o *numen*, se preferir – que sustenta o devoto e o vidente a partir de sua doação, do seu *des-velar* ou *re-velar*. Conforme Marion, "quanto mais o rosto se torna visível, mais se torna visível a intenção invisível que dirige o seu olhar. Melhor: a visibilidade do rosto faz crescer a invisibilidade que nos contempla"[61]. Ao se construir e constituir os rostos de Maria nos espelhos da(s) – nossas – história(s), Maria nos reflete, mas também nos contempla[62]. Seus espelhos são dons em excesso. A isto se pode chamar, a partir deste cariz fenomenológico, *revelação*[63]. Entrementes é importante frisar que aqui está uma contra-experiência, ou mais exatamente, "a experiência de um fenômeno (...) que resiste às condições de objectivação. A contra-experiência oferece a experiência daquilo que contradiz irredutivelmente as condições de experiência dos objectos"[64].

As expressões que a Virgem toma, e seus significados, são, portanto, uma via de mão dupla do dom, ou seja, ao mesmo tempo em que o devoto ou o vidente constitui o ícone, este o constitui e, ao fim e ao cabo, é mesmo o ícone, a expressão – como experiência imprevisível, não conceituável e resistente ao nível da objetivação (como dom excessivo que é) – que forma o devoto. Quanto a isto é essencial notar que o "*eu* constituinte do fenômeno, pela via da intencionalidade, transforma-se em *eu* constituído pelo fenômeno"[65].

---

[61] *Apud* João Manuel Duque, *Experiência religiosa e metafísica*: breve leitura de Jean-Luc Marion, p. 63.

[62] O olhar de Nossa Senhora de Guadalupe, em seu incógnito enigma para a religião e para a ciência moderna, talvez seja sinal maior desta metáfora, em que a Virgem guarda, no interior de seu olhar, as testemunhas de sua visão, refletindo os olhos que a refletem.

[63] Talvez seja inevitável, aqui, o paralelo com Martin Heidegger (1889-1976), que considera a arte como aquela que possibilita o aparecimento da verdade, que nos abre à verdade e a nós, que traduz-nos e à verdade do mundo que se nos abre, graciosamente. No plano da teologia, Romano Guardini (1885-1968) e Hans Urs von Balthasar (1905-1988) talvez nos ajudem a compreender a função reveladora da arte no cristianismo e, quiçá, na religião.

[64] *Apud* João Manuel Duque, *Experiência religiosa e metafísica*: breve leitura de Jean-Luc Marion, p. 64.

[65] João Manuel Duque, *Experiência religiosa e metafísica*: breve leitura de Jean-Luc Marion, p. 65, grifos do autor.

E assim, na lógica do espelho que abriga – ou doa – o meu reflexo, Deus – e a Virgem, por suposto – atua, se revela: "o dar-se, enquanto revelar-se, da pura doação, como origem de tudo o que se dá, é um dar-se infinito de algo que, enquanto se dá, nunca é dado"[66]. Ou, dito de outra forma, o mirar a Senhora, enquanto dom que também é recebido, revelado, ao revelar-se também nos cega[67]. Ver por espelhos, como define Paulo (1Cor 13,12), ou "pelas costas" (Êx 33,23). Afinal, ver a Deus é morrer (Êx 33,20), mas, também, é participar do dom do Seu *Shalom* (Jz 6,22-23; Nm 6,24-25).

---

[66] João Manuel Duque, *Experiência religiosa e metafísica*: breve leitura de Jean-Luc Marion, p. 66.

[67] Como cega o olhar para o sol diretamente, como sugere o olhar para o alto, para o sol a girar, do povo na Cova da Iria. A luz do sol somente possibilita a visão quando ela, a luz, coloca-se às nossas costas. O sol que podemos ver é sua luz refletida, nunca a própria luz (ou a imagem, nunca o próprio ser). Deus só pode ser visto pelo seu reflexo em nós (ou pelo *nós* perfeito condensado em Jesus). Ou, a partir de perspectiva filosófica e teológica, "também Balthasar admite 'a dialética de desvelamento e velamento', da mesma forma que Heidegger, para o qual o desencobrimento (*Entbergung*) está sempre conexo com o encobrimento (*Verbergung*). Esta dialética encontra em Balthasar uma aplicação teológica, uma vez que também na revelação bíblica 'o ser manifesto de Deus alcança sua realização no velamento'" (Paulo Afonso Araújo, *Arte e religião*. H. U. von Balthasar e M. Heidegger, p. 193).

Fontes das Epígrafes e Ilustrações

Capa

Minerva Studio/Shutterstock.com.

Páginas evocativas

Cova da Iria, 13 de outubro de 1917. Fotos de Judah Bento Ruah, gentilmente cedidas pelo Arquivo do Santuário de Fátima, Portugal. As fotografias refletem a esperança e a fé em seu estado mais tocante e inquietante, mais agreste e agônico.

Epígrafes

Dante Alighieri, *A Divina Comédia* (Tradução de José Pedro Xavier Pinheiro), São Paulo, eBooks Brasil, 2003, p. 775. A tradução da epígrafe é baseada na versão acima referenciada.

Johann Wolfgang von Goethe, *Fausto* (Tradução de Agostinho D'Ornellas), Lisboa, Relógio D'Àgua, 1987, p. 493s. A tradução da epígrafe é baseada na versão portuguesa, acima referenciada.

Introdução

EPÍGRAFE

José Cristo Rey García Paredes, Mariologia in cammino: prospettive mariologiche all'inizio del secolo XXI, In: *Marianum*, 63, 2001, p. 296.

FIGURA 1. Arquivo do autor.

Parte I

EPÍGRAFE

Karl Rahner *Apud* Clodovis Boff, *Mariologia Social*: O significado da Virgem para a sociedade, São Paulo, Paulus, 2006, p. 556.

FIGURA 1. Domínio Público. Disponível em: commons.wikimedia.org (29.04.16).

FIGURA 2. Domínio Público. Disponível em: commons.wikimedia.org (29.04.16).

FIGURA 3. Arquivo do autor.

FIGURA 4. Photogolfer/Shutterstock.com.

FIGURA 5. Kheat/Shutterstock.com.

FIGURA 6. Michal812/Shutterstock.com.

FIGURA 7. Vladimir Wrangel/Shutterstock.com.

FIGURA 8. Zvonimir Atletic/shutterstock.com.

FIGURA 9. Renata Sedmakova/Shutterstock.com.

FIGURA 10. Imagem gentilmente cedida pelo Sr. Jean-Yves Cordier, e disponível em lavieb-aile.com.

FIGURA 11. Renata Sedmakova/Shutterstock.com.

FIGURA 12. Imagem gentilmente cedida pelo Sr. Jean-Yves Cordier, e disponível em lavieb-aile.com.

FIGURA 13. Imagem gentilmente cedida pelo Sr. Jean-Yves Cordier, e disponível em lavieb-aile.com.

FIGURA 14. Arquivo do autor.

FIGURA 15. Estampa popular.

FIGURA 16. Arquivo do autor.

FIGURA 17. Zvonimir Atletic/Shutterstock.com.

FIGURA 18. Arquivo do autor.

FIGURAS 19 e 20. Domínio Público, disponível em books.google.com.br/books (29.04.16) | Edição de imagem sobre fotografia (Editora Santuário).

FIGURA 21. Imagem gentilmente cedida pelo Sr. José Augusto da Costa Pereira, e disponível em aquimetem.blogs.sapo.pt.

FIGURA 22. Arquivo do autor.

FIGURA 23. Imagem gentilmente cedida pela Sra. Felipa Monteverde, e disponível em mae-de-jesus.blogspot.com.br.

FIGURA 24. Imagem gentilmente cedida pela Imperial Irmandade de Nossa Senhora da Glória do Outeiro, Rio de Janeiro.

FIGURA 25. Imagem gentilmente cedida pelo Sr. Jean-Yves Cordier, e disponível em lavieb-aile.com.

FIGURA 26. Imagem gentilmente cedida pelo Sr. Jean-Yves Cordier, e disponível em lavieb-aile.com.

FIGURA 27. Imagem derivada e editada (Editora Santuário).

FIGURA 28. Leonard Zhukovsky/Shutterstock.com.

FIGURA 29. Imagem gentilmente cedida pelo Mosteiro de Einsiedeln, Suíça. Fotografia do Pe. Bruno Greis.

FIGURA 30. Valery Bareta/shutterstock.com.

FIGURA 31. Mayabuns/Shutterstock.com.

FIGURA 32. Renata Sedmakova/Shutterstock.com.

FIGURA 33. Arquivo do autor.

FIGURA 34. Imagem derivada e editada (Editora Santuário).

FIGURA 35. Arquivo do autor.

FIGURA 36. Domínio Público/Fulviusbsas, disponível em: commons.wikimedia.org (29.04.16).

FIGURA 37. Arquivo do autor.

FIGURA 38. Arquivo do autor.

FIGURAS 39 e 40. Zzvet/Shutterstock.com | Everett - Art/Shutterstock.com.

FIGURA 41. Arquivo do autor.

FIGURA 42. Vladimir Wrangel/Shutterstock.com.

FIGURA 43. Arquivo do autor.

FIGURA 44. Umb-o/Shutterstock.com.

FIGURA 45. Arquivo do autor.

FIGURA 46. Arquivo do autor.

FIGURA 47. jorisvo/Shutterstock.com.

FIGURA 48. Everett - Art/Shutterstock.com.

FIGURA 49. Fotografia gentilmente cedida por Heraldos del Evangelio, Paraguay, e disponível em paraguay.blog.arautos.org.

PARTE II

EPÍGRAFES

Miguel de Unamuno, *São Manuel Bom, Mártir*, Algés, Difel, 1999, p. 48.

Lewis Carrol, *Alice do outro lado do espelho*, Lisboa, Relógio d'Água, 2007, p. 33.

FIGURAS 1 e 2. Renata Sedmakova/Shutterstock.com | Chad Zuber/Shutterstock.com.

FIGURA 3. Imagem gentilmente cedida pelo Santuário de Fátima, Portugal.

FIGURA 4. Imagem gentilmente cedida pelo Santuário de Fátima, Portugal.

FIGURA 5. Imagem gentilmente cedida pelo Santuário de Fátima, Portugal.

FIGURA 6. Imagem gentilmente cedida pelo Santuário de Fátima, Portugal.

FIGURA 7. Imagem gentilmente cedida pelo Santuário de Fátima, Portugal.

FIGURAS 8 e 9. Imagem gentilmente cedida pelo Santuário de Fátima, Portugal.

FIGURA 10. Imagem gentilmente cedida pelo Sr. Marcelo dos Santos, e disponível em portaldemarcelino.com.br.

FIGURA 11. Zwiebackesser/Shutterstock.com.

FIGURA 12. Michal Piec/Shutterstock.com.

FIGURA 13. Imagem gentilmente cedida pelo artista Ronaldo Mendes, e disponível em pt-br.facebook.com/artistaronaldomendes.

FIGURA 14. Imagem gentilmente cedida pela artista Luciana Severo Frota, e disponível em atelielucianasevero.com.

Parte III

EPÍGRAFES

Clodovis Boff, *Mariologia social*: O significado da Virgem para a sociedade, S. Paulo, Paulus, 2006, p. 557.

Miguel de Unamuno, *Do sentimento trágico da vida*, Lisboa: Relógia D'Água, 2007, p. 158.

FIGURA 1. Imagem gentilmente cedida pela artista Andreza Katsani, e disponível em andrezakatsani.com.br.

FIGURA 2. Imagem gentilmente cedida pela Paróquia Nossa Senhora dos Alagados e São João Paulo II, Salvador | BA.

FIGURA 3. Imagem gentilmente cedida pelo Sr. Jorge Luiz Cândido do Amaral.

FIGURA 4. Imagem gentilmente cedida pelo artista Jorge Zarella Neto e pelo fotógrafo Rodrigo Roseiro dos Santos, e disponível em zarellaneto.com.br.

FIGURA 5. Imagem de estampa popular (reproduzida do site da Academia Marial de Aparecida).

FIGURA 6. Imagem de estampa popular (reproduzida do site da Academia Marial de Aparecida).

FIGURA 7. Imagem de estampa popular.

FIGURA 8. Montagem sobre estampa popular.

FIGURA 9. Imagem gentilmente cedida pela artista francesa Soasig Chamaillard, e disponível em soasig-chamaillard.com.

FIGURA 10. Imagem gentilmente cedida pela artista francesa Soasig Chamaillard, e disponível em soasig-chamaillard.com.

FIGURA 11. Imagem gentilmente cedida pela artista francesa Soasig Chamaillard, e disponível em soasig-chamaillard.com.

FIGURA 12. Imagem gentilmente cedida pelos artistas argentinos Pool e Marianela, e disponível em poolymarianela.com.

FIGURA 13. Fernando Cortes/Shutterstock.com.

Miragens

EPÍGRAFES

Antonio Gramsci *Apud* Joaquim Moisés Rebelo Quinteiro, Piedade popular mariana, In: *Os caminhos de Maria nos caminhos para Deus*, Congresso Mariano, Braga, UCP, 2006, p. 162.

José Luís Peixoto, *Em teu ventre*, Lisboa: Quetzal, 2015, p. 142.

Timothy Radcliffe, *Ser cristão para quê?*, Prior Velho: Paulinas, 2011, p. 298.

FIGURA 1. Imagem gentilmente cedida pelo Sr. Jean-Yves Cordier, e disponível em lavieb-aile.com.

FIGURA 2 (e demais figuras da Cova da Iria). Fotografias de Bento Judah Ruah, Cova da Iria, 13 de outubro de 1917. Imagens gentilmente cedidas pelo Santuário de Fátima, Portugal.

Referências Bibliográficas

EPÍGRAFES

Bruno Latour *Apud* José Augusto Mourão, Os embaraços da língua (e do testemunho) cristão, In: Manuel Sumares, Helena Catalão, Pedro Valinho Gomes (Org.), *Religiosidade*: o seu carácter irreprimível, Braga, UCP, 2010, p. 243.

Johann Wolfgang von Goethe, *Fausto*, (Tradução de Agostinho D'Ornellas), Lisboa, Relógio D'Àgua, 1987, p. 493s. A tradução da epígrafe é baseada na versão portuguesa, acima referenciada.

Referências Bibliográficas

Não podemos falar nem directa nem correctamente das palavras que nos põem de pé. Infelizmente, para entender esta mecânica subtil (simples, todavia) precisaríamos de todo o saber-fazer do engenheiro, a meticulosidade do sábio, a acuidade do testemunho, os escrúpulos do asceta – sem esquecer a ligeireza do anjo.

Bruno Latour

AGOSTINO, Giuseppe. Piedade Popular. In: DE FIORES, Stefano; MEO, Salvatore (Org.). *Dicionário de Mariologia*. São Paulo, Paulus, 1995, p. 1066-1075.

ALLEGRI, Renzo, ALLEGRI, Roberto. *Os milagres de Fátima:* a história narrada pelo sobrinho de Irmã Lúcia. São Paulo, Paulinas, 2013.

ALMEIDA, Tânia Mara Campos de. A aparição de Nossa Senhora em Piedade dos Gerais. In: STEIL, Carlos Alberto, MARIZ, Cecília Loreto, REESINK, Mísia Lins (Org.). *Maria entre os vivos.* Reflexões teóricas e etnográficas sobre aparições marianas no Brasil. Porto Alegre, Editora UFRGS, 2003, p. 139-174.

ALVES, Kathia. Virgo Maria, Domina Nostra, Mediatrix Nostra, Advocata Nostra. In: Coletânea, Revista de Filosofia e Teologia da Faculdade de São Bento do Rio de Janeiro, Ano X, Fascículo 20, julho\dezembro, 2011, p. 175-192.

AMATO, Pietro. Arte|Iconologia. In: DE FIORES, Stefano; MEO, Salvatore (Org.). *Dicionário de Mariologia*. São Paulo, Paulus, 1995, p. 151-163.

ARAÚJO, Paulo Afonso. Arte e religião: H. U. von Balthasar e M. Heidegger. In: *Estudos de Religião*, São Bernardo do Campo, Umesp, vol. 24, n. 39, jul./dez. 2010, p. 181-196.

AZEVEDO, Carlos Moreira. Simbólica de Fátima. In: AZEVEDO, Carlos Moreira, CRISTINO, Luciano (Coord.). *Enciclopédia de Fátima*. Parede, Princípia, 2008, p. 541-544.

AZEVEDO, Manuel Quitério de. *O culto a Maria no Brasil*. História e Teologia. Aparecida, Santuário, 2001.

BADIOU, Alain. *O século*. Aparecida, Ideias & Letras, 2005.

BALTHASAR, Hans Urs Von. Veneração hoje a Maria. In: *Communio*, Revista Internacional Católica (Versão de Portugal), Ano XXV, n. 1, 2008, p. 27-34.

BARNAY, Sylvie. Aparições da Virgem. In: VAUCHEZ, André. *Cristianismo*. Dicionário dos tempos, dos lugares e das figuras. Rio de Janeiro, Forense Universitária, 2013, p. 25s.

BARNAY, Sylvie. Maria. In: VAUCHEZ, André. *Cristianismo*. Dicionário dos tempos, dos lugares e das figuras. Rio de Janeiro, Forense Universitária, 2013, p. 263s.

CERRA, Salvador Rodríguez. Santuarios y apariciones marianas en Andalucía (España). In: *Revista Santuários*. vol. 1, n. 2, Universidade de Lisboa, 2014, p. 223-226.

BEIRANTE, Maria Ângela. *Territórios do Sagrado*. Crenças e comportamentos na Idade Média em Portugal. Lisboa, Colibri, 2011.

BESUTTI, Giorgio. Ladainhas. In: DE FIORES, Stefano; MEO, Salvatore (Org.). *Dicionário de Mariologia*. São Paulo, Paulus, 1995, p. 685-691.

BÍBLIA SAGRADA. Tradução da CNBB. Brasília, Edições CNBB, 2014.

BÍBLIA SAGRADA. Tradução dos Franciscanos Capuchinhos. Lisboa, Fátima, Difusora Bíblica, 2002.

BÍBLIA SAGRADA. Tradução de João Ferreira de Almeida. Brasília, Sociedade Bíblica do Brasil, 1992.

BISINOTO, Eugênio. *Para conhecer e amar Nossa Senhora*. Aparecida, Santuário, 2014.

BOFF, Clodovis. *Maria na cultura brasileira*. Aparecida, Iemanjá, Nossa Senhora da Libertação. Petrópolis, Vozes, 1995.

BOFF, Clodovis. *Mariologia social*. O significado da Virgem para a sociedade. São Paulo, Paulus, 2006.

BOFF, Clodovis. *O cotidiano de Maria de Nazaré*. São Paulo, Ave Maria, 2014.

BOFF, Lina. *Mariologia*. Interpelações para a vida e para a fé. Petrópolis, Vozes, 2007.

BOUFLET, Joachim, BOUTRY, Philippe. *Um segno nel cielo*. Le apparizioni della Vergine. Gênova, Marietti, 1999.

BOURGERIE, Suzel, BOURGERIE, Denis. *A poderosa Nossa Senhora desatadora dos nós*. Campinas, Versus, 2011.

BOYER, Marie-France. *Culto e imagem da Virgem*. São Paulo, Cosac & Naify, 2000.

BRANDÃO, Ascânio. Maria no descobrimento e na independência da América. In: TARLÉ, José Gomes (Org.). *Antologia Mariana*. Rio de Janeiro, Mariana Editora, 1958, p. 97-99.

BRANDÃO, Ascânio. Minha Nossa Senhora! In: TARLÉ, José Gomes (Org.). *Antologia Mariana*. Rio de Janeiro, Mariana Editora, 1958, p. 19-22.

BROVELLI, Franco. Entre Deus e seu povo com o coração transpassado. In: MARTINI, Carlo Maria; BARRETE, Gene; BROVELLI, Franco. *Maria e a dimensão afetiva da fé.* Petrópolis, Vozes, 1995, p. 15-30.

BRUSTOLIN, Leomar Antônio. *Maria, símbolo do cuidado de Deus.* Aparição de Nossa Senhora em Caravaggio. São Paulo, Paulinas, 2004.

BRUSTOLONI, Júlio. *História de Nossa Senhora da Conceição Aparecida.* A imagem, o santuário e as romarias. Aparecida, Santuário, 2008.

BULTMANN, Rudolf. Será possível a exegese livre de premissas? In: ALTMANN, Walter. (org.). *Crer e compreender. Rudolf Bultmann.* São Leopoldo, Sinodal, 1987.

CAMPANHA, João Aroldo. *Maria na América Latina antes e depois do Concílio Vaticano II.* Devoção-Teologia-Magistério Episcopal. Dissertação de Láurea. Roma, Pontifícia Faculdade de Teologia São Boaventura (*Seraphicum*), 1999, 197 fls.

CAMPOS, José Narino de. *O lugar de Maria na fé.* Sacavém, Edições São Paulo, 1997.

CARNEIRO, Euclides. Sou jovem mariano. In: TARLÉ, José Gomes (Org.). *Antologia Mariana.* Rio de Janeiro, Mariana Editora, 1958, p. 105.

CARVALHO, José Murilo de. *A formação das almas.* O imaginário da república no Brasil. São Paulo, Companhia das Letras, 1990.

CERTEAU, Michel de. *A invenção do cotidiano.* Artes de fazer. vol. 1. Petrópolis, Vozes, 1998.

CHESTERTON, Gilbert Keith. *Disparates do mundo.* Lisboa, Moraes, 1982.

CLEMENTE, Manuel José Macário do Nascimento. Maria na devoção dos portugueses: uma devoção nacional? In: *Maria nos caminhos da Igreja*. Semanas de Estudos Teológicos da Universidade Católica Portuguesa. Lisboa, Verbo, 1991, p. 165-172.

COARACY, Vivaldo. *Memórias da cidade do Rio de Janeiro*. Belo Horizonte, Itatiaia, 1988.

CORDEIRO, José, RANGEL, João, LUÍS, Denílson. *Aparecida*. Devoção mariana e a imagem padroeira do Brasil. São Paulo, Cultor de Livros, 2013.

COSTA, Joaquim. *Sociologia da Religião*. Breve introdução. Aparecida, Santuário, 2010.

COSTA, Joaquim. *Sociologia dos novos movimentos eclesiais*: focolares, carismáticos e neocatecumenais em Braga. Porto, Afrontamento, 2006.

CRESPI, Franco. *A experiência religiosa na pós-modernidade*. Bauru, Edusc, 1999.

D'ARMADA, Fina, FERNANDES, Joaquim. *Fátima*. Nos bastidores do segredo. Lisboa, Âncora Editora, 2002.

DE FIORES, Stefano de. *Maria en la teologia contemporanea*. Salamanca, Ediciones Sigueme, 1991.

DE FIORES, Stefano. Fátima. In: DE FIORES, Stefano; MEO, Salvatore (Org.). *Dicionário de Mariologia*. São Paulo, Paulus, 1995, p. 542-549.

DE FIORES, Stefano. Figura bíblica de Maria e sua inculturação popular. In: *Atualidade Teológica*. Rio de Janeiro, PUC, Ano XIV, fasc. 36, 2010, p. 321-347. (Tradução: Abimar Oliveira de Moraes).

DE FIORES, Stefano. Maria: un pórtico sull'avvenire del mondo. In: PEDICO, Maria Marcellina, CARBONARO, Davide (dir.). *La madre de Dio:* un pórtico sull'avvenire del mondo. Roma, Monfortane, 2001.

DELUMEAU, Jean. O que sobrou do paraíso. In: *Varia História*, Belo Horizonte, UFMG, n. 31, jan. de 2004, p. 141-158.

DICIONÁRIO DE LATIM-PORTUGUÊS. Porto, Porto Editora, 2012 (4ª edição).

DICIONÁRIO DE PORTUGUÊS-LATIM. Porto, Porto Editora, 2000 (2ª edição).

DIERKEN, Jörg. Teologia, Ciência da Religião e Filosofia da Religião: definindo suas relações. In: *Numen,* Revista de Estudos e Pesquisa da Religião, Juiz de Fora, vol. 12, n. 1 e 2, 2009, p. 9-44.

DOCUMENTAÇÃO CRÍTICA DE FÁTIMA. Seleção de documentos (1917-1930). Fátima, Editora Santuário de Fátima, 2013.

DOMBES, Grupo de. *Maria no desígnio de Deus e na comunhão dos santos.* Aparecida, Santuário, 2005.

DOMINGUES, Bento. *O bom humor de Deus e outras histórias.* (Org. MARUJO, António; DIAS, Maria Julieta Mendes). Lisboa, Círculo de Leitores, 2015.

DORADO, Antonio Gonzalez. *Mariologia popular Latino-Americana.* São Paulo, Loyola, 1992.

DUQUE, João Manuel. Experiência religiosa e metafísica: breve leitura de Jean-Luc Marion. In: SUMARES, Manuel, CATALÃO, Helena, GOMES, Pedro Valinho (Org.). *Religiosidade*: o seu carácter irreprimível. Perspectivas contemporâneas. Braga, UCP, 2010, p. 57-68.

DUQUESNE, Jacques. *Maria*. Rio de Janeiro, Bertrand Brasil, 2005.

DURAND, Gilbert. *A imaginação simbólica*. Lisboa, Arcádia, 1979.

ESPÍRITO SANTO, Moisés. *A comunidade rural ao norte do Tejo, seguido de vinte anos depois*. Lisboa, FCSH, UNL, 1999.

ESPÍRITO SANTO, Moisés. *A religião popular portuguesa*. Lisboa, Assírio&Alvim, 1990.

ESPÍRITO SANTO, Moisés. *Origens orientais da religião popular portuguesa*. Lisboa, Assírio&Alvim, 1988.

ESPÍRITO SANTO, Moisés. *Os mouros fatimidas e as aparições de Fátima*. Lisboa, Assírio&Alvim, 2006.

FARIA, Teodoro de. *Maria, Mãe de Jesus*. Prior Velho, Paulinas, 2012.

FASSINI, Ático. *História da Salette*. Passo Fundo, Berthier, 2008.

FASSINI, Ático. *Salette*: de volta à fonte. Curitiba, Edição do autor, 2012.

FÉLIX, José Maria. *Santa Maria e Portugal*. Lisboa, União Gráfica, 1939.

FERNANDES, Joaquim. *História prodigiosa de Portugal*: mitos e maravilhas onde se relatam feitos excepcionais da lusitana gesta. Vila do Conde, QuidNovi, 2012.

FERREIRA, Maria Luísa Ribeiro. Maria e o "Eterno Feminino". Lendo Teilhard de Chardin. In: *Communio*, Revista Internacional Católica (Versão de Portugal). Ano XXV, n. 1, 2008, pp, 59-64.

FIORAVANTI, Celina. *O poder de Maria*. Um encontro com Maria através da força das orações. São Paulo, Ground, 1999.

FONSECA, Joaquim. Educar a piedade mariana. In: MURAD, Afonso (org.). *Maria no coração da Igreja*. Múltiplos olhares sobre a mariologia. São Paulo, Brasília, Paulinas, União Marista do Brasil, 2011, p. 89-104.

FONSECA, Tomaz da. *Fátima:* cartas ao Cardeal Cerejeira. Rio de Janeiro, Germinal, 1955.

FORTE, Bruno. *Maria, a mulher ícone do mistério*. São Paulo, Paulus, 1991.

FRANCO, Joaquim. Leitura (im)possível de uma visita. Significados e o não-visível na visita de Bento XVI a Portugal. In: *Revista Lusófona de Ciência das Religiões*, Série Monográfica, vol. V. Lisboa, Edições Universitárias Lusófonas, 2010.

GEBARA, Ivone; BINGEMER, Maria Clara L. *Maria, Mãe de Deus e Mãe dos pobres*: um ensaio a partir da mulher e da América Latina. Petrópolis, Vozes, 1987.

GIULIETTI, Emanuele. *História do Rosário*. São Paulo, Paulus, 2014.

GOMES, Pedro Valinho. *Sacrum Facere*: a cidade dos dons sacrificiais. In: SUMARES, Manuel, CATALÃO, Helena, GOMES, Pedro Valinho (Org.). *Religiosidade*: o seu carácter irreprimível. Perspectivas contemporâneas. Braga, UCP, 2010, p. 89-98.

GRAEF, Hilda. *María*. La mariología y el culto mariano a través de la historia. Barcelona, Herder, 1968.

GRÜN, Anselm; REITZ, Petra. *Festas de Maria*: um diálogo evangélico-católico. Aparecida, Santuário, 2009.

GUILLET, Arnold. Prefácio do editor. In: SIMMA, Maria. *As almas do Purgatório disseram-me...* Fátima, Editora Cidade do Imaculado Coração de Maria, 2013.

GUITTON, Jean. *A Virgem Maria*: Nossa Senhora. Porto, Livraria Tavares Martins, 1959.

HERVIEU-LÉGER, Danièle. Representam os surtos emocionais contemporâneos o fim da secularização ou o fim da religião? In: *Religião e Sociedade*, 18/1, 1997, p. 31-48.

HILLESUM, Etty. *Diário: 1941-1943*. Lisboa, Assírio&Alvim, 2008.

JAPIASSÚ, Hilton. *Interdisciplinaridade e patologia do saber.* Rio de Janeiro, Imago, 1976.

JESUS, Lúcia de. *Memórias da Irmã Lúcia-II.* Fátima, Secretariado dos Pastorinhos, 2007.

JUSTINO, Lucília José. *Loas a Maria*: Religiosidade Popular em Portugal. Lisboa, Edições Colibri, 2004.

LAFAYE, Jacques. *Quetzalcóatl y Guadalupe.* La formación de La conciencia nacional en México. México, Madrid, Buenos Aires, Fondo de Cultura Económica, 1977.

LAMAS, Dulce Martins. Nossa Senhora na alma do povo. In: TARLÉ, José Gomes (Org.). *Antologia Mariana.* Rio de Janeiro, Mariana Editora, 1958, p. 263-264.

LAURENTIN, René. Aparições. In: DE FIORES, Stefano; MEO, Salvatore (Org.). *Dicionário de Mariologia.* São Paulo, Paulus, 1995, p. 113-125.

LAURENTIN, René. Lurdes. In: DE FIORES, Stefano; MEO, Salvatore (Org.). *Dicionário de Mariologia.* São Paulo, Paulus, 1995, p. 767-775.

LEACH, Edmund. *Cultura e comunicação.* Lisboa, Edições 70, 1992.

LECLERCQ, Jean. *La figura della Donna nel Medioevo.* Milão, Jaca Book, 1994.

LEITE, Fernando. *As aparições de Fátima.* Braga, Editorial A.O., 2014.

LENZENWEGER, Josef (Ed.). *História da Igreja Católica.* São Paulo, Loyola, 2006.

LIMA, José da Silva. As devoções marianas no norte de Portugal: perspectiva antropológica na actualidade. In: *Maria nos caminhos da Igreja*. Semanas de Estudos Teológicos da Universidade Católica Portuguesa. Lisboa, Verbo, 1991, p. 173-184.

LIMA, José da Silva. Teologia das expressões artísticas. Elementos para uma estética cristã. In: *Theologica*. Universidade Católica Portuguesa, Vol. XXX, Fasc. 1, 1995, p. 91-106.

LOCHET, Louis. *Apariciones de La Virgen*: por qué? para qué? Madrid, Ediciones Palabra, 1969.

LOCHET, Louis. *Teologia das aparições marianas*. São Paulo, Paulinas, 1966.

MAÇANEIRO, Marcial. Maria no diálogo ecumênico. In: MURAD, Afonso (org.). *Maria no coração da Igreja*. Múltiplos olhares sobre a mariologia. São Paulo, Brasília, Paulinas, União Marista do Brasil, 2011, p. 141-188.

MACHADO, Francisco. A Assunção de Nossa Senhora. In: TARLÉ, José Gomes (Org.). *Antologia Mariana*. Rio de Janeiro, Mariana Editora, 1958, p. 61-63.

MANELLI, Estevão Maria. Maria, mulher que encanta. Devoção a Nossa Senhora. Petrópolis, Vozes, 1995.

MARIZ, Cecília Loreto. Rainha dos Anjos: a aparição de Nossa Senhora em Itaipu, Niterói. In: STEIL, Carlos Alberto, MARIZ, Cecília Loreto, REESINK, Mísia Lins (Org.). *Maria entre os vivos*. Reflexões teóricas e etnográficas sobre aparições marianas no Brasil. Porto Alegre, Editora UFRGS, 2003, p. 235-268.

MARTINI, Carlo Maria. O convite da Maria a nós, pastores. In: MARTINI, Carlo, BARRETE, Gene, BROVELLI, Franco. *Maria e a dimensão afetiva da fé*. Petrópolis, Vozes, 1995, p. 65-112.

MARTINI, Carlo Maria. O sensível na vida de fé. In: MARTINI, Carlo, BARRETE, Gene, BROVELLI, Franco. *Maria e a dimensão afetiva da fé*. Petrópolis, Vozes, 1995, p. 31-46.

MARTINS, Mário. Caminhos da religiosidade popular. In: *Communio*, Revista Internacional Católica (Versão de Portugal). Ano IV, n. 1, 1987, p. 71-79.

MARTINS, Mário. *Nossa Senhora nos romances do Santo Graal e nas ladainhas medievais e quinhentistas*. Braga, Magnificat, 1988.

MARTO, António dos Santos. A devoção mariana e a nova evangelização. In: *Os caminhos de Maria nos caminhos para Deus*. Congresso Mariano|Actas. Braga, UCP, 2006, p. 83-100.

MATTOSO, José. *Poderes invisíveis*. O imaginário medieval. Lisboa, Círculo de Leitores, 2013.

MENEZES, Renata de Castro. Uma visita ao catolicismo brasileiro contemporâneo: a bênção de Santo Antonio num convento carioca. *Revista USP*, São Paulo, n. 67, set.-nov., 2005.

MESLIN, Michel. *A experiência humana do divino*. Fundamentos de uma antropologia religiosa. Petrópolis, Vozes, 1992.

MORENO, Armando. *Mitologia e religiosidades lusitanas relacionadas com a saúde*. Lisboa, Gráfica Trevo, 2011.

MURAD, Afonso. *Quem é esta mulher?* Maria na Bíblia. São Paulo, Paulinas, 1996.

NADAL, Emília. Arte e mundividências. A comunidade, o homem e o religioso. In: *Theologica*. Universidade Católica Portuguesa – Faculdade de Teologia. Vol. XXX, Fasc. 1, 1995, p. 43-56.

NADAL, Emília. Maria na iconografia cristã. In: *Maria nos caminhos da Igreja*. Semanas de Estudos Teológicos da Universidade Católica Portuguesa. Lisboa, Verbo, 1991, p. 117-140.

NOVO GRANDE DICIONÁRIO – LÍNGUA PORTUGUESA. Conforme Acordo Ortográfico. Cacém, Texto, 2007.

OBERLAENDER, Magaly. Mãe Maria. In: *Grande Sinal*. Ano LXVI, vol. 5, Petrópolis, Vozes, 2012, p. 523-532.

OLIVEIRA, José Lisboa Moreira de. A devoção a Maria: desvios, desafios e propostas pastorais. In: *Grande Sinal*. Ano LXVI, vol. 4, Petrópolis, Vozes, 2012, p. 397-412.

OLIVEIRA, Pedro Ribeiro. *Evangelização e comportamento religioso popular*. Petrópolis, Vozes, 1978.

OMEGNA, Nelson. *A cidade colonial*. Rio de Janeiro, José Olimpo, 1961.

OTRANTO, Giorgio. Le denominazioni di Maria tra culto e tradizioni popolari. In: *Marianum*, 74, 2012, p. 384-410.

PALACIOS, Isidro-Juan. *Aparições de Maria*. Lenda e realidade sobre o mistério mariano. Rio de Janeiro, Record, 1994.

PAREDES, José Cristo Rey García. Mariologia in cammino: prospettive mariologiche all'inizio del secolo XXI. In: *Marianum*, 63, 2001.

PASQUOTO, Augusto. *Os mistérios do manto sagrado*. São Paulo, Santuário, 2013.

PEIXOTO, José Luís. *Em teu ventre*. Lisboa, Quetzal, 2015.

PEREIRA, Pedro. Uma imagem é uma imagem, mas... o processo de humanização das imagens da Senhora da Saúde. In: *Revista Santuários*, vol. 1, n. 2, Universidade de Lisboa, 2014, p. 171-175.

PERRELLA, Salvatore. Teologia e devozione mariana nell'Ottocento. In: AA.Vv. *La Madre di Dio, un portico sull'avvenire del mondo*. Monfortane, Roma, 2001.

PHILIPON, Martin. *A verdadeira fisionomia de Nossa Senhora.* Rio de Janeiro, Olímpica, 1956.

PINHO, Arnaldo de. Para uma pastoral da religiosidade popular. In: *Communio*, Revista Internacional Católica (Versão de Portugal). Ano IV, n. 1, 1987, p. 32-38.

PORT, Len. *O fenómeno de Fátima.* Lisboa, Guerra e Paz, 2010.

PORTELLA, Rodrigo. A religião na sociedade secularizada: urdindo as tramas de um debate. In: *Numen*, Revista de Estudos e Pesquisa da Religião, Juiz de Fora, UFJF, vol. 11, n. 1 e 2, 2008, p. 33-53.

PORTELLA, Rodrigo. Discurso religioso, legitimidade e poder: algumas considerações a partir de Bourdieu, Foucault e Heller. In: *Fragmentos de Cultura*, PUC-GO, vol. 16, n. 78, 2006, p. 567-576.

QUINET, Antônio. *Um olhar a mais.* Ver e ser visto na psicanálise. Rio de Janeiro, Jorge Zahar Editor, 2004.

QUINTEIRO, Joaquim, Moisés Rebelo. Piedade popular mariana. In: *Os caminhos de Maria nos caminhos para Deus.* Congresso Mariano. Braga, UCP, 2006, p. 157-165.

RADCLIFFE, Timothy. *Ser cristão para quê?* Prior Velho, Paulinas, 2011.

RAMOS, Ramon Aparecido. *Nossa Senhora da Saúde.* História, fé e devoção. São Paulo, Palavra & Prece, 2008.

RATZINGER, Joseph, BALTHASAR, Hans Urs von. *Maria, primeira Igreja.* Coimbra, Gráfica de Coimbra, 2004.

RAUEN, Benedito Felipe. *A Mãe de Deus e Mãe dos homens.* Belo Horizonte, Lutador, 1996.

RAUEN, Benedito. *Nossa Senhora da Salette.* Padroeira dos agricultores. Curitiba, 1997.

REIS, Jacinto dos. *Invocações de Nossa Senhora em Portugal*: de aquém e além-mar e seu padroado. Lisboa, União Gráfica, 1967.

REY, Juan. *Retratos de Nossa Senhora*. Porto, Apostolado da Imprensa, 1957.

ROSA, João Guimarães. *Grande Sertão*: Veredas. Rio de Janeiro, Nova Fronteira, 2001.

ROSCHINI, Gabriel. *Instruções marianas*. São Paulo, Paulinas, 1960.

SÁ, Eduardo. *Más maneiras de sermos bons pais*. Alfragide, Leya, 2012.

SARAIVA, José Hermano. *Lugares históricos de Portugal*. Lisboa, Selecções, 2007.

SANCHIS, Pierre. Religiões, religião... alguns problemas do sincretismo no campo religioso brasileiro. In: SANCHIS, Pierre. *Fiéis e cidadãos*: percursos de sincretismo no Brasil. Rio de Janeiro, EdUERJ, 2001.

SANTOS, Armando Alexandre dos. *O culto de Maria Imaculada na tradição e na história de Portugal*. São Paulo, Artpress, 1996.

SANTOS, Lourival dos. *A família Jesus e a Mãe Aparecida: história oral de devotos negros da Padroeira do Brasil (1951-2005)*. Tese de Doutorado em História Social, São Paulo, FFLCH – Universidade de São Paulo, 2005, 276 fls.

SCHILLEBEECKX, Edward. *Maria, Mãe da redenção*. Linhas mestras religiosas do mistério mariano. Petrópolis, Vozes, 1968.

SCHREINER, Klaus. *Maria, virgen, madre, reina*. Barcelona, Herder, 1996.

SHELDRAKE, Rupert. *O renascimento da natureza*: o reflorescimento da ciência e de Deus. São Paulo, Cultrix, 1993.

SILVA, Maria Freire da. Maria na religiosidade popular. In: *Revista Espaços*, São Paulo: ITESP, vol. 3, n. 2, 1995, p. 169-178.

SILVA, Severino Vicente da. Nossa Senhora das Graças da Vila de Cimbres. In: STEIL, Carlos Alberto, MARIZ, Cecília Loreto, REESINK, Mísia Lins (Org.). *Maria entre os vivos*. Reflexões teóricas e etnográficas sobre aparições marianas no Brasil. Porto Alegre, Editora UFRGS, 2003, p. 69-88.

STEIL, Carlos Alberto, ALVES, Daniel. "Eu sou Nossa Senhora da Assunção. A aparição de Maria em Taquari. In: STEIL, Carlos Alberto, MARIZ, Cecília Loreto, REESINK, Mísia Lins (Org.). *Maria entre os vivos*. Reflexões teóricas e etnográficas sobre aparições marianas no Brasil. Porto Alegre, Editora UFRGS, 2003, p. 175-202.

STEIL, Carlos Alberto. As aparições marianas na história recente do catolicismo. In: STEIL, Carlos Alberto, MARIZ, Cecília Loreto, REESINK, Mísia Lins (Org.). *Maria entre os vivos*. Reflexões teóricas e etnográficas sobre aparições marianas no Brasil. Porto Alegre, Editora UFRGS, 2003, p. 19-36.

STEINER, George, SPIRE, Antoine. *Barbárie da Ignorância*. Lisboa, Fim de Século, 2004.

STEINER, George. *Gramáticas da criação*. Lisboa, Relógio D´Àgua, 2002.

STILWELL, Peter, CARVALHO, Cristina Sá. Aparições. In: AZEVEDO, Carlos Moreira, CRISTINO, Luciano (Coord.). *Enciclopédia de Fátima*. Parede, Princípia, 2008, p. 38-46.

SUMARES, Manuel. Apresentação. In: SUMARES, Manuel, CATALÃO, Helena, GOMES, Pedro Valinho (Org.). *Religiosidade*: o seu carácter irreprimível. Perspectivas contemporâneas. Braga, UCP, 2010, p. 9-14.

THEIJE, Marjo de, JACOBS, Els. Gênero e aparições marianas no Brasil. In: STEIL, Carlos Alberto, MARIZ, Cecília Loreto, REESINK, Mísia Lins (Org.). *Maria entre os vivos*. Reflexões teóricas e etnográficas sobre aparições marianas no Brasil. Porto Alegre, Editora UFRGS, 2003, p. 37-50.

THOMSON, Oliver. *História do pecado*. Lisboa, Guerra e Paz, 2010.

TORGAL, Luís Filipe. *O sol bailou ao meio-dia*: a criação de Fátima. Lisboa, Tinta da China, 2011.

TURNER, Victor, TURNER, Edith. *Image and pilgimage in Christian culture*. Oxford, Basil Blackell, Columbia University Press, 1978.

UNAMUNO, Miguel de. *A agonia do cristianismo*. Lisboa, Cotovia, 2014.

UNAMUNO, Miguel. *Do sentimento trágico da vida*. Lisboa, Relógio D´Água, 2007.

UNAMUNO, Miguel de. *São Manuel Bom, Mártir*. Algés, Difel, 1999.

VAINFAS, Ronaldo. *Ideologia e escravidão*. Petrópolis, Vozes, 1986.

VELASCO, Juan Martín. Devoção mariana. In: DE FIORES, Stefano, MEO, Salvatore (Org.). *Dicionário de Mariologia*. São Paulo, Paulus, 1995, p. 391-410.

WEIL, Simone. Carta a um homem religioso. Coimbra, Ariadne, 2003.

WOODHEAD, Linda. *O cristianismo*. Vila Nova de Famalicão, Edições Quàsi, 2006.

ZANON, Darlei. *Nossa Senhora de todos os nomes*. Orações e história de 260 títulos marianos. São Paulo, Paulus, 2007.

ZIZEK, Slavoj. *A marioneta e o anão*. O cristianismo entre perversão e subversão. Lisboa, Relógio D´Água, 2006.

ZIZEK, Slavoj. *A monstruosidade de Cristo*. Paradoxo ou dialéctica? Lisboa, Relógio D'Água, 2008.

Senhor, abaixa os céus e desce (Sl 144,5a).

Implorai o olhar que salva,
Ó penitentes ternos,
Gratos renascereis
Para gozos eternos!
Todo o instinto bom
Te sirva na verdade!
Rainha, Virgem, Mãe,
Deusa, de nós piedade!

J. W. von Goethe, *Fausto* (*Doctor Marianus*)